司马迁生年研究

张大可 著

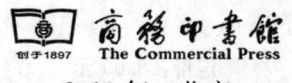

2019年·北京

图书在版编目(CIP)数据

司马迁生年研究/张大可著. —北京:商务印书馆,2019
ISBN 978-7-100-16751-2

Ⅰ.①司… Ⅱ.①张… Ⅲ.①司马迁(约前145或前135—?)—人物研究 Ⅳ.①K825.81

中国版本图书馆 CIP 数据核字(2018)第 244283 号

权利保留,侵权必究。

司马迁生年研究
张大可 著

商 务 印 书 馆 出 版
(北京王府井大街 36 号 邮政编码 100710)
商 务 印 书 馆 发 行
北京洲际印刷有限责任公司印刷
ISBN 978-7-100-16751-2

| 2019年1月第1版 | 开本 710×1000 1/16 |
| 2019年1月第1次印刷 | 印张 17 |

定价:88.00 元

北京师范大学史学文库"双一流"特聘教授系列编辑委员会

顾　问　刘家和　瞿林东　郑师渠　晁福林
主　任　杨共乐
副主任　李　帆
委　员（按姓氏笔画排序）
　　　　　宁　欣　刘林海　安　然　张　升　张　皓
　　　　　张　越　张荣强　张建华　吴　琼　周文玖
　　　　　罗新慧　郑　林　庞冠群　侯树栋　姜海军
　　　　　郭家宏　耿向东　董立河

出 版 说 明

在北京师范大学的百余年发展历程中，历史学科始终占有重要地位。经过几代人的不懈努力，今天的北师大历史学院业已成为史学研究的重要基地，是国家"211"和"985"工程重点建设单位，首批博士学位一级学科授予权单位；拥有国家重点学科、博士后流动站、教育部人文社会科学重点研究基地等一系列学术平台，综合实力居全国高校历史学科前列，被列入国家一流大学、一流学科建设行列，正在向世界一流学科迈进。在教学方面，历史学院的课程改革、教材编纂、教书育人，都取得了显著的成绩，曾荣获国家教学改革成果一等奖。在科学研究方面，同样取得了令人瞩目的成就，在出版了由白寿彝教授任总主编、被学术界誉为"20世纪中国史学的压轴之作"的多卷本《中国通史》后，一批底蕴深厚、质量高超的学术论著相继问世，如十卷本《中国文化发展史》、二十卷本《中国古代社会与政治研究丛书》、三卷本《清代理学史》、五卷本《历史文化认同与统一多民族国家的发展》、二十三卷本《陈垣全集》和《历史视野下的中华民族精神》、《上博简〈诗论〉研究》等巨著。这些著作皆声誉卓著，在学界产生较大影响，得到同行普遍好评。

上述著作外，历史学院的教师们潜心学术，以探索精神攻关，又陆续完成了众多具有原创性的成果，在历史学各分支学科的研究上连创佳绩，始终处在学科前沿。同时，历史学院的"国家一流大学、一流学科"（"双一流"）特聘教授们也为此创获颇多，做出了不少贡献。为了集中展示历史学院的这些成果，我们组编了"北京师范大学史学文库"，希冀在促进北师大历史学科更好发展的同时，为学术界和全社会贡献一批真正立得住的学术力作。这些作品或为专题著作，或为论文结集，但内在的探索精神始终如一。

当然，作为学术丛书，不成熟乃至疏漏之处在所难免，还望学界同仁不吝赐教。

北京师范大学历史学院

北京师范大学史学理论与史学史研究中心

北京师范大学史学文库编辑委员会

内容简介

司马迁生年十年之差，即生于公元前145年与生于公元前135年两说，自王国维1917年开启司马迁行年研究以来，至2015年纪念司马迁延辰2160周年重启论争，历经百年，学术界开展了三次全国范围的学术大讨论：1950年代中、1980年代初、2010年代中，参与研讨的学者前后48人，发表学术论文91篇。本书《司马迁生年研究》八讲，系统梳理了百年论争司马迁生年两说的论点、论据。经过作者总盘点，证实王国维说，"十年之差由数字讹误造成"。王国维的考证"前145年说"，论点坚实、方法正确、逻辑严密，结论成立，而论据粗疏，应予纠正。"前145年说"后继论者，运用文献和史实考证，合于"前145年说"的行年关节点有六大证据，有师事孔安国、董仲舒两大旁证，以及交友六条证据，共十四条证据，足可定案司马迁生于前145年。李长之、郭沫若主张的"前135年说"无一考据，"前135年说"后继论者的"新证"无一实证，以辨代考，精制伪证伪考和循环论证，"前135年说"不成立。作者是在汇综自己参与论争发表的多篇论文基础上梳理为百年论争八讲，有七篇论文附后。故本书内容正论八讲，与附录论文之间略有重复，两者对照亦可反映作者亲历论争的过程与思维发展，不无意义。论文论说与八讲有相异的地方，以最后梳理的八讲为准。附录的七篇论文中，作者参与两次论争撰文五篇；另两篇，其中有一篇作者为国防大学军事文化学院陈曦教授，另一篇作者为江苏省海外发展协会常务副秘书长朱枝富。陈曦、朱枝富两位作者直接参与了当前第三次的论争，故所撰论文附于本书，以飨读者，特此说明。本书作者张大可，北京师范大学历史学院特聘教授，中国史记研究会会长。

目 录

引　言 ……………………………………………………… 1
第一讲　王国维考证司马迁生年的贡献与疏失 …………… 7
第二讲　考证司马迁行年的文献资料 ……………………… 23
第三讲　司马迁生年"前145年说"之证据 ………………… 35
第四讲　"前135年说"之源，郭沫若、李长之的
　　　　 举证无一考据 ……………………………………… 48
第五讲　"前135年说"后继论者的"新证"无一实证 ……… 57
第六讲　"前135年说"论者袁传璋在考证烟幕下精制
　　　　 伪证伪考 …………………………………………… 85
第七讲　司马迁生于公元前145年可以为定论 …………… 110
第八讲　司马迁创作系年（附司马谈） …………………… 124

附录一　司马迁生年研讨论文七篇 ……………………… 134
　司马迁生年考辨辨 ……………………………………… 135
　评司马迁生于建元六年说之新证 ……………………… 158
　司马迁生年十年之差百年论争述评 …………………… 169
　评"司马迁生年前135年说"后继论者的新证 ………… 193
　司马迁生年十年之差论争的意义 ……………………… 212
　李长之关于司马迁生于前135年说举证十条无一考据 … 227
　评司马迁生年"前135年说"论者的两大"曲说" ……… 238
附录二　司马迁生年研究百年论争论文索引 …………… 254

引 言

一

司马迁生年并存两说,源于唐代形成的《史记》三家注。《史记索隐》司马贞说,汉武帝元封三年,即公元前108年,司马迁二十八岁,上推生年为公元前135年。《史记正义》张守节说,汉武帝太初元年,即公元前104年,司马迁四十二岁,上推生年为公元前145年。两说年差正好整十年。两说并存,分别省称为"前135年说"与"前145年说"。

1917年①,王国维开启了对司马迁行年的研究,从此,司马迁生卒年成为一个学术论争的课题。至2015年纪念司马迁诞辰2160周年,司马迁生年的十年之差,又一次成为论争的话题,自王国维以来正好一百年,可以说是一个百年论争的老话题。王国维考证主"前145年说",论证内容定格在《太史公行年考》中。本书《司马迁生年研究》,分为八讲,承接王国维的《太史公行年考》,是考察司马迁一生的行年,而书名为"司马迁生年研究",旨在凸显司马迁"生年研究"四个字,有两大意义:一是司马迁行年中的生年两说有十年之差,论争已历百年,几代人的殚精竭虑,应该有一个阶段性的总结;二是定案司马迁的生年,必须考定司马迁一生的行年来验证,任何孤立地考证司马迁的生年,或者寄希望于地下的铁证,都是徒劳的。因为司马迁在《史记》与《报任安书》中,留下了较为丰富

---

① 1917年王国维发表《太史公系年考略》(据袁英光、刘寅生:《王国维年谱长编》,天津人民出版社1996年版,第196页),学术界一直误传为1916年。

的行年资料，据之可以定案司马迁的生年。反过来说，任何一条孤立的所谓"铁证"，也不能违背《史记》留下的司马迁行年资料呈现的人生轨迹。司马迁为《史记》而生，为《史记》而死，他的生命化成了《史记》，他的行年资料伴随《史记》的成书过程而遗留，离开《史记》成书，抽象考察司马迁的行年和生年，不会有定论。学术贵歧，但要征实，固执己见，用力愈勤，愈将步入歧途。这一点，通过司马迁生年十年之差的百年论争梳理，给我们留下深刻的经验和教训。

司马迁自己不能写下他的卒年，也没有记下自己的生年。由于在《汉书·司马迁传》中也没有记载生卒年，于是留下千年疑案。学术界推论司马迁生年有六种说法①，卒年有八种说法②。司马迁生年定格他的人生经历，直接涉及《史记》写作的时代背景，对于《史记》成书有极大的影响，因而也成为司马迁行年研究的重中之重。司马迁卒于《史记》完成之后，因而他的卒年对于《史记》成书的直接影响，比起生年要小得多，所以《史记》三家注只对司马迁生年做了注释，而对卒年未予关注。但是，司马迁的卒年涉及他一生的年岁，毫无疑问也是一个行年研究的重大问题。司马迁一生的重要行年关节点，对于《史记》成书，以及考证司马迁生年都是至关重要的因素，因此本书八讲一一关注，而最终成果编定《司马迁行年表》，用以验证和定案司马迁生年，这就是本书研讨的宗旨。

二

学术界第一个考定司马迁行年的学者是王国维。1917 年，发表

---

① 司马迁生年有六种说法，除众所周知的王、郭两说外，另外四说为：其一，生于景帝四年戊子（前 153）说，此说见王鸣盛"十七史商榷"卷一《子长游踪》条；其二，生于汉景帝后元戊戌（前 143）说，此说见周寿昌《汉书注校补》卷四十一；其三，生于武帝元光六年壬子（前 129）说，此说见张惟骧《太史公疑年考》；其四，生于汉武帝元朔二年甲寅（前 127）说，此说为华山道士所主张，见康熙《韩城县志》载翟世琪《重修太史庙记》。这四种说法，持说者均无论证与文献依据，大抵出自臆断，皆无讨论价值，可以不论。

② 司马迁卒年的八种说法，详见本书第七讲。

《太史公系年考略》(收在《广仓学宭丛书》中)，据《正义》推定司马迁生年为景帝中元五年，即公元前145年，故学术界通称为"景帝中元五年说"，或"前145年说"，又省称"王说"。1923年，王氏针对日本学者桑原骘藏司马迁生于公元前135年的新说①，重发他的考证文章，收入《观堂集林》卷十一，改换题目叫《太史公行年考》，全文不变，仅在题目上改"系年"为"行年"。这一字之改，用以昭示考证司马迁生年的方法，即排比行年为论据，十分自信。

1944年，李长之撰《司马迁生年为建元六年辨》②，据《索隐》立说，举证十条论证司马迁生年为公元前135年，即汉武帝建元六年。根据王国维的考证，1955年是司马迁诞辰2100周年。郭沫若在当年《历史研究》第六期上发表《〈太史公行年考〉有问题》，支持李长之主张，学术界通称"建元六年说"或"前135年说"，又省称"郭说"。

"郭说"阻止了1955年学术界纪念司马迁诞辰2100周年学术研讨会的召开，引发了1950年代中期的学术大讨论，这是第一次，重心集中在司马迁生年王、郭两说的十年之差上。之后，由于历史的原因，讨论沉寂了近二十年。到了改革开放的1980年代初，争论再起，这是第二次，重心仍集中在生年问题上。两次论争，势均力敌，于是司马迁生年由《史记》三家注并存"两说"，转而成为近代以来百年论争并存王、郭两说。本书为了便于行文，以下论说以"前145年说"与"前135年说"，分别指代王说与郭说。

纵观百年论争，"前135年说"论者多为以辨代考，论文数量占优；"前145年说"论者以考据为主，论文理据占优，故成为主流论说。1985年，中国历史文献研究会在南京召开年会，率先以"前

---

① 桑原骘藏：《关于司马迁生年之一新说》，1922年刊于日本《东洋文明史论丛》；1929年重发于日本《史学研究》第一卷第一号；后收入《桑原骘藏全集》第二卷。该文以"早失二亲说"证司马迁生年为公元前135年。中国学者李长之将之引入《司马迁生年为建元六年辨》之中，列为第一条立说证据。

② 李氏文章最早刊发在《中国文学》第一卷第二期，1944年5月，后收入李氏专著《司马迁之人格与风格》一书中，开明书店1948年版。

145年说"为据,隆重纪念司马迁诞辰2130周年。1995年,陕西省司马迁研究会在西安召开纪念司马迁诞辰2140周年国际学术研讨会。2001年中国史记研究会成立,于2005年、2015年两次在司马迁故里陕西韩城市、陕西渭南师范学院召开纪念司马迁诞辰2150周年、2160周年学术研讨盛会。特别是2015年由中国史记研究会与陕西渭南师范学院联合主办的纪念司马迁诞辰2160周年国际性学术研讨盛会,中国史记研究会推出了《史记论著集成》二十卷、《史记论丛》专辑六卷、《史记通解》全九册三大论丛,以及《中国史记研究会十五年》专集,总字数两千余万字,可以说是对1955年缺失的纪念司马迁诞辰2100周年学术盛会的一次补课。正是在这一背景下,"前135年说"后继论者,近年来不断发声,再次提出所谓"新论",连续有五六篇论文论证《太史公自序》写有司马迁生年,并要求在2015年纪念司马迁诞辰改2160周年为2150周年,于是司马迁生年的话题重启。中国史记研究会、北京史记研究会在2016年两研究会召开的年会上,同时展开司马迁生年十年之差的研讨。两会秘书处组成联合编委会,相继编辑了《史记论丛》第十三集①、《史记研究》第一辑②,发表论辨文章。《渭南师范学院学报》也于2016年至2018年为论辨提供研讨阵地。此次论争是第三次,可称之为2010年代中的论争,规模虽然不及前两次宏大,但质量更高。从王国维启动司马迁行年研究的1916年,到2016年开展司马迁生年十年之差百年论争梳理,恰好整一百年。

本次论争的特点不是寻求新证据来立论与驳论,而是回头看,系统梳理司马迁生年十年之差两说百年论争的论点与论据,做一个阶段性总结,力图在百年论争梳理的基础上做出对司马迁生年的定案。也就是说本次论争是司马迁生年研究在现有存世文献基础上的终结论争与总结。

---

① 《史记论丛》第十三集,载司马迁生年研究研讨论文10篇,中国文史出版社2016年版。

② 《史记研究》第一辑,载司马迁生年研究研讨论文3篇,商务印书馆2016年版。

三

笔者参与了百年论争第二次大讨论，在 1980 年代初撰写了《司马迁生卒年考辨辨》①、《评"司马迁生于建元六年说"之新证》② 两文，旗帜鲜明支持"前 145 年说"。笔者先前作为中国史记研究会时任常务副会长，在 2005 年主持了以"前 145 年说"纪念司马迁诞辰 2150 周年学术研讨会；后作为中国史记研究会会长，在 2015 年又主持了纪念司马迁诞辰 2160 周年学术研讨会，自然被卷入第三次大讨论的中心。毋庸讳言，笔者自然成为"前 135 年说"后继论者挑战的重点对象，也是百年论争梳理的主要论文作者。笔者在本次论争中着重从方法论梳理百年论争，撰写论文三篇；国防大学陈曦教授针对"前 135 年说"代表论说者撰写驳论三篇；江苏海外发展协会常务副秘书长朱枝富撰写若干问题辨正一篇。共七篇。加上笔者在上一次论争中撰写的论文两篇，合计九篇论文。九篇论文各自针对具体的专题立论。笔者于是综汇九篇论文并进行了系统的勾勒与补充，系统梳理司马迁生年十年之差百年论争几代人的成果，以"司马迁生年研究"为题成书，分列为八讲。北京师范大学历史学院将这一课题列为系列学术讲座之一，笔者作为北京师范大学历史学院特聘教授，受邀为主讲人，十分感谢北京师范大学历史学院提供的这一神圣的学术平台，深化了这一课题的研究。八讲作为正文，为正论，九篇论文选列七篇为附录。八讲正论与七篇论文的关系，相当于总论与分论，前后对照，若干细节略有重复，但补充的意义大于重复的瑕疵，同时体现论争过程，故不避重复之嫌，以飨读者。论文论说与八讲有相异的地方，以最后梳理的八讲为准。

八讲内容，前三讲正面梳理"前 145 年说"的论点、论据。第一讲评说王国维考证的得失。得，指王国维开启了司马迁行年研究，

---

① 该文原载 1982 年《甘肃省历史学会论文集》，部分内容以《关于司马迁生年的考辨》为题，载《上海师范学院学报》1984 年第 2 期。全文收入《史记研究》论文集，甘肃人民出版社 1985 年版。

② 该文首发《求是学刊》1984 年第 3 期，亦收入《史记研究》论文集。

指明了方向、方法；失，指王国维若干论据的瑕疵，予以纠正。第二讲，梳理定案司马迁行年研究的文献资料。第三讲，汇集百年论争"前145年说"的论据，系统考证司马迁的行年轨迹。第四、第五、第六三讲，对"前135年说"之源郭沫若、李长之的论说，以及后继论者各时期代表人物的论说予以梳理。前135年说，其源，无一考据；其流，无一实证，其中最精制的考证终结于循环论证，故"前135年说"不成立。第七讲，总论。梳理双方的总成果，制定《司马迁行年表》，做出简洁的总结。司马迁生年两说只并存于三家注，王、郭两说，王真郭伪不并存，司马迁生于前145年可以为定案。第八讲，勾勒司马迁创作系年，即年谱简编。两个附录：其一，列载司马迁生年研讨的七篇论文；其二，列载笔者所目见的百年论争论文索引。

司马迁生年十年之差百年论争的三次学术大讨论，参与论争的学者前后有48人，笔者搜集到的学术论文就达91篇[①]，还有作者未目见的约20篇未收入，双方学者提出的各种推理论据以百条计，重复与雷同者居多。因此，本书梳理百年论争，引据双方学者的论点、论据，一般只称引甲说乙云，没有必要一一注明出处，有兴趣的读者可以在书后附录的"论文索引"中按核。重点评说与称引的是百年论争双方的代表者。"前145年说"论者，首发者王国维，后继论者，1950年代主要有钱穆、郑鹤声、程金造，1980年代有张大可、施丁、徐朔方。"前135年说"论者，首发者为李长之、郭沫若，后继论者，1950年代为施之勉、王达津、赵光贤，1980年代为李伯勋、苏诚鉴、吴汝煜、袁传璋。当前论争的核心代表者，主"前145年说"论者为张大可、陈曦、朱枝富；主"前135年说"论者为袁传璋、赵生群。袁传璋是"前135年说"后继论者的集大成者，本书第六讲特立一个专题评说，予以说明。

以上是为引言。

---

① 笔者搜集目见的48位作者，91篇论文，详本书附录二："司马迁生年研究百年论争论文索引"。

第一讲　王国维考证司马迁生年的
　　　　　贡献与疏失

一、王国维考证司马迁生年为公元前145年，
　　论点坚实，方法正确，逻辑严密

考证司马迁的生年，王国维和郭沫若两家都是根据《太史公自序》的三家注来推算的。

（一）《史记》三家注并存司马迁生年两说，有十年之差

司马谈卒于元封元年。《太史公自序》云："卒三岁而迁为太史令。"司马贞《索隐》在这一句下注云：

> 《博物志》：太史令茂陵显武里大夫司马〔迁〕，年二十八，〔元封〕三年六月乙卯除六百石。

元封三年，即公元前108年，司马迁年二十八，据此推算，生于汉武帝建元六年，即公元前135年。

司马迁当了五年太史令，汉武帝改元太初，颁布新历，这是一件划时代的大事，司马迁参与其事，十分兴奋，正式定稿《史记》，故张守节《正义》就在"五年而当太初元年"下加按语说：

> 案：迁年四十二岁。

太初元年是公元前104年，迁年四十二，据此推算，当生于汉

景帝中元五年，即公元前 145 年。

司马贞与张守节均为初唐同时代人，又师出同门，都是张嘉会的学生，两人的记载都值得关注，于是司马迁有了两个生年，即前 145 年与前 135 年，且有十年之差。王国维启动司马迁行年研究，首发《太史公行年考》，主"前 145 年说"。郭沫若驳难王说，撰文《〈太史公行年考〉有问题》，主"前 135 年说"。双方后继论者展开论争，历经百年，有三次高潮：即 1950 年代中、1980 年代初、2010 年代中，迄今无定论，司马迁生年两说并存。本书专题梳理百年论争，从头说起，故以"王国维考证司马迁生年的贡献与疏失"为题开篇，是为第一讲。

（二）王国维考证有三长：论点坚实，方法正确，逻辑严密

司马迁生年两说并存，逻辑上就有三种可能：一是两说皆误；二是两说均不误，数据各有所系；三是两说一真一假。《索隐》语出有据，取《索隐》舍《正义》也似乎说得过去。例如赵光贤就说，《正义》按语"来历不明"，怎能凌驾于《索隐》所引"《博物志》所载有最高价值的原始材料之上呢"①？王国维毕竟是大家，他思维缜密，用考证来在三种情况中做出最正确的选择。王国维的考证分为三步：第一步，首先调查十年之差的原因在哪里？有两个可能：其一，两说的材料来源是否不同，是否可靠，这是头等大事；其二，两说同源，十年之差是在流传中发生了数字讹误。王国维依据汉简的书法行文款式，证明《索隐》所引西晋《博物志》保存的《茂陵中书》是可靠的先汉记录，说明《索隐》所引文献可靠，材料有据，没有问题。由于《索隐》与《正义》两说并无辩驳关系，《正义》直以按语出之，乃必然的逻辑，两说引据材料同源，或《正义》直接的依据就是《索隐》。王国维认为《索隐》《正义》资料来源同为《博物志》，十年之差是其中一说在流传中数字发生了讹误。这一考

---

① 赵光贤：《司马迁生年考辨》（写成于 1950 年代末，发表于 1980 年代初），《北京师范大学学报》1983 年第 3 期。

证可称为"数字讹误说"，直接排除了《索隐》《正义》两说皆误或两说均不误的两种可能，只能在第三种一真一假中作决断。第二步，王国维用数字讹误常理说推断："三讹为二，乃事之常；三讹为四，则于理为远。"认为《索隐》的"年二十八"为"年三十八"之误。"三讹为二"史籍中有许多实证。推论孤证不立，王国维第三步考证司马迁行年来验证，这不仅是正确的方法，而且在没有发现古代版本以及地下文物证据的现实情况下，是唯一正确的方法。综上所述，王国维的考证有三长：一是立论坚实，"数字讹误说"不可动摇；二是用司马迁行年验证，是唯一正确的考证方法；三是逻辑严密，指其提炼论据由已知推未知。王国维考证三长，再具体条列如次。

1. 论点坚实

即立论基石"数字讹误说"不可动摇。王国维考证《索隐》《正义》两说依据同源，皆为西晋张华《博物志》所引《茂陵中书》。司马迁生年十年之差，是两说在流传中数字发生了讹误造成，即《索隐》《正义》两说必有一误。"数字讹误说"分为论点、论据两个方面。司马迁生年的"十年之差"，是《索隐》《正义》两说在流传中发生"数字讹误"，导致两说必有一误，即《索隐》《正义》两说一假一真，此为论点。数字分书的"鲁鱼亥豕"常理："三讹为二，乃事之常，三讹为四，则于理为远"，是用于推理的工具，是无可辩驳的常理。王国维用数字分书"鲁鱼亥豕"常理推论《索隐》的"年二十八"，乃"年三十八"之讹，此为论据。即便是王国维的这一推论不成立，只是一个论据不立，而其论点"数字讹误说"并未推倒。"前135年说"论者袁传璋，发现两位数字合写的"鲁鱼亥豕"常理："'二十'与'三十'，罕见相讹；'三十'与'四十'，经常相讹。"以此为工具推论，则《正义》按语"年卌二"，乃"年卄二"之讹，这仍然合于王国维的"数字讹误说"，此为"论点坚实"四字的反证。可是袁传璋却别有用意混淆"数字讹误说"的论点与论据，声称他发现的两位数字合写的"鲁鱼亥豕"推倒了王国维的"数字讹误说"，用他自己的话说，此乃"大言欺人"之谎言，后面还将详细论说。

2. 方法正确

王国维的考证细密，方法正确，要点有三，也是《太史公行年考》中的三大亮点。

其一，以证据为根本。考证的第一要义是"考"。考的方法就是调查研究，广搜博采文献资料，挖掘史事，披沙拣金，拿出文献和史实的证据说事。王国维"数字讹误说"论点的提出，进行了如下四步考证。第一考证《索隐》《正义》"两说"的来源，文献依据是西晋张华《博物志》。第二考证《博物志》所引汉时簿书《茂陵中书》，经与地下物证汉简比对，可以确定为"当本先汉记录，非魏晋人语"。第三，确认《茂陵中书》的"三年"为"武帝之元封三年"。第四，用数字分书的"鲁鱼亥豕"常理推断。王国维在四证基础上才提出"数字讹误说"的论点，确立了《索隐》与《正义》两条注文的价值，是考证司马迁生年并存的两个假说。从此，其他生年说法黯然失色，无余地立足。"数字讹误说"是《太史公行年考》的一大亮点，王国维的一大贡献，历经百年论争而坚不可摧，这就是考证以证据为根本的力量。《太史公行年考》对司马迁交友、拜师、游历、撰述等多个方面行年关节点的考察，力求列举证据支撑，还具体列出了十五篇"太史公曰"的行年资料昭示读者。

其二，排比司马迁行年来验证《索隐》《正义》的假说。已历百年论争再看这一方法，可以说这是考证司马迁生年唯一正确的方法。王国维捨《索隐》而取《正义》，他在《太史公行年考》中用了最大篇幅考证司马迁行年，其轨迹与《正义》说相合。百年论争生动证明，数字讹误本身无法证实司马迁生年，而司马迁行年轨迹为"前145年说"提供了大量证据，本书第三讲"司马迁生年前145年说之证据"和第七讲中的《司马迁行年表》做了系统梳理。这一方法，也是王国维指引的方向，是《太史公行年考》的第二个大亮点。

其三，以推论为辅助。所谓考证，就是要有"考"有"证"。考，是搜求证据，指实实在在的史料、文献；证，是推论，上升为理论，形成结果。证据和推论，是考证的两根支柱，不可或缺，相辅相成。有考无证，只是一堆资料，不能上升为理论，抓不住本质，无果而终；有证无考，即以辨代考，则不是正论，是歪论或邪说，是信口开河的文字游戏。司马迁生年研究的本质就是考证。王国维是考据大家，《太史公行年考》通篇离不开"考证"二字，给后学做出了有"考"有"证"的示范，也是本书追步的样板。驳难王国维而主张"前135年说"的论者，举证无考，即"以辨代考"，无一实证，玩弄文字游戏达于巅峰，二者形成鲜明对比。本书八讲，即依循二者的鲜明对比而展开。考证的本质是"考"，即证据是第一性的根本，而推论的"证"，是辅助手段，推论必须是科学的，即正确推断才有价值。科学的推断要义有二，一是已知推未知，二是合于逻辑。《太史公行年考》的推论合于科学的推断，是第三大亮点。释例详下文"3. 逻辑严密"的论说。

3. 逻辑严密

王国维的推论总是依循用已知推未知，逻辑严密，为科学的推论提供示范。例如元朔二年，司马迁十三岁，王国维对卫宏《汉旧仪》说的订正，用的就是推论，全文如下：

> 案：《汉旧仪》（《太平御览》卷二百三十五引）："司马迁父谈世为太史，迁年十三，使乘传行天下，求古诸侯之史记。"（《西京杂记》卷六略同）考《自序》云："二十南游江、淮。"则卫宏非也。或本作二十，误倒为十二，又讹二为三欤？

王国维用《太史公自序》的"二十而南游江、淮"这一已知，推论卫宏说"迁年十三"当是"迁年二十"之讹，十分有力。王国维推论《索隐》"迁年二十八"，是"迁年三十八"之讹，用的是校勘学数字分书"鲁鱼亥豕"这一已知常理来推论，并不是李长之的用语"但我想"、"的确可能"。为了谨慎，王国维加了一个"疑"字。疑者，可能也，不做定论，这正是科学性的表现。袁传璋扭曲为王国维"先天不足"、"改字立说"。"年二十八"为"年三十八"之讹，即"二"为"三"之讹，这一推论还须进一步论证，可以成立，可以不成立，用考证说话，而不是贴一个标签，叫"改字立说"，就可以推倒，此乃诬罔语，有失考证风范。

《太史公行年考》中推论的最大亮点是运用逻辑推论《正义》与《索隐》同源。因为《正义》按语是结论，它必有前提，必有所依，或是赞同，或是补充，或是驳难。《正义》按语是一种赞同语，但数据不同，所以结论是二者同源，数据不同是数字讹误。如果二者不同源，则《正义》必是批驳《博物志》，注文中没有批驳痕迹，所以只能是同源。此处正见王国维识见高人一筹，不是表面上看谁有据、谁无据，而是用严密的逻辑推论出《正义》与《索隐》二者同源。

必须指出，推论证据，不仅孤证不立，而且还须证实，在没有证实之前，只是假说。新的考据，证实了推论证据，它才是实证。同理，新的考据即使推翻了推论证据，也只是推翻了一个论据，并不能说推翻了立论。离开了这一公正原则侈谈研讨，即为"虚妄"。

二、"前135年说"论者对王国维立论基石的驳难均不成立

王国维考证的立论基石有两个方面：一为数字讹误说，一为数字分书常理说。"前135年说"论者对这两个方面的驳难均不成立。

（一）郭沫若、李长之对"数字讹误说"的驳难不成立

王国维考证"论点坚实"，即指立论基石"数字讹误说"不可动摇。《索隐》《正义》既然材料同源，否认这一论点，必然的逻辑就要承认司马迁有两个生年，这当然是荒谬的。郭沫若、李长之皆否认数字讹误说，其说法是给《正义》的按语"迁年四十二岁"找出路，主张《索隐》《正义》皆不误，两说数据各有所系，逻辑成立，但说《正义》按语是指司马迁一生只活了四十二岁。由于这一推论违反了汉时簿书论述行年的文例，所以不成立。王国维引据的敦煌汉简两例，郭沫若补充的居延汉简十例，《博物志》所引《茂陵中书》司马迁以茂陵显武里大夫为太史令"年二十八"，皆指行年的年岁，而不是一生的年寿，只有人死的时候才会说他一生的岁数。例如《史记·孔子世家》："孔子年七十三，以鲁哀公十六年四月己丑卒。"如果一个人的一生无事迹可述，或事迹不值得记述，只写他一

生活了多少年，人死已包含其中，这当然是指一生的年寿。仍以《史记·孔子世家》为例："子思生白，字子上，年四十七。子上生术，字子家，年四十五。子家生箕，字子京，年四十六。……"等等，皆为记述终止语，所记数字才是指一生的年寿。《正义》按语"迁年四十二岁"与《索隐》所引《博物志》"司马迁，年二十八，三年六月乙卯除，六百石"同例，皆非终止语，"四十二"与"二十八"都指的是行年岁数，而不是一生的年寿。

（二）"数字不讹"直接排斥《索隐》说

由于《索隐》《正义》两说均为司马迁的行年，而且是行年基准点，可以直接推导出司马迁有两个生年，年差正好整十年。又由于一个人只能有一个生年，所以《索隐》《正义》两说必有一误，即纪年数字在传抄中发生了讹误，这是司马迁生年的"数字讹误说"，为王国维所提出，并用数字分书的常理鲁鱼亥豕推导为《索隐》之误。郭沫若、李长之否认王国维的"数字讹误说"，推论《正义》是指司马迁一生年寿的终止语，从纪年书法与史实两个方面证明郭沫若、李长之的推论不成立，已如前文所述。要推倒王国维的"数字讹误说"，只有一种可能，即考证《索隐》《正义》两说是指两个人的生年。《太史公自序》的上半篇包括了司马谈、司马迁两代人的传记，均是围绕《史记》的创作。汉武帝元封元年，司马谈临终遗命司马迁接力修史，《索隐》《正义》是否分别解说司马谈、司马迁两代人的生年呢？学术界王重九、施丁两人做出了考证的尝试。

王重九先生在《从王国维、郭沫若共认的"先汉纪录"考定司马迁父子的生年》[①] 一文中，将《索隐》说"年二十八"系于建元三年以推计司马谈生年，得出司马谈生于汉文帝前元十五年，即公元前165年的结论；而以《正义》说"案迁年四十二岁"推计司马迁生年为景帝中元五年，即公元前145年。王重九据此断言司马谈长于司马迁二十岁。

---

① 载《陕西师范大学学报》1985年第3期。

王重九考证的依据，即《太史公自序》"卒三岁而迁为太史令"下的《索隐》注："《博物志》：太史令茂陵显武里大夫司马□，年二十八，三年六月乙卯除六百石。"《史记》各种版本，"司马"二字下原本缺一字，清人张文虎校刊的"金陵局本"才补一"迁"字，王重九认为应补"谈"字，以太史丞任太史令是司马谈的事，证据有二。一是《太史公自序》"谈为太史公"下《集解》引臣瓒曰："《百官表》无太史公。《茂陵中书》：司马谈以太史丞为太史令。"王重九认为这是一条"价逾连城"的珍贵史料。汉武帝建元二年建茂陵邑，"勘定陵址，预卜吉凶"，正是"太史"职分以内之事，故司马谈临时住址茂陵邑。二是司马谈除官以太史丞为太史令在建元三年。由于汉武帝初年无年号，最早的四个年号"建元""元光""元朔""元狩"是元鼎年间追加的。《博物志》引文在"三年六月乙卯"前无年号，当为建元三年。施丁撰文《〈史记索隐注〉"太史令"有问题》引据五十条《居延新简》写有年号的材料支持王重九的说法，"三年"应为"建元三年"。但建元三年六月无"乙卯"，六月二十六日为己卯。而元封三年六月初二为乙卯。王重九认为"三年六月乙卯"，日期"乙卯"是"己卯"之误，以此合于建元三年。

王重九、施丁二人的考证如果成立，即可推倒王国维的"数字讹误说"，但同时也排斥了《索隐》的司马迁生年说，消除了十年之差的分歧，也就没有了争论，仍然证明了《正义》张守节按语无误，即司马迁生于公元前145年。不过王重九、施丁的考证还缺少史实佐证，自然不能定案，只能是一种假说。我们还要回到百年论争的现实中来进行梳理。

（三）袁传璋驳难，自相矛盾

袁传璋考证司马迁生年最为得意之作有两篇。其一：《从书体演变角度论〈索隐〉〈正义〉的十年之差》[①]（以下简称《书体演变》），驳难王国维，洋洋万余言，其价值就是他自己概括的两句话："今本

---

① 载（台湾）《大陆杂志》1995年4月刊。

《史》《汉》中,'二十'与'三十',罕见相讹;'三十'与'四十'经常相讹。"王国维概括数字分书的"鲁鱼亥豕"常理,即:"三讹为二,乃事之常;三讹为四,则于理为远。"袁传璋考证的实质就是概括了两位数字连体书写的"鲁鱼亥豕"常理,依王国维的科学用语,即"卅讹为卌,乃事之常,卅讹为廿,则于理为远。"袁传璋标新立异的用语是不科学的,或者是不准确的。汉字书写相似字的"鲁鱼亥豕"比率是很低的,它只是百分之几或百分之零点几,王国维概括的于理"为近""为远",是指"三、二"与"三、四"两组数字的"鲁鱼亥豕"讹误几率比较而言,用语极为精准。袁传璋用"罕见相讹"与"经常相讹"来描述"卅、廿"与"卅、卌"两组数字的"鲁鱼亥豕",只是分别描述,失去比较意义,且"经常相讹"是什么意思?"鲁鱼亥豕"的讹误几率是百分之几十,还是百分之七十、八十才叫"经常相讹"呢?用语不明,极其粗糙,所以是不科学的。袁氏考证惯用含混语言,乃"另有目的",将随文提示。

袁传璋的考证成果,实质就是说"卅与卌"相讹的几率大于"卅与廿",即《正义》的"年四十二"是"年三十二"之讹的几率较大。到此为止,袁氏的"常理说"十分得体而合理。但袁传璋不满足于此,放大自我,用他自己的话说,叫"大言欺人",也就是说,他的常理推倒了王国维"不堪一击的逻辑"的常理推导的司马迁生年而陷入了自相矛盾。王国维、袁传璋两人的"常理说",本身就是总结数字书写的"鲁鱼亥豕",即数字相讹,袁传璋确又高调抨击王国维的数字讹误说,这才是真真正正的"不堪一击的逻辑"而自相矛盾。此乃袁传璋含混用语的目的之一。当我们在用透明简洁的科学语言转换了袁传璋的含混用语之后,恰如放大镜凸显了某一事物的原形,包含了至少两层袁传璋所不能容忍的意蕴,用袁传璋的话说叫"内涵",今解析之如次。

第一层:

王国维的立论基石"数字讹误说",指《索隐》《正义》二者必有一误。袁传璋考证高调抨击"数字讹误说"不成立,而自己考证的实质就是说《正义》数字讹误,自相矛盾,讳莫如深。

第二层：

简洁的语言无形地拆穿了袁传璋考证巧设标靶的谬误。王国维运用"鲁鱼亥豕"数字分书的常理，作为一个已知条件推论《索隐》数字"二十八"疑为"三十八"之讹。非常明显，这只是王国维证明数字讹误说的一个论据，而非立论本身。袁传璋故意混淆王国维的立论基石"数字讹误说"与一个推论论据常理说的推论，偷梁换柱，移花接木，把数字分书常理的推论偷换成王国维的立论基石而设为标靶，还衍生出什么"大前提""小前提"强加在王国维头上。此乃袁传璋含混用语的目的之二。

（四）袁传璋巧设标靶，用不实之词批驳王国维

袁传璋在《书体演变》一文中说王国维的论证逻辑"大前提是：《索隐》'年二十八'系'年三十八'之讹；小前提是：'年四十二'绝不可能由'年三十二'讹成"云云，完全是袁传璋的自编自导，用来自娱自乐，在梦幻中驳倒了王国维，也就罢了。可袁传璋是用来诬罔王国维，欺蒙读者，用袁传璋自己的话说是他巧设的"标靶"，不能不揭穿。

王国维依据数字分书的"鲁鱼亥豕"常理："三讹为二，乃事之常；三讹为四，则于理为远。"其推论逻辑是："大前提：'三十八讹为二十八'讹误几率大于'三十二讹为四十二'，因此，小前提：《索隐》'年二十八'系'年三十八'之讹。"

袁传璋认为两位数字合写的"鲁鱼亥豕"常理："卅讹为卌，乃事之常；卅讹为廿，则于理为远。"其推论逻辑是："大前提：'卅讹为卌'讹误几率大于'卅讹为廿'，因此，小前提：《正义》'年四十二'系'年三十二'之讹。"

对比两个常理说，各自独立，平行相向，互不交叉，"风马牛不相及"（袁传璋语）。按两个常理推导的结论，也各自独立，依然是"风马牛不相及"，两者没有辩驳关系。合则互补，分则片面，即《索隐》《正义》两者的数字均有可能讹误。两个常理并存，这就是历史的真实，真理的边界。

而袁传璋却要用他不科学的含混语言,以便制造"标靶"诬罔王国维。王国维推论根本就没有涉及两位数字的合写,袁传璋巧设的大前提、小前提,恰恰是按照自己用不科学语言概括的两位数字合写的"鲁鱼亥豕"常理的反说,用以混淆是非,是极其不严肃的学风,尤须自省。

(五) 施丁的新发现,丰富了数字书写历史演变的内容

施丁《〈史记索隐〉注"太史令"有问题》① 一文,不具名回应袁传璋的《书体演变》。施丁发现《居延汉简甲乙编》已有数字分书之例,而《居延新简》则提供了大量例证。据施丁统计,在《居延新简》中:

书"二十"而非"廿"者 85 条;
书"三十"而非"卅"者 47 条;
书"四十"而非"卌"者 22 条。

施丁还从北魏正光三年(522)到北宋景祐二年(1035)仅在十四条碑刻文字中统计数字分书之例:

书"二十"而非"廿"者 9 条;
书"三十"而非"卅"者 5 条;
书"四十"而非"卌"者 19 条。

对此,施丁评论说:郭沫若说汉人沿袭"殷周以来的老例",写"二十、三十、四十"为"廿、卅、卌"的连体书"并不确切","有依据一般、无视个别的片面化之嫌"。施丁针对"有人"评论说:"可是,至今还有人在'廿''卅''卌'问题上做文章,步郭老的后尘,不仅坚信汉人沿袭殷周以来的老例之说,而且还进一步推演与发展,提出隋唐至北宋也是照旧未变。"

施丁的发现无损王国维与袁传璋两人的常理,数字只要那样写,就必然有那样的"鲁鱼亥豕",但施丁的发现丰富了数字书写历史演变的内容,由汉至唐,数字的书写,并不只是沿袭殷周的

---

① 载《中国社会科学院研究生院学报》1996 年第 2 期。

老例，而是两位数字连体书写分化出了单体分书，北宋以后，数字的书写被单体分书全面代替了。施丁的结论是："承认这两种事实的存在，就不能以此否定彼，也不能以彼否定此；更不能以彼来证郭老之是、王说之非，也不必以此来证郭老之非、王说之是。"十分中肯。

（六）各种数字讹误的可能推测

《正义》《索隐》记载司马迁生年两说一真一假。百年论争推理论证，提出了三种数字讹误的可能，还有潜在的两种数字讹误的可能，共存五种数字讹误的可能，总结如下：

王国维用数字单写的"鲁鱼亥豕"常理推论数字讹误，谓《博物志》在唐以前的流传中发生了数字讹误，十年之差，是唐代流行两种《博物志》抄本，一作"年三十八"为张守节《正义》所据，一作"年二十八"为司马贞《索隐》所据。《太史公行年考》的原文是："疑今本《索隐》所引《博物志》'年二十八'，张守节所见本作'年三十八'。"王国维此说若成立，则数字讹误是西晋至唐时期《博物志》在流传中发生了数字讹误。

张守节与司马贞为同时代人，两人各自为《史记》作注，必广搜博采，恰好两人分别见到两种《博物志》抄本，而不是两人都能看到两种抄本而取舍不同，世间有这等巧事，似不合情理。程金造在《从〈史记〉三家注商榷司马迁的生年》一文中修正王国维说，提出晚出的《正义》修正《索隐》，列出若干《正义》修正《索隐》的例证。既然《正义》修正《索隐》，却没有驳正《索隐》所注司马迁生年，此必然的逻辑是，唐代只有一种《博物志》抄本，作"年三十八"，《索隐》也作的是"年三十八"，张守节的按语"迁年四十二"，是依据《索隐》作出的，十年之差，是《索隐》在唐以后的流传中发生了数字讹误，"年三十八"讹为"年二十八"。

袁传璋总括汉唐时期两位数字合写的"鲁鱼亥豕"，"卅与卌"相讹的几率大于"卅与廿"相讹，十年之差，是《正义》在流传中发生了数字讹误，"年卌二"是"年卅二"之讹。

此外，按程金造的说法，唐代只有一种抄本的《博物志》还可能有两种潜在的数字讹误。如果《博物志》原本作"年三十八"，《索隐》作注时，司马贞抄讹成"年二十八"；如果《博物志》原本作"年二十八"，则是《正义》作按语时，张守节误看成"年三十八"。

数字讹误有如上述五种可能，即《博物志》与《正义》《索隐》均有可能讹误，司马贞、张守节两人转引讹误，共五种可能。由于《博物志》失传，又经过百年论争，王、郭两说均未找到在存世的《史记》三家注各种版本中，《正义》《索隐》直接发生数字讹误的例证，所以五种数字讹误，既不能推倒，也不能落实。也就是数字讹误的推理论证，不能找出《正义》《索隐》两者何者为真，何者为假，只能两者并存，皆为假说，即司马迁生年两说并存。定案司马迁的生年，必须另辟蹊径。

（七）如何评价王国维、袁传璋两个常理说的价值和意义

客观评价王国维数字分书常理说与袁传璋考证两位数字合写常理说，两者的价值和意义如下。

两者的价值是：袁氏常理说有利于《索隐》，适应于汉唐数字连体书写为主流的时代；王氏常理说有利于《正义》，适应于数字单体书写的整个时代，更适用于唐代以后数字单体书写独占的时代。两说并存，相辅相补；两说各自独立，正如袁传璋所说"风马牛不相及"。

引申价值是：既然"风马牛不相及"，两者没有依存与辩驳关系。袁传璋宣称用他的常理说驳倒了王国维"不堪一击的逻辑"常理，乃是自相矛盾和大言欺人。两说都是常理，常理者，客观存在之公理也，它是不可辩驳的，由此可见袁传璋驳的既不是王国维的立论基石数字讹误说，也不是王国维的常理说，而是他自设的标靶——"大前提""小前提"。

两者的意义有二：一是袁氏常理压在了《索隐》一方，打破王氏常理单方压在《正义》一方，使两说天平重归于平衡；二是两说双方穷尽文献均未找到《索隐》《正义》直接的数字讹误，在没有新

的材料发现之前,不可能从数字讹误本身找突破,还应回到王国维指引的方向——"排比行年是考证司马迁生年唯一正确的方法"。

三、王国维《太史公行年考》的疏失

王国维的考证筚路蓝缕,加之用力不够,其中的推论论据多有瑕疵,必须修正。有一些"前135年说"论者,以实用主义手法,对王国维考证的疏失,即对有瑕疵的论据,不是堂堂正正加以驳正,而是能利用的充分利用,不能利用的则放大缺陷以为标靶,甚至无中生有编制标靶,必欲置之死地而后快。有一位"前135年说"论者,在《司马迁生年及其回乡葬父新证》中,以句句按时间先后顺序记事读《太史公自序》,称司马谈先做官后生儿子司马迁,满纸伪考,而对王国维的考证——司马迁生于前145年——不是驳难,而是谩骂,说王国维的考证"是脱离《自序》本证的呓语,是荒谬的","他的推论是虚妄的、生硬的、主观的,长期误导史公生年研究","实为误导人们的谬论制造者"。更多的"前135年说"论者则是利用或放大缺陷,试举数例如次。

其一,"年十岁则诵古文"。王国维考证云:

> 案:《自序》:"年十岁则诵古文。"《索隐》引刘伯庄说,谓即《左传》《国语》《世本》等书是也。考司马谈仕于建元、元封间,是时当已入官。公或随父在京师,故得诵古文矣。自是以前,必已就闾里书师受小学书,故十岁而能诵古文。

王国维的考证,解释"诵"字为学习与阅读两义。阅读古文书籍,首先要学习识读和书写古文字。王国维认为司马迁"自是以前",即十岁之前,"必已就闾里书师受小学书",即蒙童教育已在故里出生地完成。司马迁聪颖好学,"故十岁而能诵古文",指十岁时能阅读古文书籍,释义极为精准。王国维"画蛇添足",又用"或"字推论说:"公或随父在京师,故得诵古文矣。"此处"诵"字当作学习解,指司马迁十岁时到了京师父亲身边系统学习《左传》《国语》《世本》等古文书。对"十岁"这一时间点的把握仍然精准。"公或随父在京师",此一句为"蛇足",给"年十岁则诵古文"的正确考证蒙上了缺陷。不过王国维还留有余地,"或"者,"疑"也,这只是推论,存在可能性,也就是假说。司马迁是否在十岁入京,还须考证。袁传璋承袭王国维的这一缺陷,给"年十岁则诵古文"添加了"庄肃"口吻与"句句"按时间顺序记事,误读《史记》,把"十岁"这一时间点拉伸为从十岁到二十岁"整十年"的时间段。对照王国维与袁传璋两人对"年十岁则诵古文"的解读,抓住"十岁时"这一时间点,不是"整十年"的时间段这一"七寸",袁传璋的虚妄考证即可排除。袁传璋虚妄的考证,详本书第六讲。

其二,"于是迁仕为郎中"。王国维考证说:

案:《自序》云:"于是迁仕为郎中。"其年无考,大概在元朔、元鼎间,其何自为郎,亦不可考。

王国维的这一考证是已知推未知,大体无误。王国维已考证司马迁二十南游在"元朔三年",又把"于是迁仕为郎中"系于元鼎元年,因为王国维又考证出元鼎五年司马迁已扈从武帝"西至空同"。所以王国维的推论,司马迁仕为郎中"大抵在元朔、元鼎间",是指在元朔末至元鼎初之间,即元朔六年至元鼎元年之间共八年,中间元狩有六年,司马迁出仕的最大几率在元狩年间。大体无误即指此。推论论据不精确,不可能推出"仕为郎中"之年,所以说是一个粗糙的论据。王国维未能考出司马迁何年为郎、何自为郎,应当说:"司马迁何年为郎、何自为郎,以待贤者。"到此为止,这条推论论据就完全成立。王国维自己未尽全力,却再次"画蛇添足"说:"其何自为郎,亦不可考。""亦"字包括"何年为郎,皆不可考"。这是王国维主观武断留下的缺陷。

对于王国维考证的这一缺陷,有多个"前135年说"论者大做文章,把王国维推论司马迁"仕为郎中",大抵在元朔末至元鼎元年之间的八年,加以放大说成是元朔、元狩、元鼎三个年号相加的"十八年"。其目的就是要扰乱王国维考证司马迁出仕的最大可能在元狩年间，而"前135年说"论者必须把司马迁出仕之年延后到元鼎元年之后，因为按"前135年说"，元鼎元年司马迁才二十岁，所以司马迁出仕之年绝不能在元鼎元年及之前的元狩年间。又有"前135年说"论者赵光贤扭曲王国维的这条考证，说王国维考定司马迁二十南游，游了整十年，在元鼎元年出仕为郎。赵光贤的原话是这样说的：

> 王国维的《太史公行年考》说元朔三年，迁年二十，开始南游。照此说法，至元鼎元年，三十岁，中间无事可记，南游无论如何不会有十年之久，显然这是个大漏洞。

这里，赵光贤也玩了一把语言游戏，埋藏了两个隐语。一是把王国维推论的司马迁仕为郎中之年"大抵在元朔、元鼎间"定格在"元鼎元年"，于是无端地生出了"南游整十年"；二是把"前135年说"的立论基石，即根本不成立的"司马迁南游归来即仕为郎中"的虚妄推论强加在王国维头上，以便制造"大漏洞说"。赵光贤的"大漏洞说"，其实就是承袭李长之"空白说"的翻版，毫无新意。

其三，王国维《太史公行年考》最大的失误是说司马迁问故孔安国、师事董仲舒在十七八岁至二十岁之前。①"前135年说"论者如获至宝，充分利用。又《刺客列传》《樊郦滕灌列传》《郦生陆贾列传》三传所涉人物夏无且、董生、樊他广、平原君子语"太史公曰"云云，王国维说："然则此三传所记，史公或追记父谈语也。"均计算有误，导致推论错误，亦为"前135年说"论者所利用。详本书第三讲中第三节目"司马迁交游提供的旁证"，兹不赘述。

王国维考证的疏失与缺陷，不足以动摇他的考证成果。由于王国维考证方法正确，逻辑严密，考证成果无大误，立论基石与结论都坚不可摧，所以成为学术界的主流认识。我们今天梳理百年论争，是积累了几代人的成果，因此对王国维筚路蓝缕之功遗留的缺陷，理应纠正，但不可苛求，更不应纠缠于此而否定其贡献。纠正王国维的疏失，彰显历史事实，恰恰是为了进一步证成王说。

---

① 王国维此一失误还陷入循环论证，详本书第三讲第二节"司马迁问故孔委国、师事董仲舒之考证"。

第二讲　考证司马迁行年的文献资料

本书开篇"引言"有如下一段话：

> 定案司马迁的生年，必须考定司马迁一生的行年来验证，任何孤立地考证司马迁的生年，或者寄希望于地下的铁证，都是徒劳的。因为司马迁在《史记》与《报任安书》中，留下了较为丰富的行年资料，据之可以定案司马迁的生年。反过来说，任何一条孤立的所谓"铁证"，也不能违背《史记》留下的司马迁行年资料呈现的人生轨迹。司马迁为《史记》而生，为《史记》而死，他的生命化成了《史记》，他的行年资料伴随《史记》的成书过程而遗留，离开《史记》成书，抽象考察司马迁的行年和生年，不会有定论。

这段话是总结百年论争的体验，也是本书各讲评说的指南。王国维指引的方向："排比行年是考证司马迁生年唯一正确的方法。"精言要义即在此。本讲集中研讨司马迁行年的文献资料，下分四个节目来说。

一、《太史公自序》和《报任安书》留下了最直接的司马迁行年资料

读万卷书，行万里路，司马迁是一个忠实的践行者。他为了撰述《史记》而"网罗天下放失旧闻"，从"二十南游江、淮"起，一

生都在游历，分为三个阶段，有三种形式。《太史公自序》做了极其生动的记载，"迁生龙门"一节说：

> 迁生龙门，耕牧河山之阳。年十岁则诵古文。二十而南游江、淮，上会稽，探禹穴，窥九疑，浮于沅、湘；北涉汶、泗，讲业齐、鲁之都，观孔子之遗风，乡射邹、峄；厄困鄱、薛、彭城，过梁、楚以归。于是迁仕为郎中，奉使西征巴、蜀以南，南略邛、笮、昆明，还报命。是岁始建汉家之封。

这段话是司马迁回顾他青少年成长的足迹，也是怀念他父亲对他特殊的培养。司马迁是司马谈的独生子。司马谈为了培养司马迁成为修史接班人，没有将年幼的司马迁带在身边，留在京师染习仕途习气，而是将他留在出生地乡间，在龙门"耕牧河山之阳"，培养司马迁自幼热爱山川，健身强体，成年后走入社会有一个高起点。司马迁年二十，奉父命到广阔天地的全国范围去游历，目的明确，"网罗天下放失旧闻"，主动进行人文考察，搜求史料。司马迁足迹踏遍大江南北、淮河两岸，所以史称"二十而南游江、淮"。这是司马迁第一阶段的游历，因时年二十，所以学术界称其为"二十壮游"，王国维又称之为"宦学之游"，意谓为了仕宦前途而游历、交友，许多士人出仕诸侯王，这是那时风靡全国的一种风气。司马迁没有出仕诸侯王，而是一心一意"网罗天下放失旧闻"，后来写史回忆，一一载入"太史公曰"中。王国维"宦学之游"的说法不准确。二是扈从汉武帝之游，陪伴皇帝巡视山川，此为职务伴游。"于是迁仕为郎中"，从此开始了扈从之游，伴随汉武帝终身。三是奉使西征，征略西南夷。此游，公务在身的司马迁为钦差大臣，独当一方，监军平定西南夷，并设郡置吏，在西南夷地区设置了六个新郡：牂柯、越巂、益州、沈犁、汶山、武都。连同早先设置的犍为郡，汉武帝开拓西南夷，共设七个郡。

再看，《报任安书》云：

> "仆赖先人绪业，得待罪辇毂下二十余年矣。"又云："仆少负不羁之才，长无乡曲之誉，主上幸以先人之故，使得奉薄技，

出入周卫之中。"

上引《太史公自序》和《报任安书》留下的行年线索，通过考证找到行年关节点，然后串联行年关节点用以推论验证"前135年"与"前145年"两个假说，从而确定司马迁的生年。行年关节点，就是把握司马迁行年中几个关键的时间、空间节点，用考证方法把行年线索转为确切已知的纪年或年岁时间节点，然后串联若干个行年关节点，通过它们的互相关联，就可由已知推未知了。

上引的两段话，提供了九个行年关节点，即：（1）迁生龙门，也就是待考的生年；（2）耕牧河山之阳；（3）年十岁则诵古文；（4）二十南游……以归；（5）于是迁仕为郎中；（6）奉使西征巴蜀以南；（7）还报命，是岁天子始建汉家之封；（8）《报任安书》作年；（9）得待罪辇毂下二十余年，指已仕为郎中的年数，一个"余"字，又提供了一至九的九个伸缩年。其中（1）、（3）、（5）、（6）、（7）、（8），六个行年关节点均是时间点，指某一年；（2）、（4）、（9），三个行年关节点是时间段，可以是数月、数年或数十年。例如（9）就明确地指出由"仕为郎中"到《报任安书》作年的合理时间段是二十一年到二十九年。此外，《索隐》所引《博物志》提供了第十个行年关节点，即"太史令茂陵显武里大夫司马迁"，表示"迁生龙门"的司马迁"家徙茂陵"，这是极其重要的一个行年关节点，列为第（10）。

严肃的科学的求证是一一考证和落实上述各个行年关节点，还要搜求更多的行年旁证资料，再排比导入历史事实的行年表，制成《司马迁行年表》，用以对照王国维"前145年说"与郭沫若"前135年说"，比较两说哪一个行年排比的说法呈现的人生轨迹最合理，与历史事实相符，那么最合理的一说就是司马迁的生年。换一句话说，就是《司马迁行年表》中依据《索隐》《正义》两说推导的两个生年假说，哪一个合于司马迁自述的行年轨迹，就确定哪一个为司马迁的生年。是否遵循以上原则，是检验"前135年说"与"前145年说"谁是谁非的试金石，本书将多次反复提及。

对上述行年关节点的考证与串联，制作《司马迁行年表》，排比验证两个生年假说，定案司马迁生年，详见本书第三讲和第七讲。

二、司马迁记述交游涵盖的行年资料

(一) 在二十四篇"太史公曰"中遗留的行年资料

司马迁遗留在"太史公曰"中的行年资料,除《太史公自序》之外,还有二十四篇,王国维搜求列举了十五篇,遗漏了九篇。兹将二十四篇"太史公曰"行年资料悉数引录如次,以供研讨。

(1)《五帝本纪》太史公曰:"余尝西至空桐,北过涿鹿,东渐于海,南浮江、淮矣,至长老皆各往往称黄帝、尧、舜之处,风教固殊焉。"

(2)《周本纪》太史公曰:"学者皆称周伐纣,居洛邑,综其实不然。武王营之,成王使召公卜居,居九鼎焉,而周复都丰、镐。至犬戎败幽王,周乃东徙于洛邑,所谓'周公葬于毕',毕在镐东南杜中。"

《封禅书》太史公曰:"余从巡祭天地诸神名山川而封禅焉。入寿宫侍祠神语,究观方士祠官之意,于是退而论次自古以来用事于鬼神者,具见其表里。"

《河渠书》太史公曰:"余南登庐山,观禹疏九江,遂至于会稽太湟,上姑苏,望五湖;东窥洛汭、大邳,迎河,行淮、泗、济、漯洛渠;西瞻蜀之岷山及离碓;北自龙门至于朔方。曰:甚哉,水之为利害也!余从负薪塞宣房,悲《瓠子》之诗而作《河渠书》。"

《齐太公世家》太史公曰:"吾适齐,自泰山属之琅邪,北被于海,膏壤二千里,其民阔达多匿知,其天性也。"

《赵世家》太史公曰:"吾闻冯王孙曰:'赵王迁,其母倡也,嬖于悼襄王。'"

《魏世家》太史公曰:"吾适故大梁之墟,墟中人曰:'秦之破梁,引河沟而灌大梁,三月城坏,王请降,遂灭魏。'"

《孔子世家》太史公曰："《诗》有之：'高山仰止，景行行止。'虽不能至，然心乡往之。余读孔氏书，想见其为人。适鲁，观仲尼庙堂车服礼器，诸生以时习礼其家，余祗迴留之不能去云。"

《伯夷列传》太史公曰："余登箕山，其上盖有许由冢云。"

《孟尝君列传》太史公曰："吾尝过薛，其俗闾里率多暴桀子弟，与邹、鲁殊。问其故，曰：'孟尝君招致天下任侠，奸人入薛中盖六万余家矣。'世之传孟尝君好客自喜，名不虚矣。"

《魏公子列传》太史公曰："吾过大梁之墟，求问其所谓夷门。夷门者，城之东门也。"

《春申君列传》太史公曰："吾适楚，观春申君故城，宫室盛矣哉！"

《屈原贾生列传》太史公曰："适长沙，观屈原所自沈渊，未尝不垂涕，想见其为人。"

《刺客列传》太史公曰："世言荆轲，其称太子丹之命，'天雨粟，马生角'也，太过。又言荆轲伤秦王，皆非也。始公孙季功、董生与夏无且游，具知其事，为余道之如是。"

《蒙恬列传》太史公曰："吾适北边，自直道归，行观蒙恬所为秦筑长城亭障，堑山堙谷，通直道，固轻百姓力矣。"

《淮阴侯列传》太史公曰："吾如淮阴，淮阴人为余言，韩信虽为布衣时，其志与众异。其母死，贫无以葬，然乃行营高敞地，令其旁可置万家。余视其母冢，良然。"

《樊郦滕灌列传》太史公曰："吾适丰沛，问其遗老，观故萧、曹、樊哙、滕公之家，及其素，异哉所闻！方其鼓刀屠狗卖缯之时，岂自知附骥之尾，垂名汉廷，德流子孙哉？余与他广通，为言高祖功臣之兴时若此云。"

《郦生陆贾列传》太史公曰："世之传郦生书，多曰'汉王已拔三秦，东击项籍而引军于巩、洛之间，郦生被儒衣往说汉王'，乃非也。自沛公未入关，与项羽别而至高阳，得郦生兄弟。余读陆生《新语书》十二篇，固当世之辩士。至平原君子与余善，是以得具论之。"

《张释之冯唐列传》："武帝立，求贤良，举冯唐。唐时年九十余，不能复为官，乃以唐子冯遂为郎。遂字王孙，亦奇士，与余善。"

《田叔列传》太史公曰："孔子称曰'居是国必闻其政'，田叔之谓乎！义不忘贤，明主之美以救过。仁与余善，余故并论之。"

《李将军列传》太史公曰："余睹李将军悛悛如鄙人，口不能道辞。及死之日，天下知与不知，皆为尽哀。彼其忠实心诚信于士大夫也！谚曰：'桃李不言，下自成蹊。'此言虽小，可以谕大也。"

《卫将军骠骑列传》太史公曰："苏建语余曰"云云。

《游侠列传》太史公曰："吾视郭解，状貌不及中人，言语不足采者"云云。

《龟策列传》太史公曰："余至江南，观其行事，问其长老，云龟千岁乃游莲叶之上，著百茎共一根。"

以上二十四条"太史公曰"，直接与间接讲游历，其中有六条讲交友。交友亦是间接讲游历。交友或在旅行中，或在京师，其主题是一个，即"网罗天下放失旧闻"。司马迁将三个阶段的三种游历交融在一起记述，旨在突出"网罗天下放失旧闻"这一共同主题。换句话说，司马迁扈从之游与奉使之游，均不忘为了述史而搜求史料的目的。开篇《五帝本纪》"太史公曰"即已揭明其旨。其言曰："余尝西至空桐，北过涿鹿，东渐于海。"三者皆指扈从之游。"南浮江、淮矣"为"二十壮游"，其范围是全国，东至大海，西到空桐，北达涿鹿，南至江、淮。司马迁在全国范围，接触各地不同的族群民众，风俗习惯都不同，但一致称颂黄帝。司马迁在数十年的游历考察中，从全国各地长老的叙述中，形成了黄帝是人文始祖的理念，写在《史记》开篇，非同凡响。这只是一个示例。

（二）司马迁二十壮游，在全国范围深度考察文史内容，当有数年之久

这里重点说"二十南游"的考察，举其大端，主要有五个方面。

1. 游历访问，实地调查

司马迁二十壮游，实质进入了修史的见习期，是司马谈的助手。二十壮游，就是司马迁奉父命周行天下，以搜求史料为目的，所以像"余南登庐山，观禹疏九江，遂至于会稽太湟，上姑苏、望五湖；东窥洛汭、大邳，迎河，行淮、泗、济、漯洛渠"，这样大范围的考察，必在二十壮游之时。像考察春申君宫室，寻访屈原放逐的遗迹，了解韩信少时落魄和葬母的故事，亦当是二十壮游之事。至于听冯王孙讲赵国故事；听樊他广述说鸿门宴以及汉高祖、萧何、曹参、夏侯婴等起义丰沛的故事；听平原君子详说郦食其、郦商兄弟追随汉高祖的故事；特别是调查荆轲刺秦王，访问公孙季功、董生，得到许多"异哉所闻"的真实口传历史，司马迁认为特别珍贵，来之不易，所以郑重其事写入"太史公曰"。

司马迁游历访问，实地调查，搜集了有关上古历史的传说，记述了人文始祖黄帝，树立了大一统历史观的标杆。考察了西周建国定都镐京，营建陪都洛邑的情况，纠正了学者所传之误。至于调查战国故事、汉初故事、古战场形势、个人轶事，至为详悉。司马迁十分重视普通老百姓的口述、传颂，并在《史记》中留下了记载。如适大梁之墟，求问夷门及秦灭魏，"墟中人曰"云云；载樗里子事迹，"秦人称其智"云云；至淮阴，"淮阴人为余言"云云，此类例证，不胜枚举。这说明司马迁的调查深入到社会下层，有时甚至冒着生命危险。例如他在齐鲁考察，就曾"厄困鄱、薛、彭城"，但最终了解到薛地风俗，"其间里率多暴桀子弟，与邹、鲁殊"。司马迁问其故，乡人曰："孟尝君招致天下任侠，奸人入薛中盖六万余家矣。"

2. 取资金石、文物、图像及建筑

《秦始皇本纪》载录了《泰山石刻》《琅邪石刻》《之罘石刻》。

《孔子世家》"太史公曰"，司马迁适鲁观孔子庙堂车服礼器。《留侯世家》"太史公曰"，司马迁考察留侯张良画像。《春申君列传》"太史公曰"，司马迁观春申君故城宫室。《蒙恬列传》"太史公曰"，司马迁观蒙恬所筑长城、亭障、直道。此外，司马迁对人物的描写，如说秦始皇"蜂准、长目、挚鸟膺"①；汉高祖"隆准而龙颜，美须髯"②；陈平"为人长大美色"③；公孙弘"状貌甚丽"④；李广"为人长，猿臂"⑤等。有的人物为司马迁所亲见，大多是得之于传闻或见之于文物图像。如说越王勾践"长颈鸟喙"⑥；孔子"长九尺有六寸"，"其颡似尧，其项类皋陶，其肩类子产，然自要以下，不及禹三寸"⑦。这些地方的描写，表现了司马迁搜求史料的广泛兴趣，除得之于传闻外，当有古代的文物图像为司马迁所亲见，留侯图像就是一例。

3. 考察各地风俗物产

《货殖列传》对全国都市经济、各地物产、物流交通、贸易往来、习俗等的记载，可以说是一部经商指南，生动详悉，信息主要来源于游历考察。前文引录的"太史公曰"资料，有二十个篇目直接讲到游历，计有《五帝本纪》《周本纪》《封禅书》《河渠书》《齐太公世家》《魏世家》《孔子世家》《魏公子列传》《屈原贾生列传》《蒙恬列传》《淮阴侯列传》《樊郦滕灌列传》，此外《伯夷列传》《龟策列传》《太史公自序》三篇传文也涉及游历。

4. 采集歌谣诗赋、俚语俗谚

《史记》中载有歌谣诗赋、俚语俗谚共五十八条，可分为三类。其中，第一类，乐府歌谣、名人诗赋十五条；第二类，民歌

---

① 《史记》卷六《秦始皇本纪》。
② 《史记》卷八《高祖本纪》。
③ 《史记》卷五六《陈丞相世家》。
④ 《史记》卷一一二《平津侯主父列传》。
⑤ 《史记》卷一○九《李将军列传》。
⑥ 《史记》卷四一《越王勾践世家》。
⑦ 《史记》卷四七《孔子世家》。

童谣七条；第三类，俚语俗谚三十六条。这些资料，司马迁特别标明"谚曰""语曰""鄙语曰"云云，以示采集得来，并大量引入"太史公曰"中，用以褒贬人物，就像引用经典一样郑重。例如《淮南衡山列传》载《淮南民歌》："一尺布，尚可缝；一斗粟，尚可舂，兄弟二人不相容。"此歌讽喻汉文帝不能容其弟淮南厉王刘长，以法逼迫至死。《苏秦列传》鄙语云："宁为鸡口，无为牛后。"意谓宁可做一个独当一面的小官，也不愿做一个仰人鼻息的副职高官。《刘敬叔孙通列传》"太史公曰"语曰："千金之裘，非一狐之腋也；台榭之榱，非一木之枝也；三代之际，非一士之智也。"此言谓帝王将相不可能独占智慧，民间有能人，要广泛听取民众意见。《李将军列传》"太史公曰"谚曰："桃李不言，下自成蹊。"此言赞誉李广不善言，不钻营，受屈而死，他的高风亮节得到全军和广大民众的认可。民间流传的歌谣俚语，朴实透明，寓有平凡的真理，是人民大众生活实践的结晶。司马迁在游历中深入下层，体察社会大众的朴质感情，引用歌谣俚语写历史，也是他史识过人的一种表现。

5. 搜求诸侯史记

《六国年表序》说，秦焚《诗》《书》，诸侯史记尤甚，"而史记独藏周室，以故灭。惜哉，惜哉！独有《秦记》，又不载日月，其文略不具"。秦只焚灭了官家之藏，而民间尚存有"诸侯史记"残篇。如《燕召公世家》载，燕孝王"三年卒，子今王喜立"。又载，"今王喜四年，秦昭王卒"。司马迁称"今王"，是依据燕国史记的明证。又如《廉颇蔺相如列传》载秦赵会渑池，赵王鼓瑟，秦御史书"某年月日，秦王与赵王会饮，令赵王鼓瑟"。蔺相如胁秦王击缶，亦召赵御史书"某年月日，秦王为赵王击缶"。赵御史所书必不载于秦史记，而是据赵史记写下的。又年表、世家各诸侯国史事凡用第一人称"我"，不可能全部据秦史记回改，秦史记"文略不具"，六国史事亦当据有诸侯史记。这些例证是《史记》取材于"诸侯史记"的有力佐证。

此外，司马迁未予交代的许多考察史事，还有很多。司马迁把遗闻细事列入历史研究与记叙范围，当得之于游历考察的体悟，这是不言而喻的。

三、"太史公曰"皆为"司马迁说"

"太史公曰"是否为"司马迁说"，要解决两个问题。一是，"太史公"为官名，还是尊称？再是，若是尊称，是司马迁尊称其父，还是杨恽尊称外祖父司马迁以及司马谈？"太史公"释名，是《史记》又一个疑案，两千年来聚讼不绝，有十种说法，纠缠于此，毫无意义。王国维考证引臣瓒说，《汉书·百官表》无"太史公"官名，《茂陵中书》："司马谈以太史丞为太史令"，而司马迁为"太史令"，见于《太史公自序》。论从史出，王国维否定了卫宏《汉仪注》"太史公"为秩二千石高官之妄说，认为"太史公"是杨恽尊称司马迁及其父司马谈，采自《孝武本纪·集解》所引韦昭说。若此说成立，则《史记》书中一百五十余处"太史公"皆为杨恽所加，不可思议。笔者考证，"太史公"为书名，司马迁用此祭奠、尊称其父。① 书名既为"太史公"，作者论说自当称"太史公曰"。《太史公自序·索隐》司马贞曰："案《茂陵书》，谈以太史丞为太史令，则'公'者，迁所著书尊其父云'公'也。然称'太史公'皆迁称其父所作，其实亦迁之词。"张守节《正义》赞同司马谈任官"太史公"说，也明白无误地指出，《史记》全书的"太史公曰"皆为司马迁所写，当然是指"司马迁说"。

四、由司马迁交游与文史考察的内容给予生年考证的重大启迪

综上三节所述，司马迁在《史记》和《报任安书》中留下了丰富的行年资料，在司马迁生年研究中不可忽视和阙如。而考证司马

---

① 参见张大可：《太史公释名考辨》，《人文杂志》1983年第3期。

迁行年关节点，要放在他一生游历做人文考察的大背景上，尤其要放在"二十南游"以及青年时段所处的历史大背景上，从繁杂交错的文献资料中披沙拣金，论从史出，才能取得真经。任何脱离如何撰写《史记》这一大主题，将不可避免地陷入伪证伪考。如何考证司马迁的交游与行年关节点，提炼司马迁的生年证据，本书第三讲予以详说。这里概括本讲由司马迁交游与文史考察的内容给予生年考证的重大启迪，有以下三个方面。

其一，司马迁"二十南游"为了修史而"网罗天下放失旧闻"。二十四条"太史公曰"绝大多数均说的是二十南游的见闻，本讲第二节集中解读"二十南游"做文史考察的内容，大要有五个方面，丰富多彩，是有目的、有计划的搜求，绝不是猎奇与感情冲动，表明司马迁已是司马谈的修史助手，到广阔社会中去做调查研究，既是学识修养，也是修史历练。那种所谓司马谈临终遗命才导致司马迁人生转轨，从仕途转向学术的说法是想当然的推测，是站不住脚的。

其二，司马迁"二十南游"，当有数年之久。司马迁南游范围和路线，王国维首次做了描绘，这里参以己意，转述如次。司马迁从京师长安出发东南行，出武关至宛，南下襄樊到江陵。渡江，溯沅水到湘西，然后折向东南到九疑。窥九疑后北上长沙，到汨罗屈原沉渊处凭吊，越洞庭，出长江，顺流东下，登庐山，观禹疏九江，辗转到钱塘。上会稽，探禹穴，还吴游观春申君宫室。上姑苏，望五湖。之后，北上渡江，过淮阴，至临淄、曲阜，考察齐鲁地区文化，观孔子留下的遗风，受困于鄱、薛、彭城，然后沿着秦汉之际风起云涌的历史人物故乡、楚汉相争的战场，经沛、丰、砀、睢阳，至梁（今开封），回到长安。以今地言之，司马迁南游，又称壮游，跨越了陕、鄂、湘、赣、皖、苏、浙、鲁、豫九大省区，行程数万里，历时数年，至少二三年，长则四五年。或许司马迁是数次考察，"二十南游江、淮"是终极总叙，亦未可知。

其三，"太史公曰"提及的交游，皆为司马迁。前文已论说《史记》全书"太史公曰"，皆为司马迁所写，指"司马迁说"。而二十四条"太史公曰"行年资料的集中排列，更加凸显了交游目的，以及"网罗天下放失旧闻"的主题。司马谈任太史令，一生都在京师。所以《刺客列传》《樊郦滕灌列传》《郦生陆贾列传》等篇，"太史公曰"为司马迁所说。

以上三个方面，皆与考证司马迁生年密切相关，将在以下各讲的相关内容中随文展开。

第三讲　司马迁生年"前145年说"之证据

本讲依王国维指引的方向，"排比行年是考证司马迁生年唯一正确的方法"，梳理百年论争"前145年说"论者考证的司马迁行年成果、提供的司马迁生于公元前145年之证据。下面分三个节目来谈。

一、几个重要行年关节点之考证

本节集中考证《太史公自序》和《报任安书》留下的最直接的司马迁行年关节点，具体说，即前文第二讲第一节所列十个行年关节点的九个，得到六个支撑"前145年说"的证据。

（一）司马迁年十九之前"耕牧河山之阳"。此为"前145年说"之第一证

司马迁"十九岁之前耕牧河山之阳"证据在哪里？证据就在《太史公自序》"迁生龙门"一节前四句中："迁生龙门，耕牧河山之阳。年十岁则诵古文。二十而南游。"句句是已知。我们要用这四句已知推论一个未知，即"耕牧河山之阳"这一时间段。"迁生龙门，二十南游"，这是司马迁明明白白写的已知行年：司马迁属士人阶层，不是务农吃饭，他的耕牧只是体验生活，热爱山川，为二十南游打基础，少年儿童时代仍以读书为主，年十岁就已达到可阅读古文的学识，所以"年十岁则诵古文"是一句插入语，它没有中断耕牧河山之阳的时间段。"年十岁""年二十"，字面意义毫无疑问是指

蒙童时段、少年时段、步入青年时段的一个分界点。"二十南游"，学术界又通称"二十壮游"，表明司马迁步入青年时段，离开故乡踏上新征程。司马迁《报任安书》说："长无乡曲之誉"，就是指少年时段耕读于故里而未在京师生活的有力旁证。不怀偏见的任何一位读者，包括初通古文的中学生，只有这么一个读法，绝不可能读为：九岁以前耕牧，十岁至二十岁在京师读书。正如钱穆所说："十岁幼童，如何说'耕牧河山之阳'呢？这是第一证。"钱氏说详后"仕为郎中"之考证。

（二）年十岁则诵古文

这一行年关节点只有某岁，作为行年轨迹，只表明是童年与少年两个时间段的分界点。作为时间点，只表明司马迁年十岁时的学识状态，导入两个生年假说，没有比较价值。又由于没有旁证资料可以考证出"年十岁则诵古文"在某年，所以这一行年关节点对于推导生年与验证生年均无直接关系。袁传璋把"年十岁则诵古文"定为推导司马迁生年的三个"标准数据"之一，也只是虚晃一枪，在推导时不见踪影，他大作文章乃"另有目的"，将在第六讲评析袁文时再详说。

（三）司马迁元朔二年"家徙茂陵"，年十九岁。此为"前145年说"之第二证

《索隐》引《博物志》，元封三年司马迁为太史令，属籍"茂陵显武里"，这一史料引出了变数，司马迁不是"二十南游"离开故乡，而是"家徙茂陵"时离开故乡，这就必须用考证来回答，"家徙茂陵"之年在哪一年？它是证实"年十九"，还是修正"年十九"以"耕牧河山之阳"呢？这要用史实来说话。

考证"家徙茂陵"有两种方法。其一，用排除法推理考证。据《汉书·武帝纪》，徙郡国豪杰于茂陵，前后三次：一在建元二年，一在元朔二年，一在太始元年。若在建元二年司马迁就"家徙茂

陵"，那就一并排除了两个生年假说。一是建元六年在建元二年之后被直接排除；二是建元二年上距景帝中元五年只有七年，七岁幼童何以耕牧河山之阳呢？也就是景帝中元五年被间接排除。大前提是建元六年与景帝中元五年，两个生年一真一假，两个生年均被排除，就是悖论，不成立，即"家徙茂陵"在建元二年不成立。当然，更不可能在司马迁四五十岁的晚年太始元年家徙茂陵。因为任太史令时的司马迁，不是二十八，就是三十八。排除了"建元二年"和"太始元年"，唯有元朔二年家徙茂陵了。其二，引据文献做史实考证。《汉书·武帝纪》元朔二年，汉武帝大移民十万口充实朔方新郡。主父偃建言移豪富家资三百万以上于茂陵，可"内实京师，外销奸猾，此所谓不诛而害除"①，一箭双雕。这是政治性移民，带有强迫性。郭解不中訾亦被强行移民就是生动的例证。司马谈六百石，也是在此背景下家徙茂陵的，这已是学术界的共识。

元朔二年是公元前127年，把这一时间点导入司马迁生年前135年说，司马迁九岁家徙茂陵，导入生年前145年说，则司马迁十九岁家徙茂陵。也就是说，按前145年说，司马迁少年时代十九岁以前耕牧河山之阳，合情入理；按前135年说，司马迁九岁前蒙童耕牧河山之阳，按钱穆的说法，即实属荒诞。也就是元朔二年家徙茂陵，为司马迁生于公元前145年之第二证。

（四）"二十南游"在元朔三年，司马迁行年基准点呼之欲出。此为前145年说之第三证

司马迁元朔二年"家徙茂陵"年十九，即可推知"二十南游"在元朔三年，司马迁的行年基准点呼之欲出。

"二十南游"这一行年关节点极为重要，它是司马迁少年与青年两个年龄段的分界点，晚生十年等于砍掉了司马迁十年的青年时段。南游又有数年之久，按"前135年说"，司马迁奉使在虚岁二十五岁

---

① 《史记》卷一一二《平津侯主父列传》。

之前,等于没有了青年时段。没有"二十南游"这一句,二十五岁的青年司马迁奉使可称为"少年得志"①,与三十五岁中年司马迁奉使,无法辨其是非。有了"二十南游",加之,南游有数年之久,不待分辨而是非立现。李长之、赵光贤、袁传璋等"前135说"论者,对此心领神会,编造"二十南游时间很短",而且"归来即仕为郎中",所谓"空白说""大漏洞说",尤其是"于是"无缝连接"二十南游"与"仕为郎中",其因盖出于此。

(五)仕为郎中之考证。此为前145年说之第四证

钱穆第一个考证司马迁"仕为郎中"在元狩五年,依据文献为《封禅书》汉武帝置"寿宫"。《封禅书赞》:"余从巡祭天地诸神名山川而封禅焉,入寿宫侍祠神语,究观方士祠官之意。"《资治通鉴》系于元狩五年。钱穆说:"若依《正义》,迁年二十八,时已为郎中,故得从巡祭天地鬼神。若依《索隐》,迁年十八,尚未为郎中,便无从驾巡祭之资格,这是第二证。"钱穆还以《报任安书》作于征和二年推理论证,元狩五年"仕为郎中"合于"待罪辇毂下二十余年"。钱文《司马迁生年考》列举五证支持王国维的"前145年说"。② 钱氏五证为:第一证,司马迁年十九岁之前"耕牧河山之阳";第二证,元狩五年,迁年二十八"仕为郎中";第三证,迁年十九,家徙茂陵见郭解;第四证,李广死于元狩四年,迁年二十七岁,比《索隐》说迁年十七岁见李广更合理;第五证,奉使西征,迁年三十六③,比《索隐》说迁年二十六更合理。钱氏五证为驳难友人施之勉的"前135年说",条条精准。钱文第二证"仕为郎中"依序在本讲列为第四证。

施丁1984年撰文发挥钱氏之说,考证司马迁元狩五年"仕为郎

---

① 《报任安书》中"长无乡曲之誉",以及"固主上所戏弄,倡优畜之"的牢骚话头,驳斥了前135年说论者的少年得志说。
② 载(台北)《学术季刊》第1卷第4期,1953年6月。
③ 按实年计司马迁虚年35岁,还报命才是36岁,钱氏乃终其奉使为说。

中"①，补充论证，指出司马谈未参与封禅，因此"余从巡祭天地诸神名山川而封禅焉"之"余"，只能是司马迁。这一补充十分必要。"前135年说"论者解读这个"余"为司马谈，就完全错了。施丁还考证，任安与司马迁是知交，当在同一年仕为郎中。汉武帝元狩五年重病痊愈，在行宫中建寿宫神祠，大赦天下，诏令赵禹选郎，有如后世科举行恩科，选举不够恩荫条件的寒门士子为郎，任安、田仁、司马迁在这一背景下于元狩五年仕为郎中也没有错。施丁为了多列论据，失检引用了《三王世家》司马贞《索隐》的误注，认为元狩六年任安为太子少傅，而据《卫将军骠骑列传》，任安元狩四年尚在大将军府，因而出仕为郎则在元狩五年，实乃画蛇添足，应予纠正。详本书第六讲"余论三题"。

（六）"奉使西征"与"还报命"之考证。此为"前145年说"之第五证

《太史公自序》云："奉使西征巴、蜀以南，南略邛、筰、昆明，还报命。"一个"征"字，一个"略"字，表明了司马迁的身份是特命的钦差大臣②，以郎中将的职衔去监军③，命巴蜀之军征讨西南夷。司马迁去传达军令并设郡置吏。建元六年（前135）唐蒙首开西南夷置犍为郡，以郎中将的职衔行事，司马迁亦当如是。司马迁出发时间和地点，据《汉书·武帝纪》是在元鼎六年（前111）春正月，出发地点在今河南获嘉县，在扈从汉武帝的巡幸途中，目的地是汉军受阻的且兰国，在今贵州西境。传达军令的司马迁快马加鞭，当从获嘉经洛阳，返长安，南下汉中至巴郡，溯长江经犍为到达且兰境内的汉军驻地，用时约两个月。汉军平定西南夷，设置牂柯、

---

① 施丁：《司马迁生年考——兼及司马迁入仕考》，《杭州大学学报》1984年第3期。
② 司马迁此次奉使是朝廷重大事件，史家特别记载。《汉书·东方朔传》说："武帝既招英俊，程其器能，用之如不及。时方外事胡越，内兴制度，国家多事，自公孙弘以下至司马迁皆奉使方外"云云。
③ 汉武帝从建元六年至元鼎六年经略西南夷前后长达25年，历经唐蒙、司马相如、司马迁三位大臣，唐蒙为一千石的郎中将，司马相如则为二千石的中郎将奉使，推知司马迁最低亦当为一千石的郎中将。

越嶲、益州、沈犁、汶山、武都,连同原先设置的犍为郡,共七个郡。司马迁"还报命",在元封元年四月赶到河洛,受父遗命后上泰山参加封禅典礼,向天报告称成功。司马迁从武都出发"还报命"至泰山,亦当是风驰电掣,用时两个月。汉时从昆明到长安,正常行程三个月,司马迁身负特殊使命,来回四个月足够。元鼎六年春正月到元封元年夏四月,共十六个月,减去行程四个月,司马迁在西南夷地区生活和活动了整十二个月,也就是一年时间,司马迁有足够时间做调查研究,了解民族地区的风土人情,对创立民族史传意义极为重大。司马迁此行所历地域,当今豫、陕、川、甘、云、贵六大省区,行程万余里,设郡置吏,立功边陲,可以说是司马迁人生旅程的一大亮点。

对司马迁"奉使西征"与"还报命"的准确时间,以及职任的考定,为"前145年说"之第五证。司马迁奉使在元鼎六年春,导入"前145年说",虚岁三十五,周岁三十四,也就是元朔三年"二十南游"与元鼎六年"奉使西征",其间十四年,即公元前126年到公元前110年。元狩五年,即公元前118年,司马迁"仕为郎中",上距"二十南游"八年,下距"奉使西征"六年,恰好是司马迁"南游",问学于孔安国、董仲舒,扈从武帝积淀人生阅历的时间。导入"前135年说",司马迁奉使虚岁二十五,周岁二十四,再减去王国维考证元鼎五年司马迁已扈从武帝西至空同一年,只剩下二十至二十三共四个实年,请问司马迁如何南游、问学与出仕、奉使?换句话说,司马迁奉使之前的十四年的青年时段,被"前135年说"论者砍掉了十年,所以司马迁南游、问学、出仕、扈从、奉使等14年的青年时段经历要挤压在四年之中,不仅时间安排左支右绌,而且把司马迁青年时段问学孔安国、董仲舒,搬到少年时段,必然陷入伪证伪考。

(七)《报任安书》"作年"之考证,验证了"仕为郎中"之年。此为"前145年说"之第六证

王国维《太史公行年考》否定传统的《报任安书》作于征和二

年说，考定作于太始四年，其言曰：

> 案：公《报益州刺史任安书》在是岁十一月，《汉书·武帝纪》：是岁春三月，"行幸太山；夏四月，幸不其；五月，还，幸建章宫"，《书》所云"会从上东来"者也。又冬十二月，行幸雍祠五畤，《书》所云"今少卿抱不测之罪，涉旬月，迫季冬，仆又薄从上上雍"者也。是《报安书》作于是冬十一月无疑。或以任安下狱坐受卫太子节，当在征和二年，然是年无东巡事，又行幸雍在次年正月，均与《报书》不合。《田叔列传》后载褚先生所述武帝语曰："任安有当死之罪甚众，吾常活之"，是安于征和二年前曾坐他事，公《报安书》自在太始末，审矣。

王国维此一考证，文献、史实、推理，一一俱备，是《太史公行年考》中一大亮点，没有充分根据是不能推倒的。汉武帝在一年之中既东巡又西巡，只有太始四年。且接信在年初，回信在年尾，可以说是迟迟没有回信，因此《报任安书》一则曰"曩者辱赐书"，再则曰"迫贱事，相见日浅"，即忙于事务，加之我们不久就要见面了，所以才没有回信。"相见日浅"，指刺史任安或秋觐，或年尾回京陈述政务，司马迁就可与之相见了。这些条件加起来，《报任安书》作于太始四年无可置疑。1981年，苏诚鉴教授在《司马迁行年三事考辩》中，以"曩者辱赐书"定位司马迁接任安信在太始四年春三月"行幸泰山"之时，而《报任安书》作于征和三年一月"行幸雍"之时，一个"曩"字曩了三年，其实是一个不成立的推论。过了七年，袁传璋也将苏先生的论说接过来大作了一番文章，还指责对方没读懂"曩"字，说"曩者，久也"。不过这种以辨代考是徒劳的。此处解"曩"为"久"，长达近三年，与《报任安书》内容和历史事实均不符合。《报任安书》曰"书辞宜答，会东从上来，又迫贱事"云云，指没有及时回信的理由。假如司马迁三年没回信，这"会东从上来，又迫贱事"两条理由是讲不通的。正是这两条理由证成了王国维的考证，接信与回信应当在同一年，年初接信，年尾才回信，这两条是说得过去的。再看历史事实，袁传璋说，任安太始四年刺史任满，征和元年回京任北军使者护军。司马迁任中书令，汉武帝身边的大秘书，任安任汉武帝身边的禁军首领，司马迁与任安既为知交，又近在咫尺，两年间没有来往，也不回信，除非两人断交。既然断了交，又何来《报任安书》？袁传璋用苏先生一个"囊"字的推论，间隔同在汉武帝身边的任安与司马迁近三年之久，根本不成立。

《报任安书》作于太始四年，即公元前93年，上溯元狩五年仕为郎中，即公元前118年，共二十六年，与"待罪辇毂下二十余年"完全吻合，即使在征和二年，乃至三年也吻合，可证钱穆、施丁对"仕为郎中"的考证完全成立。

二、司马迁问故孔安国、师事董仲舒之考证

考证司马迁的社会活动、师承、交友、接触名人，提供考证生年的旁证，这也是王国维开拓的方法。由于司马迁不是在《太史公自序》《报任安书》，以及《史记》其他纪传中专门交代他的社会活动与师友，而是在叙写史事以及在"太史公曰"中涉及，所以要梳理提供出与行年相关的论据，往往要用考证与推理相结合的方法得出。其中最重要的旁证是问故孔安国、师事董仲舒。

司马迁何时师承两位国家级学问大师，是极为重要的行年资料。王国维据《汉书·儒林传》《兒宽传》《张汤传》，以及《史记·孔子世家》考证孔安国为博士在元光、元朔间，董仲舒在元狩、元鼎间尚存，"然已家居不在京师"，将两位大师在京师的时间误判为在元光、元朔间。这一误考使王国维做出了两个错误的推论：一是"或"言推论司马迁十岁入京；二是循环推论司马迁生于前145年。王国维说："以此二事（指司马迁师承孔、董两位大师）证之，知《博物志》之'年二十八'为太史令，'二'确为'三'之讹夺也。"司马迁在元光、元朔间师事孔、董两位大师，导入"前145年说"，即用生于前145年推出司马迁年岁在元光、元朔间为二十岁前后，现在

又以元光、元朔间师事孔、董两位大师在年十七八岁以证司马迁生于前145年，所以是循环论证，这是《太史公行年考》的最大失误。考证与推论均错误。"前135年说"论者，对王国维的这一重大失误讳莫如深，没有一个"前135年说"论者出来驳难。因为"前135年说"论者不仅要利用王国维的这一错误为其考证烟幕铺路，而且循环论证是"前135年说"的命根、立论基石，所以对王国维考证的双重错误反而讳莫如深。

历史事实是，孔安国、董仲舒两人，整个元狩年间均活动在京师。程金造据《资治通鉴》，考证孔安国为博士在元朔二年。王达津据《汉书·地理志》，元狩六年初置临淮郡，孔安国早卒，当为第一任临淮太守，元狩六年离京。钱穆考证，元朔五年董仲舒为胶西相，元狩二年免归居家茂陵。施之勉考证，董仲舒卒于元狩六年或元鼎二年①。据此，司马迁问故孔安国、师事董仲舒均在元朔末和整个元狩年间，导入"前145年说"，正当二十南游归来的二十三四岁至二十七八岁之时。导入"前135年说"，则当十三四岁至十七八岁之时。两者比较，司马迁当生于前145年。若生于前135年有三个不利因素：其一，少年学习尚在打基础之时，尤其是十三四岁时师事国家级学术大师，学知识与年龄身份均不相宜；其二，与《太史公自序》所载年十九岁以前耕牧河山之阳不合，所以必须要年幼十岁的司马迁入京，对此没有文献支撑；其三，问故孔安国，指学习绝学《古文尚书》，非少年求仕进之所学。据《汉书·儒林传》，司马迁问故孔安国，将古文说载入《史记》，必当二十南游归来已为司马谈修史助手的青年司马迁。以此三点，司马迁问故孔安国、师事董仲舒不当生于前135年。司马迁师承孔安国、董仲舒两位大师，在整个元狩年间于京师，正当司马迁二十壮游归来的二十三四至二十七八岁之青年时段。此为前145年说最有力的旁证。

---

① 施之勉《董子年表》谓董仲舒卒于元狩六年，而在《太史公行年考辨误》中说约死于元鼎二年。总之，董仲舒元狩年间在京师。

三、司马迁交游提供的旁证

（一）司马迁与《刺客列传》《郦生陆贾列传》《樊郦滕灌列传》所载长者交游，可证司马迁生于前 145 年

王国维《太史公行年考》认为：《刺客》等三传"太史公曰"提到的长者，司马迁年齿不相及。其言曰：

> 公孙季功、董生（非仲舒）曾与夏无且游，考荆轲刺秦王之岁，下距史公之生，凡八十有三年。二人未必能及见史公道荆轲事。有樊他广及平原君子辈行，亦远在史公前。然而此三传所纪，史公或追记父谈语也。

王国维这里计算与推断均失误，他的这一失误为"前 135 年说"论者充分利用。赵光贤借力还加上《李将军列传》，说这四个列传是司马谈所作，把"转父谈语"加力为"司马谈所作"。又一"前 135 年说"论者走得更远，用年齿不相及来论证"司马谈作史"，反过来又用司马谈作史来论证司马迁不生于前 145 年，大搞循环论证。只要稍加计算，弄清司马迁与诸位长者交游的年齿差距，"前 135 年说"论者的种种想当然之说，不攻自破。

在这一具体问题上，无论是王国维，还是赵光贤等"前 135 年"说论者，既未做逻辑推理，也未做年齿计算，完全错误。逻辑推理，司马谈只在京师做官，他没有个人旅行的机会，综观"太史公曰"记录的考察资料，明显交代是从交游中得来，因此是司马迁本人的记述，转述父谈语之说不成立。年齿计算，冯王孙、樊他广、平原君子、公孙季功、董生，与生于公元前 145 年的司马迁差四十五到五十五岁之间，一个二十岁的青年去访问六十五岁至七十五岁之间的长者，那是可以相及的。如果晚生十年的司马迁，有的就不能相及了。

如何计算年齿。徐朔方对司马迁交游，包括上述三列传长者做

了最为精确的考证。《刺客列传》载荆轲刺秦王在公元前227年，下及司马迁生年前145年间距八十二年。秦王御医夏无且以药囊掷荆轲，假定当年二十岁，又假定他在七十岁左右把自己的事迹告知二十岁左右的公孙季功、董生，两人七十岁左右得遇二十岁壮游的司马迁来访，完全可以相及。① 如果把岁差扩大五年，为二十岁青年与七十五岁老人也可相及，则有十年伸缩差，也就是二十岁的司马迁与七十五岁的公孙季功、董生也可以相及。晚生十年，就不一定能与八十五岁的公孙季功、董生相及了。《樊郦滕灌列传》中的樊他广，徐朔方考证樊他广年岁大于司马迁三十四岁到四十四岁之间，即岁差三十四到四十四之间，按最大岁差四十四年计，二十壮游的司马迁与六十六岁的樊他广完全能相及。《郦生陆贾列传》中的平原君子，徐朔方考证，平原君朱建有好几个儿子，最大的长子与司马迁的岁差也只有五十多岁，与其他诸子的岁差小于五十岁，当然相及。徐氏原文是："长子被封为中大夫而死于匈奴，应该都发生在文帝时。同司马迁有来往的应该是另外年纪较小的儿子。退一步说，即使是长子，司马迁同比他大五十多岁的人有来往，且向他了解他父辈有关的历史事实，也是完全可能的。"上述诸人对于晚生十年的司马迁，那可就真的是不相及了。

最后，徐朔方对他的考证做了理论的总结②，说：

> 从司马迁的交游以及他曾经会见的人可以看出：司马迁只有生于汉景帝中元五年（前145年），这些交游才可能全部实行，司马迁所写的会见某些人物的印象才可能是真实的。司马迁如果迟生十年，即生于汉武帝建元六年（前135年），某些交游就不可能实行，他所会见的某些人物的印象就会是不真实的。

---

① 计算方法：按岁差五十年，公元前227年减五十年为公元前177前，即七十岁的夏无且与二十岁的孙公功、董生相及。公元前177年再减五十年为公元前127年，也就是七十岁的公孙季功、董生与二十壮游的司马迁相及。余类推。

② 徐朔方：《司马迁生于汉景帝中元五年考》，《杭州大学学报》1983年第3期。

（二）其他列传所载交游，可证司马迁生于前 145 年

司马迁见郭解：程金造考证，汉武帝元朔二年徙郡国豪杰及家赀三百万以上于茂陵，郭解、司马迁均家徙茂陵邑。十九岁的司马迁在关中见郭解。《游侠列传》太史公曰："吾视郭解状貌不及中人，言语不足采者，然天下无贤与不肖、知与不知，皆慕其声。"程金造说："这正是一个十九岁将及成年人的心理。若使司马迁生于'建元六年'，则元朔二年，时方九龄幼童去观察别人，绝不能有这样的心理活动的。"① 此为"前 145 年说"之一旁证。"前 135 年说"论者说司马迁九岁见郭解，晚年回忆加入了成年人心理，此乃巧言不成立。

司马迁见冯遂。《张释之冯唐列传》，建元元年举贤良，冯唐被举时年九十余，不能再举为贤良，时年九十余，也不能再为官，于是以其子冯遂为郎。太史公曰："遂字王孙，亦奇士，与余善。"如果司马迁生于建元六年，冯唐比儿子大三十岁或四十岁，则司马迁与冯唐儿子冯遂两人岁差六十六年或五十六年，那么二十壮游的司马迁与八十六岁或七十六岁的冯唐儿子相及的可能性较小，"如果司马迁生于景帝中元五年，那两个年龄差距就减少十年，他们的友谊就合理得多了。"（徐朔方语）也就是二十岁壮游的司马迁与六十六或七十六的冯遂是可以相及的。

司马迁见李广。《李将军列传》载李广自杀于元狩四年，司马迁生于前 145 年，时年二十七岁，晚生十年为十七岁。元狩年间李广为卫尉在京师，司马迁壮游归来亦在京师，自然有见李广的机会。十七岁的司马迁"耕牧河山之阳"，没有见李广的机会。设若司马迁十岁已入京，还是二十七岁的青年司马迁比十七岁的少年司马迁相遇李广合理得多。

以上（一）、（二）两项交游提供了六个列传的六大旁证。徐朔

---

① 程金造：《从〈史记〉三家注商榷司马迁生年》，收入《司马迁与史记》论文集，中华书局 1957 年版。

方指出:"一条孤立的例证,可能版本文字有出入,年代推算有误差,或者另外有意想不到的情况,因此难以得出结论。可是上面举的例证是六条,不是一条。总起来不难看出,司马迁生于武帝建元六年的这个说法是很难说通的。"徐氏的评说十分中肯。

  本讲综上所考,合于前145年说的行年关节点考证有六大证据,师承孔安国、董仲舒两大旁证,以及交友六条例证,共十四条证据,足可以定案司马迁生于前145年。本书第七讲,将"前145年说"的考证与"前135年说"的主张,共列于一表,编制《司马迁行年表》,也就是把司马迁生年十年之差的百年论争核心成果纳入一表之中,两说鲜明对照,即依王国维指引的方向,"排比行年是考证司马迁生年唯一正确的方法",所得结论"司马迁生于公元前145年"可为定论,至为明晰。

第四讲 "前135年说"之源，郭沫若、李长之的举证无一考据

郭沫若《"太史公行年考"有问题》，举证三条驳难王说；李长之《司马迁生年为建元六年辨》，举证十条以立其说。郭、李两文以主观认定当事实，以辨说代考据，如果硬要加一个标签，可称之为"在字缝中作考证"，说文雅点，可称为"文学虚构考证法"，在学术界开了一个不好的先例。对郭、李两文的考辨，分述于次。

一、郭文驳难王说，举证三条，皆有辨无考，不能成立

郭文第一条用汉简记录数字连体书写的殷周老例，驳难王国维的常理说，虎头蛇尾，无果而终。郭文说：

> 汉人写"二十"作"廿"，写"三十"作"卅"，写"四十"作"卌"。这是殷周以来的老例。如就"廿"与"卅"，"卅"与"卌"而言，都仅一笔之差，定不出谁容易、谁不容易来。

既然定不出谁优谁劣，必然的逻辑，《索隐》与《正义》在天平的两端是平衡的，在理论上，《索隐》与《正义》都有可能发生讹误，或都不讹误，到底讹与不讹或是谁家讹误要做考证，拿出证据。郭文未做考证，拿不出证据，效法李长之，笔锋一转："因此，这第一个证据便完全动摇了。"此指王国维说《索隐》"三十八"讹为"二十八"完全动摇了。岂止"动摇"，而且是"完全"的动摇。客

观地说，郭沫若的驳难的确"动摇"了王国维的推论，使《索隐》《正文》回到了天平的两端。郭沫若、李长之主张《索隐》《正义》均不讹误，那是另一回事，立论基石不同。而以"完全动摇"四字来推倒王国维的推论，意指《索隐》不讹是不成立的。

郭文第二条，未加考证就主观认定"年十岁则诵古文"即是向孔安国问故，证明司马迁晚生十年正好与王国维说"迁年二十问故于孔安国"吻合。这也是未做考证的主观认定，取巧借力王国维之说以立说，王错郭亦错，是没有讨论价值的。

郭文第三条说董仲舒元朔、元狩间已家居广川，司马迁向董仲舒学习不知在何处，"在京有可能，在广川也有可能"，"年幼时曾见董仲舒"，"如在广川，那就更晚几年（按：指司马迁十七八更晚几年）也没有问题了"。郭文以此驳难王国维"司马迁年十七八向董仲舒学习"。此处仍未见郭文有任何考证，而且十分有趣，郭文承袭王国维的错误以驳王国维。董仲舒晚年家居茂陵，《汉书·董仲舒传》明确记载："家徙茂陵。"王氏、郭氏均不察，可证郭文匆忙草就。郭文的第二、第三两条驳难没有自己的考证，借王说以为辨，再说一遍，王错郭亦错，没有讨论价值。

司马迁向孔安国问故，向董仲舒学习，在二十南游归来的二十三四至二十七八岁之时，当元朔末至元狩间。① 王国维并未说司马迁年十岁向孔安国问故，但说"年十岁随父在京师诵古文"，"年二十左右向孔安国问故"，见董仲舒"亦当在十七八以前"，也是以推论代考据，是不成立的。郭文借势辩驳，亦未做考证，当然不成立。

郭文开篇用了三分之一以上篇幅补充了十条居延汉简证明《索隐》所引《博物志》为"最可信之史料"，可以肯定这是有价值的，但对于考证司马迁的生年没有超出王国维一步，只是给人一个印象，王氏考证"证据不够"，为自己紧接的三条驳难做铺垫。而郭文的三条驳难，只是给读者造成一个错觉，似乎有三条考证，而三条证据，其实哪一条都不是考据。

---

① 参见张大可：《关于司马迁生年的考辨》，《上海师范大学学报》1984年第2期。

二、李文十证，亦无一考据

李文发表未受社会关注，由于郭文引为奥援，才声名鹊起。陈曦教授撰有专论《李长之关于司马迁生于前135年之说举证十条无一考据》①，对李文做了逐条解读，简洁明快，力透纸背。这里参以己意，兼引陈文，申说如次。

（一）第一条："早失二亲说"

郭、李两文均声称，二十六岁时父亲去世可以说"早失"，三十六岁时父亲去世不可说"早失"。这一条如果成立，只是一个论点，为什么二十六岁可以说"早"，三十六岁不能说"早"？要用考证来说明。李长之未做考证，说："他（指司马迁）决不能把父母是否早死也弄不清楚"，偷换概念，转移视线，避开了回答"早失二亲"，把待证的论点转换成证明"前135年说"的证据。

"早失二亲"，断章取义可以有多种解释。这个句子主语为"二亲"，即"二亲早失"，指双亲走得早，为了突出"早失"而倒装。双亲走得早，在个人感情上可以有三种解读：一是双亲走得早，当儿子的没有尽孝，感到失落；二是双亲走得早，儿子很孤独；三是双亲早已走了，儿子已无牵挂。视语法环境确定其义，或语义双关，三者皆有，《报任安书》正是如此。如果"早失二亲"为无主语句，添加说话人为主语，即"仆早失二亲"，主语承上省，指年纪轻轻就失去了双亲。有人形容汉语是一种飘动的语言，词性可以活用，在不同的语法环境里就有不同的解释，但语法环境确定了就只能有一种解释。《报任安书》中的"早失二亲"，前后共是五句话，连贯起来只能是一种解释，指双亲走得早。让我们共同来分析。

《报任安书》云："今仆不幸，早失二亲，无兄弟之亲，独

---

① 陈文刊于《史记研究》第一辑，商务印书馆2016年版。陈文又载《史学月刊》2017年第10期，改题为《李长之"司马迁生于公元前135年说"驳论》。本书列入附录。

身孤立，少卿视仆于妻子何如哉？"

语译为：

> 现在我很不幸，父母早已死了，又没有兄弟，孤身一人，少卿，你看我是一个怀恋妻子、孩子的人吗？

司马迁遭遇不测之冤，交游莫救，左右不为一言，没有了父母兄弟，身边无一个亲人可诉衷肠，感到十分孤独。在这一语法环境中，"早失二亲"只能有一个解释，指双亲走得早。按王国维说，《报任安书》作于太始四年，上距司马谈离世的元封元年是十八年；如果按清赵翼说作于征和二年，则上距元封元年是二十年，当然可以说"早失"，这与"三十六岁"或"二十六岁"有何干系？

郭沫若、李长之不顾语法环境，断章取义"早失二亲"，在他们的笔下成了年纪轻轻失去父母。按这一解释，愈是年幼愈是孤苦，当然"二十六岁"比"三十六岁"更贴近情理。但在古代讲究礼制的社会，如果儿子比父母走得早，即便是六十、七十、八十都可以说"早失"。抛开父子关系，一个有作为而未尽天年的人去世得早令人惋惜，多大年岁是一个界限呢？"颜渊早夭"，一说颜渊死时三十二岁，一说四十二岁，无论哪一说均已超过二十六岁。1950年代中的大讨论，郑鹤声、程金造就以此驳难郭沫若、李长之的"早失二亲说"不成立。于是，又有"前135年说"后继论者出，一个争辩说，郭、李说的是"早失二亲"，郑、程讲的是"儿子早失"，偷换了概念。① 由于古代文献找不到"早失二亲"为年纪轻轻死了父母的解说例证，郑、程不得已从礼制中替郭、李找依据，反向说为证，这不叫偷换概念。又一个后继论者说，古人称"三十而立"，"二十六"未到而立之年可以说"早"；"三十六"已过而立之年就不可说"早"。② 只可惜这一"雄辩"是"前135年说"后继论者的附会，不是《报任安书》要表达的意思。

本文不惜笔墨分析"早失二亲"，因为郭沫若声称这是王国维的

---

① 罗芳松：《司马迁生年问题辨析（续完）》，《成都大学学报》1987年第3期。
② 参见刘大悲：《司马迁生年探源》，《西昌师专学报》1997年第4期。

"致命伤"；同时还是李文十条的第一条论据，又是"前135年说"后继论者津津乐道的论据，必须说透。在此还有两点补充：第一点，郑鹤声、程金造两人的驳论就事论事，没有抓住要害。以年纪轻轻失去双亲来解释"早失二亲"是郭、李断章取义的强加，是一种错误的解读，这才是要害。郭、李两位大学者怎么会读不懂中等水平的古文句子呢？这就是本文的第二点补充：有意错解，至少李长之是有意错解。证据在哪里？证据就在李文同一条的偷换概念中。李文第一条的全文如下：

> 司马迁《报任少卿书》明明说："早失二亲。"（据《汉书》）如果生于前145年，则司马谈死时，迁已经三十六岁，说不上早。他决不能把父母是否早死也弄不清楚。假若生于前135年，迁那时便是二十六，却才说得过去。

三十六岁死父亲，"说不上早"，二十六岁死父亲，"却才说得过去"，这是指年纪轻轻父亲去世。什么年龄可以说"早"，什么年龄不可以说"早"，"早"与"不早"主体指说话人。"他决不能把父母是否早死也弄不清楚"，这一句的"早"与"不早"，主体是指死者，即父母离去时间的长短。这一句才是正解，说明李长之是读懂了"早失二亲"的。"早失"的两种概念，即两种解释是不兼容的，李长之是作文高手，他巧妙地用文字连接起来，偷换概念，仿佛成了一条证据，还指问读者，这是司马迁自己写的，你们难道不懂吗？郭沫若引援李文，斩钉截铁地说这一证据是王国维的"致命伤"，郭氏是误读"早失二亲"而引援，还是有意而引援，那就不得而知了。

（二）第二条："待罪辇毂下二十余年"

李长之采用王国维的《报任安书》作于太始四年说，即公元前93年。上距司马迁生年前145年是五十三年。减去司马迁二十南游是三十三年，与"待罪辇毂下二十余年"不符。李长之说："那末，他就该说待罪辇毂下三十余年了。"接着李长之说："他不会连自己作事的岁月都记不清楚。晚生十年,这话却才符合。"乍一听,李长之说得头头是道,其实是烟幕,他在振振有词中偷梁换柱。因为"待罪辇毂下二十余年"是指《报任安书》作年上溯到"仕为郎中"之年,而不是减去司马迁二十南游之年。确切的考证是落实"仕为郎中"之年。李长之无任何考证,只是一句"他做郎中又是二十岁遨游全国以后不久的事",请问,"这不久的事",是多长时间?李长之没有说,就把"仕为郎中"之年转换为"二十南游"之年。这不仅无"考",连"辨"都无理,是一种诡辩。

(三) 第三条:"十岁则诵古文"

李长之利用王国维考证的疏失,说司马迁年十岁,"随父在京师,故得诵古文矣","孔安国在元光、元朔间为博士",李氏自己又添加为司马迁年十岁,以博士弟子向孔安国问故,又假定在元朔三年,正好与生于前135年相符合。王国维的疏失,加上李长之的假设,可以说是错上加错。"十岁则诵古文",只表明司马迁年少十岁时的学养,与推导生年毫不相干,与向孔安国问故也毫不相干。

(四) 第四条:空白说

此条"空白说"最受"前135年说"后继论者的追捧。李文是怎么讲的呢?李文说:

> 如果照郑鹤声的《年谱》(他也是主张生于前145的),司马迁在元朔五年(前124年)仕为郎中,一直到元封元年(前110年),前后一共是十五年,难道除了在元鼎六年(前111年)奉使巴蜀滇中以外,一点事情也没有吗?这十几年的空白光阴恐怕就是由于多推算了十年而造出的。

李文的"空白说"不能成立,有施丁和笔者两人的考证①,自

---

① 参见施丁:《司马迁生年考——兼及司马迁入仕考》,《杭州大学学报》1984年第3期;张大可:《关于司马迁生年的考辨》,《上海师范大学学报》1984年第2期。

元朔三年南游至元封元年奉使还报命，即公元前126年至公元前110年之间17年，司马迁行年有如下内容：

  元朔三年（前126），开始南游。
  元朔五年（前124，张说）或元狩元年（前122，施说），此年左右，"过梁楚以归"。
  元朔末至元狩五年，司马迁二十三四至二十七八，问故于孔安国，受学于董仲舒。
  元狩五年（前118），"仕为郎中"，"入寿宫侍祠神语"。
  元鼎五年（前112），扈从武帝，"西至空桐"。
  元鼎六年（前111），春，"奉使西征"。
  元封元年（前110），四月，"还报命"。

如上考证，根本不存在的"空白说"，但却受到众多"前135年说"论者的追捧，包括赵光贤、袁传璋、赵生群等若干"前135年说"后继论者，不过他们在文章中绝口不提"空白说"用袁传璋的话说"另辟蹊径"演绎"空白说"。后继论者以赵光贤为先导，其后以袁传璋用力最勤，并在"于是"二字上大作文章，立足于字缝中做考证，亦一奇也。袁传璋解"于是"为介词词组，指"就在此时"，谓司马迁南游归来不久就"仕为郎中"。其实，"于是"当解为连词，即今汉语之"于是"，作文言解应释为"在这之后"，指司马迁南游归来之后值得大写的事件是"仕为郎中"，前后两者相隔数年不是空白，是史笔的略写。此处的关键是要考证"仕为郎中"之年。王国维说"其年无考，何自为郎，亦不可考"，有些难度，但并非不可考，钱穆、施丁考证"仕为郎中"在元狩五年，即公元前118年，司马迁28岁。迎难而上，乃治学严谨之态度。

（五）第五条：《太史公自序》写有生年，司马谈先做官后生儿子说

  李长之据《自序》记载："太史公仕于建元、元封之间，……太史公既掌天官，不治民。有子曰迁。迁生龙门。"推断说："看口气，

也很像是他父亲，任为太史公之后才生他。"可是这"看口气，也很像"，根本就不是考证，连推论都不是。于是袁传璋赋予了理论，提出了"'句句'按时间先后叙事"，谓"迁生龙门"写在"太史公仕于建元、元封之间"的后面，所以是先做官后生儿子，似乎很有说服力。袁氏的这一理论使得近年来"前135年说"论者有五位争相撰文说《太史公自序》中写有司马迁生年①，甚至以"司马迁自叙生于建元年间"这样的伪命题撰文立论。②

（六）第六条：司马谈临终遗言，"宛然"是告诫青年说

（七）第七条：司马迁元封三年致信友人挚峻劝进，为"少年躁进"说

（八）第八条：司马迁夏阳见郭解说

（九）第九条：司马迁年幼见李广说

（十）第十条：《正义》按语"迁年四十二岁"为司马迁终生年寿说

李文的后五条，力度显然不如前五条，似有拼凑之嫌。一个"宛然"形容词，就把"俯首流涕"转化成司马迁生于公元前135年的论据；贴一个"少年躁进"的标签，就断定了劝进人是青年；郭解作为在逃犯，偷偷摸摸去夏阳安置母亲，怎能被一个九岁小孩认出来？③年幼的司马迁生活在夏阳，又怎能见李广？至于司马迁年寿，按古人虚岁纪年法，从建元六年（前135）到太始四年（前93）是四十三年，而不是四十二年，更何况纪年法就没有在叙说一个人行年的中途冒出

---

① 有五位"前135年说"后继论者撰文称《太史公自序》写有司马迁生年。论题为《司马迁生年及其回乡葬父新证》《从文内文外读史记》《司马迁生年新证》《司马迁生年新证之旁证》《司马迁自叙生于建元年间》。

② 该文作者吴名岗，继又撰《"二十南游江、淮"证明司马迁生于建元年间》仍是《太史公自序》记载司马迁经历，涉及行车轨迹，可据此考证司马迁生年，并没有直接用隐语写有生年。说《太史公自序》写有生年，隐匿在字缝间，排除考证，当然是伪命题。

③ 司马迁年十九，家徙茂陵，在关中见郭解，参见张大可《关于司马迁生年的考辨》，《上海师范大学学报》1984年第2期。

一生年寿的书法。由此可见,李氏的后五条,不仅无一考据,而且辨说也十分软弱。陈曦的文章有透晰的驳难,见本书附录。

综上所述,李长之考辨司马迁生年在公元前135年的十条论据,不仅无一考据,而且也违背了由已知推未知的推理原则。而用"假如""看口气,也很像""宛然是""但我想""的确可能"云云,整个就是想当然的猜想。李长之为何要写这样的考辨?他在文章的结束时做了直率的陈说。李氏认为《史记》是一部充满浪漫色彩的诗史,应当出自一个"血气方刚、精力弥漫的壮年人"之手,年龄应当在"三十二岁到四十几岁",不能是"四十二岁到五十几岁"的"成人"之手。这就是李氏要司马迁晚生十年,而又要早死,一生只活了四十二岁的原因。这是一种浪漫情怀,若冠以雅语,如前文所说,可称之为"文学虚构考证法",形象地说,咬文嚼字以辨代考,可称之为"在字缝中做考证"。李长之作为文学家,提出一种浪漫假说可以理解,但若作为考据,那就不是很合适了。

1955年郭沫若援引李长之文为己助力,没过多久,1956年3月间,李长之宣布放弃前说①,这是怎么一回事呢?原来以刘际铨之名重发的李文,李长之并不知情。李长之先生的学生,北京师范大学于天池教授与夫人李书女士,两人在生活·读书·新知三联书店1984年重版的《司马迁之人格与风格》一书撰写的《序言》中说,化名刘际铨的人是一个"抄袭者",这可为郭文匆忙草就提供了又一条旁证。李文十条考辨,是发抒作者的一种浪漫情怀,那么郭文匆忙草就来发表是为了什么呢?还用化名强拉李长之文来作奥援,这是发人深思的一个谜。由于李长之先生的揭发,《历史研究》编辑部在1956年刊物的第1期专门发了"致歉申明"。随后1956年3月,李长之宣称放弃十条论据,可否视为对刘际铨化名剽窃事件的一个抗议呢?这也是一个谜。

---

① 李仲均在《读程金造先生"从〈史记〉三家注商榷司马迁的生年"》一文(载《文史哲》1957年第8期)中说:"李长之先生曾主张司马迁生年为建元六年,举证十条以立其说,去年(1956)三月间相晤谈及此问题,自云论据不巩固,已放弃前说,但并非即承认生于汉景帝中五年。"

第五讲 "前135年说"后继论者的"新证"无一实证

有文献依据而又合于史事情理者的论据即为实证。只有辩难而无文献佐证的论据即非实证,郭沫若、李长之两人的考辨做了示范。虽有文献依据而不合于史事情理,甚或"别有用意"的扭曲误读史文,亦非实证,乃是伪证。在郭沫若、李长之后的"前135年说"后继论者有二十三人,在百年论争的三次讨论中,他们发表的论文有五十篇,所谓"新证"层出不穷,而实质没有超出李长之的十条范围,也是无一实证。本书梳理百年论争,一条一条的实证指陈,一是求历史之真,二是纠学术风气之偏。当然只能择要商榷各次论争代表人物的"新证"。主要人物有王达津、赵光贤、李伯勋、苏诚鉴、吴汝煜、袁传璋、赵生群等人。在以上诸人中,袁传璋用力最勤,又以考证见长,单列一讲,即在第六讲中评说。本讲下分四个节目来说。

一、王达津、赵光贤的"新证"

王达津、赵光贤是1950年代中第一次论争"前135年说"的坚定支持者。

(一)王达津的"新证"

王达津全面支持郭说,故论题为《读郭沫若先生〈太史公行年考有问题〉后》①，列举六证谓史公生于公元前135年，列举三证谓史公死于太始四年，即公元前93年，一生年寿四十二。

王达津所列六证的核心是以时代背景导入"二十南游"及"问故孔安国"两事。其中列举三证谓"二十南游"在元鼎元年，另三证谓"问故孔安国"在元狩六年前后。王达津宣称："在以上二十南游及何时从孔安国问故之时代明证，当足佐证郭先生之说为不可移了。"

事实果真如此吗？

先看王达津考证"二十南游"在元鼎元年的三条论据。其一，元朔三年，淮南王反谋已具，天下还未安定，司马迁不宜"率尔南游"；其二，元狩元年，武帝"治淮南衡山狱，死者数万"，天下安定，中央集权稳固，故司马迁南游，在元鼎元年；其三，司马迁家贫"不足以自赎"无旅游经费，只能在元鼎元年随博士褚大巡风，借公费出游。

王国维称"二十南游"为"宦学之游"，即出游交友，切磋学问，出仕做官。文景及武帝初年，天下安定，诸侯王势盛，招聚天下宾客游士，成为风气。淮南王刘安"招致宾客方术之士数千人"，衡山王赐"招致宾客"。司马迁"网罗天下放失旧闻"，目的不是交友出仕，而是交友长知识，求旧闻，发生在游士交游风靡的时代是十分自然的，故王国维比拟为"宦学之游"。正如何直刚指出，元狩元年淮南王谋反案，虽然诛杀数万人，但并没有大规模军事行动，也就是没有发生社会动乱，天下安定。武帝诛杀甚众，是极为痛恨诸侯王招聚宾客，随之制定左官附益之法，严禁诸侯招聚宾客，自置官吏。是后宦游之风绝迹，而在淮南王谋反案发生之前的元朔年间，"正是主父偃游燕、赵、中山后的几年，这时左官附益之法未设，诸侯王还有权自置官吏和招致宾客游士，司马迁只有此时，才可能有作长期的大规模游行的可能。"结论是："司马迁生于汉景帝中元五年，是没有疑问的。"②

---

① 载《历史研究》1956年第3期。
② 何直刚：《司马迁生于景帝中元五年之一证》，《河北学刊》1982年第4期。

对照王达津与何直刚两人的形势分析，王达津完全搞颠倒了，其一、其二两条论据是不符史实的假证。其三，无旅游经费更是想当然。

再看"问故孔安国"在元狩六年间的三条论据。其一，司马迁元狩六年"问故孔安国"，而元狩五年十八岁，正当为博士弟子的年龄，即便"史缺无文"而"问故时代却可考"，"恰足以证生于前135年之是，此其一"；其二，褚大巡风的诏书虽下于元狩六年，而司马迁元鼎元年归来，"于是仕为郎中"，即使"史不记载"，"这推理无疑是唯一可能的，此其二"；其三，司马迁奉使西征，"其时使者有王然于等，太史公亦未记载随从何人，与南游江淮，不记从谁是相同的，此其三"。

王达津的这三条考证，看似是"问故孔安国"，其实是论证司马迁为博士弟子，于元鼎元年随博士褚大巡风，归来的当年即元鼎元年"仕为郎中"。司马迁在《报任安书》中明白无误自述是因父恩荫为郎，在整部《史记》中没有半个字与博士弟子有关。王达津说，以博士弟子成绩优秀为郎，"虽为博士弟子，史缺无文"因是"汉代很普通的事，所以史不记载"。既然"史缺无文""史不记载"，王达津凭的是什么？他说："这推理无疑是唯一可能的。"王达津的推理是在玩文字游戏，且看第一证。司马迁为孔安国的博士弟子，与第二证司马迁随博士褚大巡风，皆无从证实。王达津说："虽为博士弟子，史缺无文，然而问故时代却可考，恰足以证生于前135年之是。"请问，"博士弟子"与"问故时代"是不相干的两件事，关联在哪里？王达津考证司马迁是向"谏大夫孔安国问故"，与博士弟子何干？为什么王达津不直说司马迁向博士孔安国问故呢？用王先生自己的话说，因为"史缺无文"。再看第三证，司马迁奉使西征，"未记载随从何人"与"问故孔安国"一点关系都没有。细细琢磨，王达津要说的是，司马迁奉使西征，不记载"随从何人"，所以二十南游不记载"随从褚大"。事实上"随从使者"是无中生有。司马迁"二十南游江淮"，是"网罗天下放失旧闻"，不依从巡风使者；而司马迁奉使西征,是到达莒兰去向受阻的巴蜀之师传达诏命,平定西南夷。王然于等,即指巴蜀之师的将领王然于、驰义侯遗等。司马迁是钦差大臣,是去监军并设郡置吏,王然于等是受命将帅,与"随从使者"何干?

综上所述,王达津列举司马迁生于公元前135年之六证,无一实证,不能成立。但王达津把时代背景引入考证司马迁生年,这是王先生高于其他"前135年说"论者的地方,也有所收获。王先生考证"问故孔安国"的时间在元狩六年前后,虽不精确,但无大误,必须肯定王达津先生的这一贡献。王先生据《汉书·百官公卿表》考证,谏大夫置于元狩五年,又据《汉书·地理志》,临淮郡置于元狩六年,再据《汉书·儒林传》:"安国为谏大夫,授都尉朝,而司马迁亦从安国问故。"于是推断司马迁"问故孔安国"在元狩六年前后,地点自然在京师。孔安国出任临淮郡守,又早卒,那就可以肯定司马迁"问故孔安国"在元狩六年之前。《史记》多载古文说,可证司马迁为了创作《史记》而"问故孔安国",应有相当长的时间,大约是整个元狩年间,而不是只在元狩六年前后,时当司马迁南游归来的二十三四岁至二十七八岁的五六年间。"问故孔安国",就是向孔安国学习《古文尚书》绝学,当时未立于学官,不是博士弟子的功课,也不宜于少年儿童所学,所以王达津安排司马迁在元狩五六年,也就是十八九岁时"问故孔安国"。其实十九岁以前的司马迁"耕牧河山之阳",不在京师,晚生十年的司马迁即使十八九岁也见不到孔安国。王达津是以司马迁十八九岁"问故孔安国"来证明司马迁晚生十年,则前提条件是司马迁必须十岁就要入京,而且入太学为博士弟子,既然如此,就不能晚到十八九岁才"问故孔安国"。袁传璋对王达津之说做了修正,说翩翩十二岁的司马迁已"问故孔安国",与整个元狩年间"问故孔安国"相符。说司马迁"十岁入京""少年问故""博士弟子",均与史实不符。如果少年司马迁是追求功名读书,又为博士弟子,理应去学习立于学官的五经,而不是"问故"学习《古文尚书》绝学。

(二）赵光贤的"大漏洞"说

赵光贤撰文《司马迁生年考辨》①，据本人声明，文章写于1960年代初，是驳难持"前145年说"论者程金造的，应与王达津先生并列。

赵文细目分为两题。第一题，"司马迁生于建元六年说"，列举三证以立其说；第二题，"司马迁生于景帝中五年说辨"，列举司马迁交游与问故两证来驳难。赵文的核心是申证李长之的"空白"说，改称为"大漏洞"。

赵文第一题列举的三证如次。其一《索隐》注引据"先汉记录"，而《正义》张守节按语"未说明出处"，"怎能把这样一个来历不明的说法，竟凌驾于《博物志》所载有最高价值的原始材料之上呢？"其二，赵氏"细读《自序》"，按司马迁生于建元六年，下推二十年在元鼎元年，二十南游二三年，元鼎三年归来"仕为郎中"。赵文说，《太史公自序》"文中'于是'二字表明时间很短，很可能即在同一年中"。其三，《报任少卿书》作于征和二年，书中说："得待罪辇毂下二十余年矣。"上距"仕为郎中"的元鼎三年"是二十四年"正符合。若按生于景帝中五年，"按《自序》南游归来之后，不久即仕为郎中"，不仅"与《报任少卿书》不合"，而且"中间有十四五年的空白"。

赵文声称："这三条根据，第一条是司马迁的户籍，是当时的官方文书，第二、三条是司马迁自己写的东西，这都是最原始的材料，价值最高。"我们按赵文告知的"细读"方法，发现赵文的三条论据完全是师法李长之的辨而无考。第一条，赵文绕开了王国维的数字讹误说，称《索隐》的根据是"官方文书"，这恰恰是王国维考辨证实的；第二、第三两条，看似依据了《太史公自序》和《报任安书》，事实是：元鼎元年二十南游是依据待证的假说建元六年推出的；"仕为郎中"是假定司马迁南游了两年，在元鼎三年归来的当年出仕，也不是有依据的考证。赵文先是称"文中'于是'二字表明

---

① 载《北京师范大学学报》1983年第3期。

时间很短,很可能即在同一年中";隔了几行字变成了"按《自序》南游归来之后,不久即仕为郎中"。先是假定,随即肯定,并说成是"司马迁自己写的"。

在此,我们特别指出,"于是"二字,抽象解读有两义。一是作介词结构,应解为"就在此时",表明时间很短没有错。再是作连词,当解为"这之后",指前后两事相承,时间有很大伸缩性,几天、几月、几年、十几年都成立。司马迁南游,"过梁楚以归。于是迁仕为郎中",应该分别考证"过梁楚以归"与"仕为郎中"的时间,才能决定"于是"的解读,而不是简单地用"于是"的某一种解读来推论"过梁楚以归"与"仕为郎中"。放大一个单词的片面含义来推论史实,也叫作考证,贴一个标签,就叫在字缝中做考证。赵文发表数年后,袁传璋接力用于考证,使"于是"二字大出风头,本书在第六讲中详说。

赵文第二题驳难"司马迁生于景帝中五年说"的两大论据,毫无新意。其一,以年齿不相及推论《李将军列传》《刺客列传》《樊郦滕灌列传》《郦生陆贾列传》为司马谈作,交游李广、公孙季功、董生、樊他广、平原君朱建子的人是司马谈,不是司马迁。这是承袭王国维考证疏失的延伸。其二,借力王达津残缺的考证,以司马迁"问故孔安国"在元狩五年,即公元前118年,上推至建元六年,即公元前135年,司马迁十八岁,"正是青年向前辈求教的年龄"。若上推到景帝中五年,即公元前145年,司马迁二十八岁,若此时才问故,"中间有十四五年的空白",这是一个"大漏洞"。直白地说,就是赵文转换手法演绎李长之不成立的"空白说"。司马迁为修史而"问故",当在二十南游归来的青年时期,而非少年为仕宦向前辈求教的年龄,因为"问故"的是《古文尚书》绝学。至于袁传璋把"问故"与"年十岁则诵古文"相搓捏,把司马迁"问故"的年龄降低到十二岁,并无依据。书归正传,赵光贤为了证明"大漏洞说"成立,他制作了一个"司马迁行年新旧对照表",以王说排列的行年为旧表,以郭说排列的行年为新表。元朔三年至元鼎六年这十六年间,赵文是怎样排列的呢?

纪年	王说旧表	郭说新表
元朔三年前126年	20岁,南游	10岁,诵古文
元朔五年前124年	22岁仕为郎中	
元狩五年前118年		18岁,问故孔安国
元鼎元年前116年		20岁,南游
元鼎三年前114年		22岁,仕为郎中
元鼎六年前111年	35岁,奉使巴蜀	25岁,奉使巴蜀

这个新旧行年对照表（压缩了原表的十个空格），是赵光贤解读李长之"空白说"，或者说是承袭"空白说"而编制的伪证伪考表。伪在何处？请看下面的解析。

其一，两表时间跨度元朔三年至元鼎六年，其间十六年。旧表内容只有三条，新表内容反有五条。两表各除去头尾，旧表只剩下一条，元朔五年仕为郎中。赵文原表为十六格，还有十格空白，于是乎给读者制造了一个强烈的视觉冲击，一片空白，一个大漏洞。赵光贤为了追求这一个视觉冲击、视觉假象，故意不把元鼎五年，即前112年司马迁扈从武帝西至空桐这一条列出。

其二，新、旧两表只有头尾两条，共三项内容是真实的，即：司马迁年十岁诵古文；元朔三年年二十南游；元鼎六年奉使巴蜀，这三项为真实史事，有考据支撑。两表除去头尾之外的全部内容，皆为编造，没有考据支撑。新表中的三项内容是表列李长之的"更合情理"的感觉内容，而旧表中的一条内容，司马迁元朔五年仕为郎中是借用郑鹤声已经声明放弃的"想当然"。请注意新、旧两表记载司马迁南游隔一年即二十二岁出仕，完全相同，这也是赵先生完全想当然的强加，既非王说，亦非郭说。

其三，李长之的"空白说"逻辑不成立，他用了一句反诘语模糊了是非，赵光贤全盘继承，列表彰显了是非。李长之说，"司马迁元朔五年仕为郎中，一直到元封元年，前后一共十五年（按：应为十六年），难道除了在元鼎六年奉使巴蜀以外，一点事情也没有吗？"于是，司马迁"过了十四年的空白光阴（原括注：算至奉使以前）"。既然司马迁已出仕为郎，这就有了公务，即使一个字没有写，也不是"空白"。如同《太史公自序》写司马谈"仕于建元、元封之间"，一句话写了三十年，所以，李氏的"空白说"逻辑不成立。赵光贤列表，又是一把双刃剑，既彰显了一片视觉空白，也同时彰显了逻辑不成立，这是赵光贤列表时始料未及之事。此外，既然司马迁只早生了"十年"，为什么出现了"十四年"的空白，这也是作伪的又一痕迹：逻辑紊乱。

二、李伯勋、苏诚鉴、吴汝煜的"新证"

李伯勋、苏诚鉴、吴汝煜三位学者是1980年代百年论争第二次大讨论"前135年说"后继论者的代表人物，李伯勋是论争的发动者。三人的论文分别是：李伯勋《司马迁生卒年考辨——驳王国维〈太史公系年考略〉》①；苏诚鉴《司马迁行年三事考辨》②；吴汝煜《论司马迁的生年及与此有关的几个问题》③。笔者撰文两篇与之商榷，《司马迁生卒年考辨辨》驳难李伯勋④，《评司马迁生于建元六年之"新证"》⑤，与苏诚鉴、吴汝煜两先生商榷。这两篇论文是笔者参与百年论争第二次大讨论时的评说，也收入本书为附录。这里兼采当年的"前145年说"论者的评说，做简明的综述。

（一）李伯勋的"新证"

李伯勋列举五证以驳王国维说。第一条，《正义》张守节按语无据，《索隐》司马贞据汉时原书《茂陵中书》为有据。第二条，司马迁二十南游在元鼎元年，下距元鼎六年奉使时二十五岁，再过三年即元封三年正好二十八岁，与《索隐》说正好相合。第三条，《报任

---

① 载《兰州大学学报》1980年第1期。
② 载《秦汉史论丛》第一辑，陕西人民出版社1981年版。
③ 载《南开大学学报》1982年第2期。
④ 1982年载《甘肃省历史学会论文集》，部分内容以《关于司马迁生年的考辨》为题载《上海师范学院学报》1984年第2期，全文收入拙著《史记研究》（甘肃人民出版社1985年版）。
⑤ 原载《求是学刊》1984年第2期，亦收入《史记研究》。

安书》说："仆赖先人绪业，得待罪辇毂下二十余年矣。"司马迁元鼎六年以郎中身份出使到征和二年作《报任安书》是二十一年，与二十余年合，王国维模棱两可说司马迁仕为郎中在元朔、元鼎间共十八年，取上、中、下三限均不合。第四条，否认王国维数字讹误说，认为数字写法二、三都是一笔之差，二可以讹为三，三也可以讹为二。王国维说"二十八"是"三十八"之讹，反过来，也可以说"三十八"是"二十八"之讹，可见王国维的推理是片面的。至于汉简，"把二十写作廿，三十写作卅，四十写作卌"，"不仅卌二难以误写为卅二，就是卅八，也不会误写为廿八"。第五条，以"早失二亲"，合于二十六不合于三十六驳王国维。

李伯勋的五条"新证"毫无新意，完全是重新拼凑郭沫若、李长之的旧说用以驳王国维，由于李伯勋用语直白，以及对史实的生疏，反而把郭沫若、李长之含糊隐晦的地方暴露无遗。第一个驳难的是黄瑞云，黄瑞云《司马迁生年考》[①]，逐条驳难李伯勋的五条。第一条，有据无据，王国维已经说清楚了，张守节、司马贞两人同时，所据材料同源，均为《博物志》，或依程金造说后于司马贞的张守节直接依据司马贞，十年之差是流传中数字讹误造成的。第二条，司马迁二十南游，但没说在元鼎元年；司马迁只说"为郎中，奉使西征巴蜀"，但"没有说为郎中时刚好二十五岁，更没说当了郎中马上就出征巴蜀"，可见，司马迁的行年是李伯勋安排的，生于建元六年是依据《索隐》推出的，司马迁的行年是李伯勋"从建元六年推算下来的"。黄瑞云指出："正好当然是正好的，但这样的'正好'能说明什么呢？"这"正好"就是"前135年说"论者的循环论证，李伯勋在此暴露无遗。第三条，"迁仕为郎中，奉使西征巴蜀"，绝对不能理解为当郎中与奉使在同一年，是未经证明的。而且从元鼎六年到征和二年虚算才二十一年，未必符合"二十余"的语言习惯。第四条，数字讹误，黄瑞云说："怀疑'二十八'是'三十八'之讹，或'四十二'系'三十二'都是允许的，但都不能以怀疑为定

---

① 载《安徽大学学报》1980年第3期。

论。"这是一个中肯的说法。第五条,"早失二亲",黄瑞云先生一针见血指出:"'早失'是相对于遇祸的时候说的,可以理解为'早已失去',而并非通常情况下的'早年失去'。因此由这句话并不能证明司马谈死的时候,司马迁正好二十六岁。"

魏明安的驳难题为《"司马迁生卒年考辨"的考辨——考辨文章必须尊重前人的成果》①,魏氏文草于1980年,起初以揭发形式向行政管理领导提出李伯勋五条——抄自郭沫若、李长之,由是而引发一场学术风波。笔者当年介入这场学术风波,写了《司马迁生卒年考辨辨》。笔者认为,学术问题应通过学术论争解决,魏氏之文与拙文由是而产生。李伯勋的五条,问题有二,一是袭用郭沫若、李长之的论据,既无新意,也不说明出处;二是他提出的一些新的论证方法完全背离事实不成立。拙文对李伯勋的五条"考辨"之辨,从宏观视角归纳为三个方面。第一、第四两条是一个问题,驳王国维的考证方法,核心是以数字不讹驳"数字讹误说";第二、第三两条是一个问题,辨正司马迁为郎是否与《报任安书》吻合;第三,"早失二亲"说。重复的话不再说,这里对李伯勋不尊重事实的离奇考辨谈两个方面。

其一,数字不讹说。李伯勋说王国维推论"二十八"为"三十八"之误,为什么不说"三十八"是"二十八"之误呢?同样都是"二"与"三"相讹,逻辑成立。但说"卅二难以误写为卌二,就是卅八,也不会误写为廿八",凭的是想当然的辨说。《司马迁生卒年考辨辨》从《史记》《汉书》《三国志》中提出五例,证明"廿、卅、卌"之间互相讹误,推倒了李伯勋"数字不讹"的说法,同时也修正了王国维只说数字"二、三"易相讹,补充了两位数字合写的"廿、卅、卌"之间的相讹。

其二,关于司马迁为郎与《报任安书》吻合的问题。王国维推论"大抵在元朔、元鼎间",并系司马迁为郎在元鼎元年,是指从元朔末到元鼎元年的八年之间,几率最高应在元狩的六年之间。李伯勋罔顾事实,以元朔、元狩、元鼎三个年号共十八年论说,指王国

---

① 载《固原师专学报》1986年第4期。

维的推论不靠谱,假说上限在元朔元年、下限在元鼎六年、中限在元狩四年,均不合。王国维已考证,司马迁元朔三年才二十南游,哪来上限在元朔元年为郎?王国维又考证元鼎五年司马迁已扈从武帝西至空桐,又何来下限在元鼎六年为郎?至于中限的设置,李伯勋是以司马迁元鼎六年为郎即奉使的假说为前提的,当然不符史实。依据钱穆和施丁的考证,司马迁元狩五年仕为郎中,《报任安书》作于太始四年或征和二年、三年,均吻合,因为九个伸缩年的余地是很大的。经过考证的史实才是靠谱的。李伯勋的想当然考辨,可以说是"前135年说"的通病,其源盖出于师从李长之的以辨代考,源不正则流不直,必然之理也。

(二)苏诚鉴的"新证"

苏诚鉴先生的《司马迁行年三事考辨》,其一,以司马迁二十南游证生于武帝建元六年;其二,论《报任安书》作于征和三年一月;其三,论司马迁卒于汉武帝后,非"死于狱"。卒年,此处不讨论。苏先生论证《报任安书》作于征和三年最有力的证据是"曩者辱赐书",认为任安接信在太始四年春,《报任安书》作于征和三年正月"行幸雍","曩者"间隔近三年之久,这的确是一"新说"与"新证",此说为袁传璋所承袭,在第六讲评析袁氏论说中再详述。这里只对苏先生的"建元六年说"之"新证"做评析。

苏文"新证"是以"二十南游"为依据,与博士褚大等六人"循行天下"这一历史事件相搓捏,有两大失误。其一,方法是循环论证,即因果互证。苏先生说:"要确定此次行动,可试先选定司马迁生年是武帝建元六年。"既然是"试先"选定的,也就是有待证明的。可是,苏文在论证过程中把假定的建元六年当作已知的因,以因推果,以果证因,陷入了循环的因果互证中。姑按建元六年计,至元狩六年为十九岁,而不是二十岁,苏先生争辩说,此"取其成数而言"。由此可知,推论证明原是不讲求严格依据的。其二,有违史事。据《汉书·武帝纪》,元狩六年六月,遣博士褚大等六人循行天下,存问鳏寡,惩治奸猾,查处盗铸铜钱,以及私卖盐铁,公务紧急,定时定地,及时返京报告。司马迁二十南游,漫游大江南北,目的明确,"网罗天下放失旧闻"。太史公曰"余至江南,观其行事"云云;"适长沙,观屈原所自沈渊"云云;"吾适楚,观春申君故城"云云;"适鲁,观仲尼庙堂车服礼器"云云;"吾适齐,其民阔达多匿智"云云;"吾尝过薛,其俗闾里率多暴桀子弟,与邹、鲁殊"云云;"吾入淮阴,淮阴人为余言"云云;"吾适丰沛,问其遗老,观故萧、曹、樊哙、滕公之家"云云;"吾过大梁之墟,求问其所谓夷门"云云。两种游历,完全不可相提并论,若司马迁参与褚大巡风,《史记》全书无丝毫反映,岂非咄咄怪事?可见司马迁为博士弟子巡风之说,完全是无中生有。

(三)吴汝煜的"新证"

吴汝煜先生的《论司马迁生年及与此有关的问题》,列举《史记》中十条纪年资料证明《正义》纪年十误。这里不一条一条展开,只引拙文《评司马迁生于建元六年说之"新证"》的结论,文中说:

> 总上十例,第①例《正义》引书纪异;第②⑤⑩三例显系传写夺误;第⑥⑦两例《正义》不误,吴文自误;第⑧例《正义》误引。以上七例都与数字的讹误无关。只有第③④⑨三例存在数字讹误,均为"卌"与"卅"相讹,以及"二"与"三"相讹,并无"四"与"三"相讹之例。从这个分析中,可以说吴文的引例,非始料所及地再次证明了王国维的立论基石,司马迁生年的十年之差为传抄流传中数字讹误造成,从而进一步推倒主建元六年说者的数字不讹说。

三、评近年来"前135年说"后继论者的用伪命题立说

(一)"前135年说"之伪证伪考层出不穷

《司马迁自叙生于建元年间——兼论张守节〈史记正义〉不可尽信》[①],《"二十南游江、淮"证明司马迁生于建元年间——兼答张大

---

① 载《渭南师范学院学报》2016年第21期。

可先生〈司马迁生年述评〉》①，两文作者均为吴名岗。这两篇论文是典型的伪命题，为何是"伪"？众所周知，《太史公自序》没有直接记述司马迁生年，于是留下千年疑案。吴氏两文公然标明《太史公自序》写有生年，第一篇标题用"自叙"，指司马迁自己写了生年，用的是隐语。第二篇更直说"二十南游"证明了《太史公自序》写有生年。一个伟大作家用隐语写自己的生年，古今中外除此之外，还有例证吗？而这个"此"，也是伪造的，人世间根本就不会有伟大作家用隐语写自己生年的事，这居然由中国的"前135年说"论者制造了出来，真是咄咄怪事！

近年来在司马迁生年问题上如此的伪证论文有高涨之势，以下各篇论文也是论证《太史公自序》写有生年的：《司马迁生年及其回乡葬父新证》《从文内文外读史记》《司马迁生年新证》《司马迁生年新证之旁证》《司马迁生年及二十南游考》。

这五篇伪证论文没有用伪命题，单看标题还蛮像是在研讨学问，而内容都是千篇一律：《太史公自序》写有生年，此呼彼应，这股风是怎么刮起的？先理出一个头绪，再剖析这些伪证伪考的内容，可能更清晰一些。

（二）《太史公自序》写有生年的始作俑者是李长之

《太史公自序》写有生年，始作俑者是李长之。李长之《司马迁生年为建元六年辨》十条之五，就是说《太史公自序》中有生年，李氏说得既含混，又清晰，因此长期未能引起重视。重抄李氏全文如下：

> 五、《自序》上说："太史公仕于建元、元封之间，……太史公既掌天官，不治民。有子曰迁，迁生龙门。"看口气，也很像他父亲任为太史公之后才生他。那么，这也是他生于建元六年，即公元前135年，较比提前十年更可靠的证据。

李长之的这一条证据，直白地说就是司马谈先做官后生儿子。

---

① 载《渭南师范学院学报》2018年第5期。

既然司马谈先做官是在建元年间，最早莫过建元元年，司马迁自然只能出生在建元元年之后，也就是生于建元六年。作为证据的"先做官后生儿子"，李长之说得很含混："看口气，也很像"，作为考证用语很业余。但李长之用"那么"二字，笔锋一转，结论说得很清晰，指"生于建元六年"之一证。

（三）司马迁"句句"按时间先后叙事

《太史公自序》中写有生年，推波助澜的理论就是司马迁"句句"按时间先后叙事。此一理论提出者为以考据见称的"前135年说"论者袁传璋的发明。袁氏在1995年发表的《太史公"二十岁前在故乡耕读说"商榷》一文中说：《太史公自序》"迁生龙门，这段文字，是依照时间的先后，分叙自身儿时、少时和青年时代的经历"。袁文1995年刊于（台湾）《大陆杂志》第1卷第6期，影响不大。此文收入2005年安徽人民出版社《太史公生平著作考论》中，影响扩大，成为"前135年说"论者制作伪证伪考的理论，以致近年来连篇累牍的伪证伪考文章涌出。袁传璋的论说是为他误读《史记》，做伪证伪考提供基础，将在本书第六讲中详说。《司马迁生年及其回乡葬父新证》的作者在运用这一理论时进一步发挥说：

> 司马迁是严格按照时间的顺序来记述他的家世和个人经历的，远没有现代文学的"倒叙""插叙"等手法。

"句句"按时间先后叙事这一理论，给"前135年说"论者解读《自序》写有生年的论点，提供了两个依据。其一，《太史公自序》把"迁生龙门"写在"太史公仕于建元、元封之间"的后面，就明明白白地说先做官后生儿子。其二，《太史公自序》又说："太史公既掌天官，不治民，有子曰迁，迁生龙门。""既"字作副词表示已经，不久。"有"字应作"生"字解。意思是：司马谈已经任职天官，不理民政，生有儿子司马迁。走得更远的"前135年说"论者，发挥想象，说什么《论六家要指》写在"迁生龙门"前面，"既掌天官"指从太史丞升官太史令。因此司马谈是先做官太史丞,发表《论六家要指》,接着升官太史令,这时又生儿子司马迁,真是双喜临门。所持理论竟是一个"句句"按时间先后叙事,在字缝中作考证,实属荒诞。

"太史公既掌天官司,不治民。有子曰迁",这三句话如何解读?这里,"既掌天官,不治民",与"有子曰迁"是关联的两件事,三句话合成一个承上启下的过渡段。"既掌天官,不治民"两句承上,是对司马谈"仕于建元元封之间"任职的说明,指达到心愿,做了不治民的天官,有许多轻闲时间用于修史。"既"字作"已经"、"完成"解,没有错,它直接关联是"不治民"。"有子曰迁",开启下文"迁生龙门"一节。承上与启下两件事,中华书局点校本用句号隔断,十分得体。"前135年说"论者,指责中华点校本断句有误,改"有子曰迁"前后句号为逗号,把"既"字越过"不治民",直接关联"有子曰迁",又改"有"字读"生",于是"既掌天官,不治民,有子曰迁",就成了司马谈"先做官,后生儿子",还成了司马迁生于建元六年的所谓"铁证"。

其实,"既掌天官,不治民,有子曰迁",即便改句号为逗号,意义仍然一贯,因为承上启下关联一件大事,那就是一切为了修史。司马谈的心愿就是要任职"不治民"的天官,以便利用轻闲一心扑在修史上,为了培养儿子接班,没把独生儿子司马迁带在身边去染习官场仕途习俗,而是留在乡间,培养亲近社会、热爱山川的人身修养,也就是少年时代的耕读修养,既要读万卷书,更要行万里路。"迁生龙门"一节重点就是概述司马迁在其父司马谈的特殊培养下行万里路。司马迁一生有三种游历,一是"二十南游",二是仕为郎官的扈从之游,三是奉使之游。此皆为"网罗天下放失旧闻"。司马迁为修史而生,解读《太史公自序》必须联系《史记》的撰述。"前135年说"论者,脱离修史这一大业,抽象解读《太史公自序》,在字缝中做考据,扭曲解读史文,乃是先入为主的意识,必然陷入伪证伪考。

(四) 吴名岗两篇伪命题论文的考辨

吴名岗撰文两篇，径直以伪命题行文，但吴文的第一篇却是同类论文中写得最有条理的，而第二篇只能称之为文字游戏，因此做两个分论专题述评。

吴文第一篇《司马迁自叙生于建元年间》，提出的伪证有三。伪证之一，吴文说，"司马迁为什么不直写自己的生年"，"是因为受作为国家历史这样的官方书籍自身体制所限制，不能明显交代自己的生年"。伪证之二，吴文说，古代"以事记年，以大记小的记事方法"为司马迁采用，因此记父亲的卒年用此笔法："是岁天子始建汉家之封，而太史公留滞周南，不得与从事，故发愤且卒。"因此，司马迁没说父亲死于元封元年，而是"把父死系于汉武帝的封禅泰山之下，这就便于记忆和查找了"，以此证明《太史公自序》把司马迁生年隐没在字缝之中。伪证之三，吴文说："司马迁作为历史学家，时间顺序观念是很强的，……'有子曰迁'在司马谈建元入仕之后，在写出《论六家要指》之后，在其执掌天官之后。"

对于吴文的三条伪证，张奇虹针锋相对的驳难文题直白地称为：《〈太史公自序〉中没有记载司马迁生年——兼与吴名岗等先生商榷》①，做出如下的驳正。古代史官，"左史记言，右史记事"，国家档案记录，只侧重"言"与"事"。对于个人参与活动，重在记录活动本身这件事，至于个人的生年、参与活动的年龄等都不予重视。但史官认为重要的生卒年及年岁，将之当作大事的予以记载，至于哪些重要哪些不重要，很大程度上依赖史家判断，因此个人的纪年无规律可循，这是客观事实，可以说是纪年不规范的缺陷，而不是有一条国家的书法"体例"规定，不准记载生年。吴文所说的这条"体例"规定是无中生有，不能成立。古代史官对于个人的纪年往往从记事中带出，因此吴文说"以大记小的记事方法"没有错，可以说这是史官记事的基本功。但这种"以大记小的记事方法"，具体操

---

① 载《渭南师范学院学报》2017年第1期。

作并无规律可循，也是一种客观缺陷，吴文说成是主观规定，"便于记忆和查找"，也是一种臆测的想当然。难道司马迁直接记父死于元封元年，不是更便于记忆和查找吗？"前135年说"论者有一个共同的伎俩，列举几条似是而非的事实，将之说成是确定的证据，用以粉饰自己的巧言；还惯于抽象出什么"体例"，或夸大某些惯例，把客观缺陷说成主观规定，目的是为了塞进私货。吴文的其一、其二两条伪证旨在说《太史公自序》主观用隐语纪年，为《太史公自序》中记有生年这个伪命题作铺垫，也就是为第三条伪证放烟幕。张奇虹驳难文列举六证驳难吴文的第三条"句句"按时间先后叙事的伪证，具有普遍性，故副题为"兼与吴名岗等先生商榷"，可以说吴文的其三这条伪证，基本集中了"前135年说"论者同类文章的论说，故张文列举六证予以辩驳。

张文六证，文长不具引，大要有三点，简括如下：

其一，《太史公自序》云"太史公学天官于唐都，受《易》于杨何，习道论于黄子。太史公仕于建元、元封之间，愍学者之不达其意而师悖，乃论六家之要指曰"云云。这段话中，"太史公仕于建元、元封之间"这一句是其核心，一句话写了司马谈三十年。其下"论六家要指""培养司马迁""临终遗命"都是倒回来写。司马谈执掌天官三十年，参与了多少朝议，起草了多少文件，是否扈从武帝，司马迁一概没写，为何只写了"论六家要指""培养司马迁""临终遗命"这三件均与职务无关的事呢？因为这三件事讲的是一个问题，即司马迁父子怎样写《史记》，这三件事是集中写司马谈与《史记》。《论六家要指》是司马谈的述史宣言，当写于元狩元年，其时司马迁已二十四岁。

其二，"太史公学天官于唐都，受《易》于杨何，习道论于黄子"，这三句话写在"太史公仕于建元、元封之间"的前面，按吴名岗等"新证"论者们一根筋的"时间顺序"，也只能是司马谈在出仕之前向他们请教。而事实是，司马谈为了修史，出仕后向三位大师请教的。《历书》记载："至今上即位，招致方士唐都，分其天部。"据此，唐都出仕，当与司马谈同在汉武帝即位，建元元年举贤良出仕，司马谈学天官于唐都，是为了重振天官学向同事学习。杨何，菑川人。《儒林传》载:"何以《易》,元光元年征,官至中大夫。"司马谈学《易》于杨何,是在元光元年以后。只有黄子是老前辈,景帝时已为博士,也当是司马谈出仕后在京师向黄生请教的。

其三,《太史公自序》云:"喜生谈,谈为太史公。"这句话更是写在"太史公学天官于唐都"之前,何时出仕是无法知道的。正是有了"太史公仕于建元、元封之间"这句话才明白的。司马迁为什么要把"谈为太史公"这句话写在"太史公仕于建元、元封之间"的前面呢?按吴名岗等"新证"论者们一根筋的"时间顺序"是无法解释的,按"时间顺序",这是倒置的。而这种倒置恰恰是按时间叙事。司马迁先写司马氏家世,从远祖写到司马谈,然后开始细说司马谈,于是"谈为太史公"就写在了"太史公仕于建元、元封之间"的前面了。一支笔不能同时记述几件事,只能一桩一桩写,所以"时间顺序"就有了交错。所有历史典籍叙事,都不存在吴名岗等"新证"论者们一根筋的"句句"按"时间顺序"从《太史公自序》中读出了"司马迁自叙生于建元年间"的说法,这只能是杜撰的,或有意误读史文的伪命题,当然是不成立的了。

此外,吴文列举四例驳难《史记正义》不可尽信,其中三例是吴文自误,《正义》不误,只有一例解读"耕牧河山之阳",指梁山之东,黄河之西,补充了《正义》只解为在龙门山南,可算吴文的一得之见。

(五) 吴文第二题之三重伪考,伪在哪里

吴文第二篇《"二十南游江、淮"证明司马迁生于建元年间》,又是一个伪命题。前文所论,2016年,吴名岗参与司马迁生年讨论,提供了《司马迁自叙生于建元年间》的伪命题论文,大题管小题,既然《太史公自序》记载"生于建元年间"已被驳难为伪命题,《太史公自序》中"二十南游江、淮"这一句岂能证明"司马迁生于建元年间",因此更加是一个伪命题。吴名岗用了三重证据:排比行年法、数学求解法、原文解读法,三重解法证实司马迁生于公元前135年。只看包装的三重标题,煞有介事,似在考证,但实际的文章内容,却是伪证手法。王国维指引的唯一正确方法,袁传璋叫"唯一

出路",指的就是"考证"这条路。吴名岗说,不只一条路,他一篇文章就展示了三条路,把"排比行年法""数学求解法""原文解读法",称为三条路。如果三种方法中均有"考证",仍是一条路,只是多样的考证,如果三种方法中全无考证,那就是只有伪证了。

1. 吴文的排比行年法

吴名岗没有去梳理和考证行年,他取巧借《司马迁行年表》说事。吴文将王、郭两说直接比较,肯定郭说,必然归谬王说。吴名岗没看清楚,《司马迁行年表》列入的王说与郭说之两说比较,指分别与客观存在的历史事实,即《司马迁行年表》中的"大事记""考证""备注"比较,而不是王说、郭说两者直接比较。比如,张三与李四打嘴仗,张三说是,李四说非,没有一个合于客观事实的评判,怎么定是非?只能是两人胡搅蛮缠一顿。拿司马迁的行年来说吧,"二十南游"这一行年坐标点就极为重要,他是司马迁少年与青年的分界点。没有这一分界点,司马迁二十五岁奉使与三十五岁奉使,哪一个更合理无法评判;有了这一分界点,二十南游,又当有数年之久,两者不用分辨,而优劣立现。有了"二十南游"这一坐标点,司马迁晚生十年,等于砍掉了十年的青年时段,再加南游数年,等于没有了青年时段,仅此一件就足可证明"前135年说"不成立。

吴名岗还有一个混乱思维,他分不清坐标点与基准点。年十岁诵古文、二十南游、元鼎六年奉使、元封元年父卒(指还报命见父河洛),均为坐标点没错,又均为基准点大错。行年基准点要有两个因素,即某年某岁,缺一不可。《正义》注,太初元年迁年四十二岁;《索隐》注,元封三年迁年二十八岁,此为基准点,凡能直接推导司马迁生年之点,即为基准点。"年十岁诵古文""二十南游",只有某岁,而无某年;"元鼎六年奉使""元封元年还报命",只有某年,而无某岁,均不是基准点。由此看来,吴名岗是真没有看懂《司马迁行年表》,他指责《司马迁行年表》有三个错误,其一,建元六年按王说司马迁年岁为十一岁,《司马迁行年表》排版为十岁。就事论事,这一年之差是计算错误,还是排版错误,修正就是,这一年之差无助于生年的推导。① 吴名岗视为"救命稻草",将王说与郭说自身比较,扭曲说:"王说十岁那年是建元五年,司马迁尚未出生。"又说:"司马迁一岁诵古文,十岁南游江淮,是荒诞的,不合情理,不能成立。""此表以王国维说推出的最荒谬之处就是司马迁没出生就'诵古文'。"《司马迁行年表》中哪来建元五年,如果《司马迁行年表》列出了建元五年十岁,下一年建元六年怎么会还是十岁?《司马迁行年表》原本按年排列,为省篇幅,列入行文时压缩了三分之二的无记事的表格,所以《司马迁行年表》无建元五年。按照吴名岗的归谬法,反过来说,肯定了王说,吴名岗的推导不正好归谬为郭说了吗?由此可知,吴名岗将王说与郭说直接比较的归谬方法根本就是错误的,是毫无讨论价值的文字游戏。其他两个所谓错误,无中生有,不予置评。②

2. 吴文的数学求证法

此乃演示循环论证。二十南游数据为"20",没有错。奉使西征到父卒姑定为一年③,数据为"1"。求证南游到奉使西征为 x。吴名岗的数学公式为:

$$20+x+1=26$$

答案:$x=26-(20+1)=5$,即"二十南游"与"奉使西征"之间的时间段为五年,也就是司马迁年二十五岁奉使。

这是一个没有考证依据的伪证公式,请问"26"数据何来?"26"就是待证的《索隐》说,元封三年二十八岁,上推生年为建元六年,再从建元六年回推到元封元年为二十六岁,即此公式为"26"证"26",实质就是"28"证"28"。不必再去演示《正义》说,它

---

① 《述评》中的《司马迁行年表》建元六年一栏王说司马迁行年 11 岁,排版或笔误为 10 岁,吴氏借机说事。

② 吴文指责《司马迁行年表》的第二个错误是未列入元鼎元年。《行年表》列入了元狩六年,即指代元鼎元年,当然可以再把元鼎元年列入。至于第三个错误"未知推未知"更是妄说。

③ 司马迁奉使西征在元鼎六年春正月,见父于河洛在元封元年四月初,前后十六个月,超过了一整年,它不是一年而是两年,余数 x 不是五年而是四年,以周年计即 24 岁时奉使,二十五岁奉使为虚岁。

必然就是"36"证"36"。请问吴名岗，这有意义吗？依王国维指引的正确方向，数学公式必须有考证，即正确的考证数学公式应当是：

20＋考证已知年＋1＝x

要证的 x 是建元六年，即元封六年 26 是要证的未知，而不是已知。吴名岗的伪证公式，用循环论证回避了考证，当然是伪考。循环论证是"前135年说"论者的命根，也可以说是解读"前135年说"论者伪证伪考的一把钥匙。

3. 吴文的原文解读法

此又回到他的第一篇伪命题《司马迁自叙生于建元年间》，运用"句句"按时间先后叙事说事，已见前文，兹不赘。

四、一条被目为"铁证"的伪证

（一）事件的缘起与过程

《光明日报·历史周刊》2000 年 3 月 2 日发表"前135年说"论者赵生群《从〈正义〉佚文考定司马迁生年》一文，称南宋王应麟《玉海》卷四十六载"《史记正义》:《博物志》云'迁年二十八，三年六月乙卯除，六百石'"。于是信心满满以为找到铁证，亦认为已经证明了《索隐》。赵生群还把这条材料与《索隐》注引《博物志》杂糅改造成一条注文，写入 2013 年中华书局出版的点校本《史记》修订版的"修订前言"中，制造司马迁生于汉武帝建元六年，即前 135 年已成定案的假象，误导读者。

自诩"另辟蹊径"，以考证见长的"前135年说"论者袁传璋更为活跃，他在 2005 年出版的《太史公生平著作考论》中说：

> 王应麟撰《玉海》，其资料来源于南宋皇家藏书，他曾亲见未被删节的古注本所引《博物志》都作"年二十八"。张守节按语，正是据《博物志》"年二十八"推算而来，必定是："按迁年三十二岁"。

袁传璋在这段高论中所说，王应麟"亲见未被删节的古注本"，指单行的《史记正义》本，还断言来源于"皇家藏书"，完全是自编的谎言。2013年商务印书馆出版渭南师范学院编纂的《司马迁与〈史记〉研究年鉴》2011年卷，刊发了袁传璋《〈玉海〉所录〈正义〉佚文为考定司马迁生年提供确证》（以下行文省称为《确证》）的文章，把他编造的谎言又上升一步为唐写本或其抄本。其言曰：

> 王应麟纂辑《玉海》，他所征引的《史记正义》与《史记索隐》，均为南宋馆阁所藏的单行唐写本或其抄本。

袁传璋按照唐写本复原写了《史记正义》按语如下：

> 卒三岁而迁为太史令《博物志》云：迁年廿八，三年六月乙卯除六百石。按迁年卅二岁。䌷史记徐广曰：䌷音抽。
>
> 五年而当太初元年李奇曰：迁为太史后五年，适当于武帝太初元年，此时述《史记》。

2018年，袁传璋在《渭南师范学院学报》第1期发表《王国维之〈太史公行年考〉立论基石发覆》中对"张守节《史记正义》写本旧貌的复原"（原注：原格式为《史》文大字，注文小字，双行夹注），又改头换面作如下表述：

> 卒三岁而迁为太史令《博物志》云："迁年廿八，三年六月乙卯除，六百石。"
>
> 五年而当太初元年《集解》李奇曰："迁为太史后五年，迁当于武帝太初元年，此时述《史记》。"按：迁年卅二岁。

清人王鸣盛《十七史商榷》卷一，开卷第二条标题："索隐正义皆单行"，其言曰：

> 《索隐》三十卷，张守节《正义》三十卷，见《唐志》，皆别自单行，不与正文相附，今本皆散入。

《索隐》《正义》的单行本或唐写本只见于《唐志》，各为三十卷，"皆别自单行，不与正文相附"。王鸣盛慨叹，明人王震泽、清初毛晋翻刻三家注，只有北宋时的《集解》《索隐》有单刻本，《史记正义》的北宋单刻本都没有，哪来"唐写本或其抄本"？袁传璋却能复原双行小注唐写本。双行小注，只是到了北宋翻刻将三家注散于正文之后才有的，"唐写本或其抄本"的文字，"皆别自单行，不与正文相附"哪来双行小注？袁传璋特别注有"原格式为《史》文大字，注文小字，双行夹注"，有鼻子有眼，只能是王鸣盛说的"今本"，也就是刻本，绝不是"唐写本"与"或其抄本"。又单行的《史记正义》，即使在王应麟时有刻本，也不可能有《集解》的"徐广曰""李奇曰"；更不可能"按：迁年卌二岁"，一会儿在"卒三岁而迁为太史令"句下，一会儿又在"五年而当太初元年"下。如此多的错误，皆为袁传璋作伪考的"铁证"，用袁传璋的话说叫"确证"。2013年，中华书局《史记》点校修订本出版，《玉海》的《正义》佚文上了"修订前言"。袁传璋、赵生群挟以自重，反对中国史记研究会在2015年纪念司马迁诞辰2160周年，要更正为"2150周年"，从而开启了司马迁生年十年之差百年论争的第三次争论。所以本题把袁传璋、赵生群发现的《正义》佚文伪证称之为"事件的缘起与过程"。本节只揭示了袁传璋提出的《正义》按语复原，此乃伪考。将袁传璋的两次复原对照，提供了白纸黑字的现身说法。读者要问，《正义》佚文是伪证，伪在哪里，请看下一节详说究竟。

（二）袁传璋提示的"铁证"实为伪证

事物皆有一个度，伪与不伪也有度，有相对的伪，有绝对的伪。《玉海》的《正义》佚文是相对的伪，把它作为宋人王应麟所见，不失为一条证据，是宋代的一个历史痕迹；袁传璋、赵生群夸大为订正张守节的《正义》按语，说成"铁证"，过了度就是伪证。袁传璋编造为皇家藏本、唐写本，还想当然复原《正义》按语，就是绝对的作伪证伪考，因为是想当然的编造。至于《正义》佚文是"伪"的证据在哪里？证据就在袁传璋晒出的两张《玉海》书影中。也就是《玉海》原文。袁传璋的目的是揭示"铁证"，经查验实为伪证。请看书影（见下页）：

日本京都建仁寺两足院藏元至正刊本《玉海》书影（一）

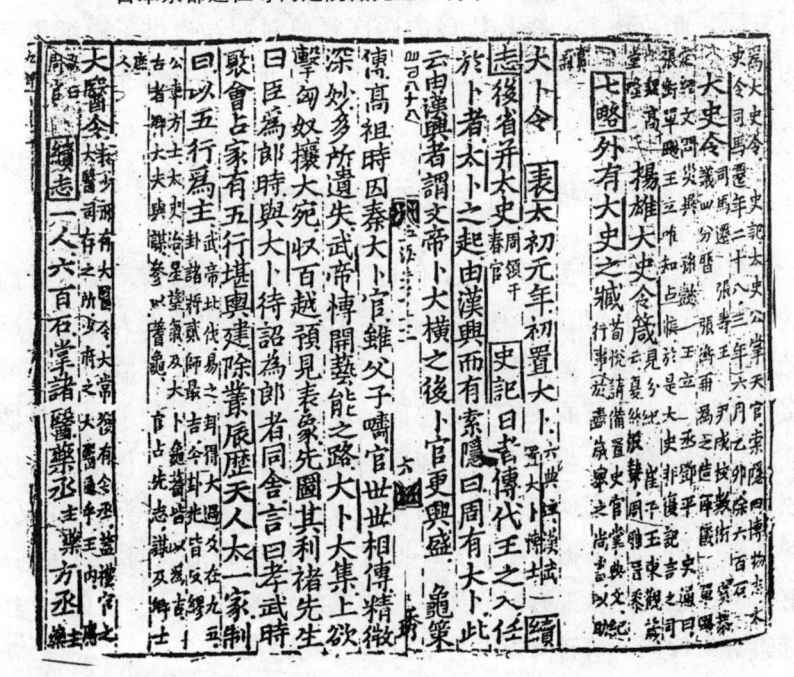

日本京都建仁寺两足院藏元至正刊本《玉海》书影（二）

书影（一）见《玉海》卷四十六"汉史记"条；书影（二）见《玉海》卷百二十三"太史令"条。袁传璋说明为"日本京都建仁寺两足院藏元至正刊本"。至正为元朝末年的年号，共二十八年，元年为1341年。笔者查核中国国家图书馆馆藏元庆元路儒学至元六年刻本，行文款式及每页行数字数，与袁传璋提供的至正刊本完全一致，至元六年，即1340年，可以推断日人所藏至正刊本，就是流入日本的至元刊本。袁传璋在《太史公生平著作考论》中晒出的两页书影，为明初南监刻，清康熙补刊《玉海》，行文款式及每页行数字数也完全相同。说明《玉海》流传下来的元、明、清刻本相当稳定，行文可靠。我们就借用袁传璋晒出的两页书影研讨问题。

袁传璋晒出书影，要说明什么呢？请看袁传璋的说辞：

> 考《玉海》卷四十六载："《史记正义》：《博物志》云迁年二十八，三年六月乙卯，六百石。"又《玉海》卷一百二十三载："《索隐曰》：《博物志》：太史令司马迁年二十八，三年六月乙卯除，六百石。"

《玉海》提供了《史记正义》与《史记索隐》引《博物志》完全一致，皆作"迁年二十八"。袁传璋据此断言张守节《正义》按语是依据"迁年二十八"做出的，应当是"迁年卅二"，错讹发生于《正义》，是"由唐人写本到宋人刻本的转换期"。

乍一看，袁传璋似乎说的有些道理，但只要核查《玉海》原文来源，我们发现，《玉海》的词条，不是征引的原始文献，《玉海》卷四十六的"汉史记"，卷百二十三的"太史令"条目，皆为王应麟自己改编。这两个条目皆以《汉书·司马迁传》为核心文献，再摘抄《史》《汉》注文以及其他典籍相关材料，按王应麟自己的理解和意愿重新改写，也就是王应麟自己所写的词条，除只代表《玉海》版本外，不具有任何其他版本价值，因为不是原始资料。下面再做三个方面的具体分析，以供研讨。

其一，书影（一）"汉史记"条，是一条评介《史记》的词条，王应麟标明是改编《司马迁传》，即班固的《汉书·司马迁传》。全文约一千五百字。引录文献有《汉书》颜注,《史记》三家注裴骃、司马贞、张守节三家书序,《艺文志》《隋志》《唐志》《史通》,以及宋人吕祖谦之言。《汉书·司马迁传》是转录的《太史公自序》,文字略有变动即是《汉书》之文。王应麟不用《太史公自序》而用班氏传,表明他更重视《汉书》。王应麟转录改编,就是《玉海》之文而不是班书原始资料,不具有任何《汉书》的版本价值。"紬史记金匮石室之书"句下的注文,与《史记》三家注无关,有三条内容:《汉官仪》《西京杂记》《史记正义》,皆为王应麟引用对司马迁承继父亲述史行迹的补充。《史记正义》引自何处,单凭《玉海》行文则不可知,是否是《史记索隐》之误,亦不可知。正文"金匮石室",《汉书》原文作"石室金匮",可能就是王应麟抄录时发生的笔误。

其二,书影(二)"太史令"条,所引《史记索隐》注文置于晋灼云云之下。王应麟摘引《汉书·司马迁传》及颜注形成以下一节正文,曰:

  《司马迁传》谈为太史令。注:如淳曰:"《汉仪注》太史公,武帝置,位在丞相上。天下计书先上太史公,副上丞相,序事如古《春秋》。迁死后,宣帝以其官为令,行太史公文书而已。"师古曰:"谈为太史令,迁尊其父,故谓之公,如说非也。"晋灼曰:"《百官表》无太史公在丞相上。又卫宏所说多不实,未可以为正。"

王应麟把《汉书》注写入正文,又颠倒了"晋灼曰"与"师古曰"的次序,亦有个别文字改动,而把《史记索隐》云云置于"晋灼曰"云云之下为注,这表明《玉海》资料为王应麟所改编,此处改编的中心意思就是驳正卫宏说。王应麟不认可汉武帝置"太史公",秩二千石,引《史记索隐》司马迁为太史令,秩六百石,为颜师古、晋灼驳正卫宏提供佐证。袁传璋是盲从卫宏说的,认同司马谈任职二千石的太史公,此处王应麟驳正卫宏说,不知袁传璋有何感悟,此为题外话。

其三,今本《史记索隐》不同于《玉海》王应麟所写。中华点校修订本行文如下：

> 索隐《博物志》："太史令茂陵显武里大夫司马迁，年二十八，三年六月乙卯除，六百石。"

《玉海》引用的《史记索隐》在"司马"前少了"太史令茂陵显武里大夫司马"十二个字，而多了一个"迁"字。修订本校勘记列出六个版本"司马"下夺"迁"字，有耿本、黄本、彭本、柯本、凌本、殿本。张文虎校勘金陵本添加"迁"字。王应麟改造《史记索隐》，焉知《史记正义》不是经王应麟之手改造过的。

综上三点查核《玉海》原文，并不是如赵生群、袁传璋所说王应麟转录的《史记》及三家注有版本依据的原件，更不是什么唐写本，而是王应麟自己所写词条"汉史记"，掐头去尾转引的一条《博物志》，张守节的按语也已删去。赵、袁两人只是证明了同出于王应麟一人之手的《索隐》《正义》所引《博物志》为"年二十八"，没有任何考据证明张守节按语有误，也没有任何考据证明《索隐》不误，两人断章取义，误导读者。袁传璋走得更远，编造皇家藏本，唐写本，其考证学风，乃至如此。

赵生群文刊出一月后，《光明日报·历史周刊》2000年4月28日发表易平对赵文的评析文章《司马迁生年考证中的史料鉴别问题》，该文指出，《玉海》转录的《正义》佚文，旨在存《博物志》的材料而非张守节说，王应麟的这一作法，只能是"将这条《正义》佚文的史料价值降低到只能说明《索隐》引言正确无误而已"。按逻辑推断，如果《玉海》所引《史记正义》佚文是真实的，恰恰是张守节在驳正《博物志》，也就是驳正《索隐》，那么张守节按语必另有所据。由于三家注合刻删除了依据，又由于王应麟转引将张守节按语一并删除，则《正义》的驳难依据也就无考，但不能说无据。依王国维说，《博物志》原文作"年三十八"，《索隐》错为"年二十八"；依程金造说，《博物志》《索隐》均为"年三十八"，不误，《正义》据此推断为"年四十二"，也不误，十年之差是《索隐》在唐以后流传中导致数字讹误。《玉海》是唐以后，晚至南宋末，材料转引四五手，岂不验证了程金造的说法？袁传璋的巧辩，非始料所及，恰恰证成了王国维说。

(三) 袁传璋考证的双重标准

从版本找依据来打破两说并立。施丁1984年在《司马迁生年考》中指出，《史记会注考证校补》中有日藏南化本《索隐》引《博物志》作"年三十八"，也找到了文献依据。袁传璋先生考证，这条《正义》是日藏中国南宋黄善夫本栏外批注，只代表批注者的观点，若作论据，就是伪证。《史记会注考证》所存一千余条《正义》佚文，皆来源于栏外批注，这就是程金造指责不可靠的逻辑，袁传璋予以驳正，单单这一条就是伪证，可见袁传璋的考证也有随意性，双重标准看事物，显然是不科学的。而且同一条《正义》佚文，在《玉海》中作"二十八"，日人所见为"三十八"，我们相信谁呢？按科学考证原则，施丁的考证与赵生群的考证又是一对一。我们同意袁传璋的观点，施、赵两人发现的材料，只能代表栏外读者、王应麟个人的观点，作为材料，均应存疑待考，若作为"铁证"，皆为伪证。

第六讲　"前135年说"论者袁传璋 在考证烟幕下精制伪证伪考

"前135年说"后继论者袁传璋以考证见长，自1980年代中以来至2018年三十余年间撰写了多篇研讨司马迁行年的论文，也是百年论争第三次论争的导火者。因他对中国史记研究会以"前145年说"于2015年举办纪念司马迁诞辰2160周年学术研讨会提出异议，从而重启了司马迁生年十年之差论争的话题。经核查，袁先生的考证论文，每到关键处完全师法李长之笔锋一转，以辨代考，擅长在考证烟幕下精制伪证伪考，特设本讲专题评说，下分三个节目来评析。余论三题一节，则是评析袁传璋相关的伪说。

一、编织理论为"前135年说"弥罅补漏

（一）用力甚勤，颇有收获

袁传璋先生研讨司马迁生卒年的论文，前后共有十四篇，关于卒年的论文四篇，姑置不论，属于生年的论文十篇，依发表时间列目于次。

（1）《〈报任安书〉"会东从上来"辨证》①，（2）《从任安的行迹

---

① 载《安徽师范大学学报》1987年第1期。

考定〈报任安书〉的作年》①，（3）《司马迁生于武帝建元六年新证》②，（4）《〈史记·三王世家〉"太子少傅臣安行宗正事"为刘安国考》③，（5）《从书体演变角度论〈索隐〉〈正义〉的十年之差——兼为司马迁生于武帝建元六年说补证》④，（6）《太史公"二十岁前在故乡耕读说"商酌》⑤，（7）《〈玉海〉所示〈正义〉佚文为考定司马迁生年提供确证》⑥，（8）《司马谈临终遗命与司马迁人生转向》⑦，（9）《王国维之〈太史公行年考〉立论基石发覆》⑧，（10）《"司马迁生年前145年论者的考据"虚妄无征论》⑨。前七篇论文的基本论点、论据，以及论证方法最终积淀在《太史公生平著作考论》一书中，安徽人民出版社2005年版。袁先生的最得意之作，是（3）、（5）两篇。《司马迁生于武帝建元六年新证》集中表述对司马迁生年的考证，支持"前135年说"；《从书体演变角度论〈索隐〉〈正义〉的十年之差》，驳难王国维，提出了两位数合写"鲁鱼亥豕"常理说。

上述论说目录及历年，表现了袁先生的执着与孜孜以求，用力甚勤，颇有收获。对学术的贡献有四个方面：其一，对任安的行迹做了系统的考证，从正面证实了王国维的考证，任安在益州刺史任上致书司马迁"推贤进士"，时在太始四年春；其二，考定《史记·三王世家》中"太子少傅臣安行宗正事"之"臣安"为汉宗室刘安国，而不是任安，纠正了司马贞《索隐》注之失，砍掉了施丁考证司马迁元狩五年仕为郎中的一条"蛇足"论据；其三，从数字书写的书体演变，袁传璋发现两位数字合写"鲁鱼亥豕"的常理：卅与冊，经常相讹；廿与卅，罕见相讹。此为最大的贡献，可与王国维的数字分书常理："三讹为二，乃事之常；三讹为四，则于理为远"

---

① 载《淮北煤炭师院学报》1987年第2期。
② 载《陕西师范大学学报》1988年增刊。
③ 载（台湾）《大陆杂志》第89卷第1期，1994年7月15日。
④ 载（台湾）《大陆杂志》第90卷第4期，1995年4月30日。
⑤ 载（台湾）《大陆杂志》第91卷第6期，1995年12月5日。
⑥ 载《司马迁与〈史记〉研究年鉴》（2011年卷），商务印务馆2013年版。
⑦ 载《渭南师范学院学报》2016年第1期。
⑧ 载《渭南师范学院学报》2018年第1期。
⑨ 载《渭南师范学院学报》2018年第5期。

并行，合则全面，分则片面；其四，袁传璋关于司马迁行年考证涉及一些历史掌故，丰富了读者的阅读知识。例如，袁传璋对"年十岁则诵古文"的考证，虽然与推导司马迁生年没有关系，但对于汉时青少年的从学掌故的回顾，丰富了阅读知识。

从总体上看，袁传璋对司马迁行年的考证，无论是生年还是卒年的考证，由于迷失了方向，步入伪证伪考的歧途，令人唏嘘。特别是后两篇论文，即2018年刊发的（9）、（10）两文，重抄旧说，无一新意，只是增加了不少的非学术语言的调料，丢弃了学术研讨的平和心态，不无遗憾。

（二）先入为主，迷失方向

所谓"先入为主"，是指带着心中早有的定见去找证据，读史文，本来一句简单易懂的话，却故作高深，有意误读，最终导向使自己迷失了方向。

袁传璋在他的最得意之作《司马迁生于武帝建元六年新证》中说，"解决纷争的唯一出路在于寻找更权威的本证"，"它就是太史公本人的《太史公自序》和《报任安书》"，并具体地从《太史公自序》"迁生龙门"一节，以及《报任安书》中提出了三个标准数据、一个基准点：

  年十岁则诵古文。
  二十而南游江淮……于是迁仕为郎中。
  待罪辇毂下二十余年矣。
  再加一个基准点：《报任安书》的作年。

袁传璋说，"解决纷争的唯一出路"，"它就是太史公本人的《太史公自序》和《报任安书》"，这话说得好极了，难得的清醒认识，回到了王国维指引的方向："排比行年是考证司马迁生年唯一正确的方法。"袁传璋不叫"唯一正确的方法"，称为"唯一出路"，其实是一个意思。袁传璋好争第一，程金造1950年代中第一个考证了孔安国元朔二年为博士，所据材料为《资治通鉴》；王达津考证孔安国为谏大夫在元狩五年，出为临淮太守在元狩六年，所据材料为《汉书》

之《百官表》和《地理志》，晚了三十年的袁传璋说是他在1980年代考证出的。1981年，苏诚鉴先生以"曩者辱赐书"定位《报任安书》的作年，袁传璋在1988年《司马迁生于武帝建元六年新证》中接过苏先生的论说大作了一番文章，却以创始者的口吻训责说，论者大都忽略了《报任安书》发端"少卿足下，曩者辱赐书"中所含的时间副词"曩"字呈现的"时距"云云。"前135年说"的首创者是谁？恐怕要归李长之、郭沫若了吧？不！袁传璋说他"并非'郭说论者'"，而是在"王、郭二家之外，特立独行地另辟蹊径"，"首创"了一套研究方法，推翻了王国维"不堪一击的逻辑推导出来的司马迁生于汉景帝中元五年"。言外，袁传璋已是该领域的第一人。这不是费笔墨来调侃，而是揭示一种失衡心态下，好争第一而刻意地追求标新立异，从而扭曲了正常思维，走向了正确认识的"唯一出路"的反面而南辕北辙。"三个标准数据"的提法并非"另辟蹊径"，而是跛足的"别有用意"。考证要的是历史事实，既要扎实的勤学努力，更要有求真的心态和识见，才能披沙拣金，考出成果。袁传璋取巧，只用"三个标准数据"取代更为重要行年关节点的考证，根本不成立，将在第二节目中详说。

（三）师法李长之，亦步亦趋

袁传璋称他的考证独辟蹊径，超越了郭沫若、李长之。其实，核心内容是师法李长之，亦步亦趋，准确地说是编织考证烟幕，演绎李长之的十条，换句话说，袁传璋的考证没有超过李长之，而是编织理论，弥罅补漏。这里先揭示袁传璋考证的核心内容是如何师法李长之的，举例二三如下：

李长之的十条是以辨代考，袁传璋做了系统的考证，独辟了蹊径，怎么能比作李十条呢？袁传璋的许多考证无关痛痒，与推导司马迁生年没有关系，对"年十岁则诵古文"的考证最为典型。袁传璋称"年十岁则诵古文"是三大标准数据之一，而推演时不见踪影，可见他用力考证的只是虚晃一枪的考证烟幕。核心内容是司马迁二十南游多长时间？元鼎元年南游根据在哪里？仕为郎中在哪一年？南游归来即出仕做官，依据又在哪里？归根结底，被晚生十年砍掉的十年青年时代，李长之的一句"空白说"能弥合吗？以上这些核心内容，李长之以辨代考，常常是笔锋一转含糊其辞，这些地方，袁传璋也是笔锋一转，含糊其辞，所谓"师法李长之，亦步亦趋"者指此。即袁传璋的考证在关键处无新意，无实证，以辨代考，此其一。

李长之要司马迁晚生十年而又早死，一生只活了四十三岁，是为他的论著《司马迁之人格与风格》文学论说编织理论依据。李长之毫不讳言说：

> 假若司马迁早生十年，则《史记》是四十二岁到五十岁的作品，那是一部成年人的东西，否则晚生十年，《史记》便是三十二岁到四十几岁的作品，那便恰是一部血气方刚、精力弥漫的壮年人的东西了。

这就是李长之对司马迁生年"十年之差"要争的理由。《史记》是一个"三十二岁到四十几岁"的血气方刚的青壮年人之作，《史记》写人物传记充满激情，这是事实，但更多的是严肃、是冷静人生哲理与历史沉淀的思考，绝不是几年、十几年的激情之作，而是耗尽了父子两代人数十年的心血结晶。李长之构建他心中的司马迁之人格与风格，是他个人的见解，他的十条考辨，表达他的浪漫主义情怀，实为文学虚构的考辨，提出一个假说，也是允许的，但要说成是史实考证，毫无疑问是荒谬的。袁传璋又以考证的姿态，撰写《司马谈临终遗命与司马迁人生转向》，论证司马迁"少年心事""立功荣祖"，直到司马谈临终遗言，才转向修史，经过数年准备，到太初元年（前104）动笔，在司马谈"已备雏型"的基础上，于征和二年（前91）完成"究天人之际，通古今之变"的巨著《太史公书》。掐指算来，从公元前104年到公元前91年，正是按"前135年说"创始者李长之说的那样，是司马迁三十二岁到四十五岁的作品。袁传璋用了近两万字的考证烟幕，演绎的是李长之寥寥不足一百字的文字游戏，此亦步亦趋又一实证，此其二。

李长之十条之二用《报任安书》"待罪辇毂下二十余年矣"驳"前

145 年说",其方法是把"仕为郎中"之年转换为"二十南游"之年。袁传璋精制的伪考核心就是把"仕为郎中"合理的时间段与"二十南游"时间点对接,此乃师法或者叫演绎李十条之二的内容与方法,此其三。

上列三证足以说明袁传璋的另辟蹊径,只不过是转换语言与手法的李氏考辨,其最大特点是在考证烟幕下师法李长之,亦步亦趋,这些均是袁传璋在白纸黑字中自己写下的。

(四) 编织理论,弥罅补漏

"前135年说"论者,咬文嚼字,以辨代考,肇端于李长之。本书前文第二讲,指出李长之的十条考辨,若贴一个标签,可称之为"文学虚构法考证",形象地说是"在字缝中作考证"。袁传璋另辟蹊径,他的考证大有改观,引经据典,但仔细推敲,袁传璋的考证,并不扎实,大多在不关痛痒的地方用力,而考证关节点,袁传璋不折不扣师法李长之,笔锋一转,以辨代考,确实表现了青出蓝而胜于蓝,已如前文所述。袁传璋编织理论,掩盖"前135年说"的方法错误,弥罅补漏,不能不知晓。

袁传璋编织的理论,主要有二:一是:"句句"按时间先后叙事,为误读史文提供理论,近年来一系列《太史公自序》写有生年的伪命题论文,是这一理论运用的外溢,已在第五讲做了分解,兹从略。二是:让虚词"于是"二字大放光彩。袁传璋解"于是"二字为介词结构,义为"就在这时""就在这里",既为李长之的"空白说"提供理论,也为自己的精制伪证伪考作铺垫。"于是"二字的理论关节点,指"于是"连接前后两个事件"没有时间间隔"。袁氏的这一理论可称之为"无缝连接"。请看袁氏的论述,《司马迁生于武帝建元六年新证》曰:

> 王国维及其支持者的失误,在于无视司马迁本人显白的自叙,而将这段话中至关紧要的"于是"二字,当作关联词或语气词忽略了过去……须知在上古书面语言里,"于是"是由介词"于"和指代时间或地点的"是"构成的介词结构,以表示时间和地点的状态。意为"就在这个时候……"或"就在这个地

方……"《史记》中的"于是",大抵是这两种用法。……司马迁自述"过梁楚以归。于是迁仕为郎中"。"是"指代"过梁楚以归"这个时间。意思是说：经过梁、楚故地返回京师。就在这时进入仕途,作了郎中。司马迁亲自告诉人们,他南游归来后即进入仕途,中间并没有间隔。

"于是"两字在古今汉语中都是一个常用虚词,第一功能是作承接连词用,连接前后两件事,突出事理的因果关系,应读为"这之后",前后两事不是无缝连接,可以有相当长的时间跨度、几天、几月、几年、几十年,视前后事件相关的事理,时间长短有伸缩。第二功能作介词结构,"于是"作"于此"解,意为"就在这个时候"或"就在这个地方",连接的前后事件可以无时间与空间的间隔。司马迁"二十南游……过梁楚以归",于是"迁仕为郎中",这两句话中的"于是"应是承接连词,是连接"二十南游"与"仕为郎中"之后的"扈从之游""奉使之游",三种不同旅游的并列,直觉就不能读"于是"为"就在这个时候",应读为"这之后"。此处的"于是",事关重大,最可靠的办法必须是用考证来落实。考证方法,就是要落实"过梁楚以归"与"迁仕为郎中"各在哪一年。如此一来,中间是否有"间隔",间隔多长时间,自然显现。"前135年说"论者不做任何考证,只在"于是"二字上大作文章,李长之的"空白说"、赵光贤的"大漏洞说"由之生出。袁传璋编织无缝连接的理论为之弥罅补漏,也为自己的编造作铺垫。袁传璋的想象是：司马迁"壮游用了一二年时间,他担任郎官时不过二十一二岁","司马迁的入仕为郎与壮游在时间上前后相承,南游归来后即因父荫仕为郎中",两者在时间上"没有间隔"。换句话说,司马迁"二十壮游"与"入仕郎中"前后承接,"于是"二字做了无缝连接。

袁传璋为了证明自己的观点,举了四个《太史公自序》的例证来证明。所举四例为：

(1) 在秦者名(司马)错,与张仪争论,于是惠王使错将伐蜀,遂拔,因而守之。

(2) 太史公曰："唯唯，否否，不然。……余所谓述故事，整齐其世传，非所谓作也，而君比之于《春作》，缪矣。"于是论次其文。

(3) 七年而太史公遭李陵之祸，幽于缧绁，……退而深惟曰："夫《诗》《书》隐约者，欲遂其志之思也。……此人皆意有所郁结，不得通其道也，故述往事，思来者。"于是卒述陶唐以来，至于麟止，自黄帝始。

(4) 周道废，秦拨去古文，焚灭《诗》《书》，故明堂石室金匮玉版图籍散乱。于是汉兴，萧何次律令，韩信申军法，……则文学彬彬稍进，《诗》《书》往往间出矣。

以上四例作何解读呢？请看袁传璋先生自己现身说法。《司马迁生于武帝建元六年新证》曰：

全部表时间状态。例（1）"于是"揭示就在司马错与张仪争论之后，惠王命司马错伐蜀；例（2）"于是"揭示司马迁就在与壶遂论辩之后，正式着手编撰《太史公书》；例（3）"于是"揭示司马迁就在脱于牢狱之后，即赓续《太史公书》的撰述并将其杀青；例（4）"于是"揭示新兴的汉王朝紧承秦火之后，重新开始文化建设。"于是"以下的行为在时间上紧承"于是"以前的行为发生，无一例外。

上述四例，"于是"承接的是前后行为的因果关系，"于是"都应解为承接连词，例（1），因为司马错主张伐蜀，所以（即于是）惠王命司马错领兵伐蜀；例（2），因为司马迁与壶遂讨论撰写《史记》主题效《春秋》而作，所以司马迁把这一主题贯入所写的《太史公书》之中；例（3），因为司马迁受牢狱之苦，所以引古人自况而发愤著书；例（4），因为秦火烧了《诗》《书》，所以汉王朝兴起要复兴文化，这才是正解。袁传璋自己的解读，也全部是按承接连词解读为"这之后"，而不是按介词结构解为"就在这个时候"，用袁传璋自己的话说："无一例外。"例（1）为"争论之后"，例（2）为"论辩之后"，例（3）为"脱于牢狱之后"，例（4）为"汉王朝紧承秦火之后"。解读为"这之后",则时间有伸缩,例(4)最为明显。秦始皇焚书在他执政的第三十四年,即公元前213年,汉王朝定都长安复兴文化事业在汉高祖七年之后才启动,已到公元前200年,其间有十四年的间隔,而且改了朝,换了代。袁传璋用"汉王朝紧接秦火之后",两个王朝无论怎么"紧接",也改变不了这十四年的间隔。袁传璋的理论是:"于是"为"就在这个时候","中间没有间隔",难道"紧接"二字就可以抹掉间隔,抹去时间十四年?由此可见,"前135年说"论者袁传璋的咬文嚼字巧言诡辩是多么的荒唐!

二、费心费力,误读史文

《太史公自序》"迁生龙门"一节,其中"耕牧河山之阳""二十南游""过梁楚以归""仕为郎中"四个行年关节点,远比"年十岁则诵古文"重要,袁传璋没有去考证,而用"三个标准数据"障人眼目。正确解读《史记》原文的字面意义,是考证的第一步。袁传璋为了达到混淆是非之目的,他费力费心,误读《史记》,还制造了《史记》"句句"按时间先后顺序记事的理论,误导读者,说"耕牧河山之阳",指司马迁九岁以前;"年十岁则诵古文",指十岁到二十岁的从学经历;"二十南游以归"与"仕为郎中",中间有了"于是",更是"没有时间间隔"。袁传璋误读史文的最要害之点,就是要把"二十南游"与"仕为郎中"对接起来。直白地说出来太虚假,李长之的"空白说",赵光贤的"大漏洞说",也显得十分乏力,袁传璋编织理论来架构就精制得多。本讲用三个节目解析袁传璋精制的伪证伪考,就是用剥笋皮的办法,一层一层剥离。第一节,解析袁氏伪证理论;第二节,解析袁氏运用理论误读史文;第三节,解析袁氏五步推演的伪考。最后图示推演,吹散考证烟幕,伪证伪考无可遁形。请看袁传璋是怎样的误读《史记》。

(一)袁传璋误读"耕牧河山之阳"

由于袁传璋用"句句"按时间顺序解读"耕牧河山之阳"在九

岁之前，正如钱穆所说："十岁幼童，如何耕牧河山之阳呢？"袁传璋又编织"藻饰"耕牧与"农忙辅助"劳动说圆场，故事到此为止，或许被放过一马。袁传璋还忘不了设一"标靶"，用"实实在在"耕牧来诬罔对方，还举列杨恽、诸葛亮、阮籍、谢朓等人均属"藻饰"耕牧而非"实实在在"耕牧。"实实在在"耕牧，是袁传璋的自编自导，没有一个"前145年说"论者说"耕牧河山之阳"是"实实在在"耕牧，倒是袁传璋自编的故事，七八岁的司马迁在农忙时要到南亩去辅助劳动，还要去放牛，前后论说，自相矛盾。

（二）袁传璋误读"年十岁则诵古文"

"年十岁则诵古文"，字面意义十分显白，连词"则"字前后各有一个词组。"则"字前的词组"年十岁"是一个时间点，指十岁少年；"则"字后的词组"诵古文"可以有两解：一是"诵"指学习，谓司马迁从十岁起学习古文，二是"诵"指诵读，指司马迁年十岁已有相当的古文修养，可以诵读古文书籍了。合成一句话，主语"司马迁"承前省。"诵"字为谓语，"古文"为宾语，"年十岁"为状语，强调了时间点的意义，表述司马迁十岁时的学识状态，插入"耕牧河山之阳"中，表达少年时代的司马迁耕读于故里。"诵"字的两个意义充分展现：一是"诵"字作诵读解，指学习古文已达到的境界，"诵"指能诵读古文典籍是本始意义；二是"诵"字作学习解，意义为泛指，包括司马迁在故里学习的整个时间段，即十岁之前的蒙童学习加十岁之后的延伸学习，绝不是袁传璋误读的解说，指"从十岁到二十岁的从学经历"。

"年十岁则诵古文"，只有某岁而不能考证出在某年，它就不是一个重要的行年关节点，更不是行年基准点。因此，袁传璋对"年十岁则诵古文"的那些考证，有真有假，真真假假，皆为烟幕，与推导司马迁的生年毫无关系。笔者的《司马迁评传》在二十多年前1990年代初已对"年十岁则诵古文"做了司马迁习古文、习书法、读古文书的诸多探讨，旨在解读"年十岁则诵古文"的内涵，当然包括后来的学习。袁传璋说还要包括向董仲舒、孔安国学习，也完全没有错。问题是司马迁在什么时间什么地点向两位大师学习？时间：元狩年间；地点：京师。此时当是司马迁二十南游归来的二十三四至二十七八岁时，十分自然。元狩年间与京师这一客观史实是袁传璋没法改变的，于是他祭出了《太史公自序》"句句按时间先后叙事"，把"年十岁则诵古文"这一时间点拉伸为从十岁到二十岁，压缩司马迁十九年的少年时段的"读书耕牧"变成了九岁以前童年时的"藻饰耕牧"，并提早十年把司马迁从夏阳徙移到了京师。至于在夏阳没有书读，没有老师教学，等等，就纯属编造了。① 司马谈及其先祖司马昌、司马无泽能在夏阳成才，为什么司马迁少年时就不能在夏阳学习？司马迁只能在京师成才，那司马相如在巴山蜀水怎么成的才？广川的董仲舒，以及当时严助、终军、朱买臣等一大批文人学士，都在京师成才吗？袁传璋为何要花大力气对"年十岁则诵古文"做伪考呢？其"别有用意"的目的有三，一是掩盖司马迁晚生十年被砍掉的十年青年时段；二是将古文做含混的解释，便于少年司马迁进入元狩年间，此便与"问故孔安国、师事董仲舒"相搓捏；三是暗藏年十岁到京师，为晚生十年的建元六年说制造论据。

破解袁传璋的误读与伪考有两个方法。一是详考更具权威的历史事实；二是由袁传璋本人现身说法。分述于次。

1. 详考历史事实

重点有二：一是详考"诵古文"的内容，二是详考"问故孔安国的古文内容"，看司马迁在什么年龄段问故最适宜，目的是什么。程金造、李仲均、张家英等人考证"诵古文"的内容②，比起袁传璋的含混考证是更具权威的本证。"古文"二字，《史记》中有八个篇目提及，计《五帝本纪》《封禅书》《三代世表》《十二诸侯年表》《吴太伯世家》

---

① 袁传璋对"年十岁则诵古文"的误读与伪证，详见《太史公"二十岁前在故乡耕读说"商榷》。

② 程金造：《从"年十岁诵古文"商榷司马迁的生年》，收入《司马迁与史记》论文集，中华书局1957年版。李仲均：《程金造先生"从〈史记〉三家论商榷司马迁生年"》，《文史哲》1957年第8期。张家英：《王国维〈太史公行年考〉补证三则》，《哈尔滨师专学报》1999年第1期。

《仲尼弟子列传》《儒林列传》《太史公自序》。涉及的古文典籍有：《五帝德》《帝系姓》《诗经》《书经》《春秋》《国语》《左氏传》《谍记》《终始五德》《论言弟子籍》《古文尚书》，上述十一种典籍，均是"古文"，而《古文尚书》，只是其中之一，这完完全全是司马迁写的。周寿昌《汉书注校补》卷四十一指出，据《说文》，《孝经》亦是古文，"益知古文之属《尚书》为误证也"。由此可见，司马迁"年十岁诵古文"为一回事，向孔安国问故《古文尚书》又是一回事，甚至李长之在《司马迁之人格与风格》的第七章第三节中更直白地说："所谓古文，实在就是古代语言学的训练，没有旁的。"张家英的结论是："太史公所谓'古文'，皆先秦写本旧书，其文字虽已废不用，然为时尚非难识。故《太史公自序》云：'年十岁则诵古文。'太史公自父谈时已掌天官，其家宜有此旧籍也。"依上所考，"年十岁诵古文"不包括《古文尚书》，先秦古文旧籍司马迁家宜有此。

孔安国、董仲舒两人，本书前文第三讲第二节考证两人均于元狩年间活动在京师。则司马迁问故孔安国、师事董仲舒均在元朔末和整个元狩年间，有六七年之久。导入"前145年说"，正是二十南游归来的二十三四至二十七八岁之时；导入"前135年说"，则在少年时的十三四至十七八岁之时，司马迁必须在十岁许时家徙茂陵。

考《汉书·儒林传》：《古文尚书》未立学官，孔安国以今文读之而私授，"司马迁亦从安国问故。迁书载《尧典》《禹贡》《洪范》《微子》《金滕》诸篇，多古文说"。司马迁问故，是问《古文尚书》之义理、文献学、历史学，运用于《史记》书中。司马迁为修史而问故。毫无疑问是二十南游归来，司马迁已是成人并为修史助手才去问故。若少年十余岁之时，为长知识为仕进却去问故号称绝学的《古文尚书》，难以使人信服。可见袁传璋编织的考证故事显然不成立。

2. 再看袁传璋的现身说法

《太史公自序》载司马谈有三位老师："学天官于唐都，受《易》于杨何，习道论于黄子。"其中杨何为菑川人，这三位老师是司马谈出仕京师后因修史而继续不耻下问。黄生，景帝时已在京师为博士。唐都与司马谈均为建元元年举贤良出仕。杨何元光元年才征至京师，官至中大夫。笔者在1994年出版的《司马迁评传》中做了论证，当时的袁传璋尚能采纳笔者见解，他在1995年发表的《太史公"二十岁前在故乡耕读说"商酌》一文中是这样说的：

> 司马谈为太史公在京师长安，才得以"学天官于唐都，受《易》于杨何，习《道论》于黄子"。

二十余年后，2018年，袁传璋发表《司马迁生年前145年论者的考据虚妄无征论》却作如此说：

> 司马谈为太史公之前游学齐鲁，方有机会"学天官于唐都，受《易》于杨何，习《道论》于黄子"。

袁传璋自誉"年十岁则诵古文"的考证，"每条结论都有左贯右通的文献支撑"，竟然是如此的"左贯右通"，"在京师长安"，能与"游学齐鲁"贯通吗？

（三）袁传璋误读"二十南游……以归，于是迁仕为郎中"

这是"迁生龙门"一节中一段话的压缩，说成"一个标准数据"，本身就含糊其辞而又荒唐。这段话包括"二十南游……以归"时间段＋"仕为郎中"时间点＋中间用"于是"连接，至少是三个因素，其中"二十南游……过梁楚以归"时间段，如有考证条件，还可分为"二十南游"与"过梁楚以归"两个时间点更为准确。由于没有参证资料无法考证"过梁楚已归"之年，只能把"二十南游以归"作为一个时间段来估算，这是无可奈何的事。袁传璋用"一个标准数据"的含糊语言，"别有用意"有三。其一，要用"二十南游"的"二十"这一数据做推演工具，却又不堂堂正正的明说，有一点不明不白。其二，是扭曲"于是"的解释，即为李长之的"空白说"提供理论支撑，又为自己的误读史文来掩盖晚生十年的谬说，以及精制伪考做铺垫。其三，在"于是"二字上做文章，转移对"二十南游以归"时间段，以及对"仕为郎中"的考证，这才是要害。袁传璋摒弃考证，仅仅用"于是"可解为介词结构来大做文章，前节行文引用袁传璋自己解说的四个"于是"的例子现身说法，又一次表演了"左贯右通"，兹不赘。

（四）袁传璋用《报任安书》的作年为基准点大错特错

《报任安书》的"作年"无论是在太始四年，还是在征和二年，因为只有某年而无某岁，缺少司马迁写《报任安书》时的年岁，所以不是基准点，无法用《报任安书》的"作年"推计司马迁生年。"待罪辇毂下二十余年"之"余"的这一数据，是一个有九个伸缩年的时间段，只表示已经"仕为郎中"的合理时间段，是用来检验考证所得的"仕为郎中"之年是否正确，而不能推导出绝对"仕为郎中"之年。袁传璋居然能把有九个伸缩年的时间段与一个"二十南游"的时间点对接起来，这一精制的伪证伪考，真可与二十世纪文化造假的两大牛人相媲美。①

三、袁传璋的五步推演，乃精心编织伪证伪考

袁传璋是怎样运用他的三个标准数据加一个《报任安书》的作年基准点来推演司马迁的生年呢？他分为五步推演完成，分述于次。

（一）袁传璋的伪考

自征和二年（前91），上推二十年是元封元年（前110），

---

① 1986年《中国音乐》第1期发表了中国音乐学院何昌林教授的文章：《所谓〈敦煌东汉木简乐谱——五弦琴谱〉破译真相》，该文揭示在20世纪出现了两个学术造假的顶级人士。一位是英籍德裔语言学家赫伦勒博士（1841—1918），他在1881到1899年"破译"了中国新疆和田一个文物贩子阿克亨，用"鬼画符"的方法伪造的用多种谁也不认识的"陌生文字"书写的四十五本古代印刷品，并在报告中做了生动的描绘与阐述。过了八十五年，类似事件再次发生。1984年1月22日《人民日报》与《光明日报》第一版，公布了"敦煌发现我国最古乐谱"的消息，一枚书写于公元152年（东汉桓帝元嘉二年）的半片残简，是简文"书到亟驰诣官口口"草书的半边残文，形似曲谱，被兰州大学牛龙菲"破译成功"。不久，电台播放了这首由"九个音符"组成，带有"湖南民歌特性羽调式风味"的"敦煌东汉古典残句"，被称为"木简乐谱——五弦琴谱"。

由此上推一年是元鼎六年（前111），上推七年是元狩六年（前117）。司马迁"仕为郎中"的年代当不出元狩六年至元鼎六年之间（前117—前111）。司马迁"二十南游江、淮"的年代当不出元狩五年至元鼎五年（前118—前112）的范围。由此上推二十年，司马迁当出生在建元三年至元光三年（前138—前132）中的某一年。

上引的一段话，见袁传璋《司马迁生于武帝建元六年新证》，所陈述的五步推演理论。每到关键地方就含糊其辞，是袁传璋考证用语的特点。在这段话中，"司马迁'二十南游江、淮'的年代当不出元狩五年至元鼎五年的范围"，就是一句含糊语，尤其是"当不出"三字，看似斩钉截铁，其实毫无根据。袁传璋在《"司马迁生年前145年论者的考据"虚妄无征论》中，凡是理直气壮的地方，恰恰是疑点多多。① "二十南游江、淮"，明明是一个时间点，怎么生出了七个伸缩年？这是袁传璋为了与七个"仕为郎中"的伸缩年对接而编造出来的，又假定"南游"是一整年，也是按伪考的需要编造出来的。袁传璋的许多考证与推导生年无关，归结为一句话叫"考证烟幕"。"三个标准数据"和"一个《报任安书》作年的基准点"，就是想当然的编造，似是而非，亦真亦幻，其中"年十岁则诵古文"这一"标准数据"最为典型，在上引袁氏"伪考理论"的话语中，即本题的演示中不见了"年十岁则诵古文"的踪影，就是生动的明证。且看袁传璋的五步演示，是如何进行的。

（二）第一步、第二步，推导"仕为郎中"之年无误

第一步，以《报任安书》"作年"，即征和二年，公元前91年上推二十年在元封元年。

---

① 袁传璋此处用语"当不出"云云，与李长之的用语，"他绝不能把父母是否早死也弄不清楚"，"他不会连自己作事岁月都记不清楚"云云何其相似。两人均用理直气壮的含混用语表达，此等处必然是疑点多多。

第二步，以元封元年的上一年从元鼎六年起上推一至七年，即为司马迁"仕为郎中"的"二十余年"之"余"的合理范围，共有七个年头，即元狩六年至元鼎六年，姑名之曰："仕为郎中"之年。

以上两步推导是正确的，用于推导的两个要件：即《报任安书》的"作年"与"待罪辇毂下二十余年"的功能到此寿终正寝。推导的结果只用于检验司马迁"仕为郎中"的合理年限，而无法推导司马迁确切的"仕为郎中"之年，更无法推导司马迁生年，以《报任安书》的"作年"为基准点大错特错。这大错特错将在下面第三步、第四步中揭示。此处袁传璋还有一个"伏笔"。请注意，"余"字包括从"一至九"，应当是九个伸缩年，包括从元狩四年到元鼎六年。其中"元狩五年"，经钱穆与施丁考证，是司马迁"仕为郎中"之年。袁传璋只推导了"七"个伸缩年，理由是"超过七年则一般不再称'二十余年'，而曰'几三十年'"，不得不承认袁传璋确实用了一番苦心，他要排除"元狩五年"，不给"前145年说"留下"仕为郎中"的空间，事实上，袁传璋需要的"余"字七个伸缩年只要包括了"元鼎元年"也就够了。

（三）第三步、第四步，伪考核心，"仕为郎中"与"二十南游"对接

第三步，袁传璋在"司马迁'仕为郎中'的年代当不出元狩六年到元鼎六年之间"后，师从李长之，突然笔锋一转，说："司马迁'二十南游江、淮'的年代当不出元狩五年至元鼎五年"，请问"当不出"是哪来的？有何考证依据？"当不出"，乃理直气壮的语气，袁传璋之"气"从哪来？前一个"当不出"指"仕为郎中"之年是真，夹带一个假货"当不出"，指"二十南游为一整年"，一真一假连动，由此可见袁氏之狡黠。第二个假货"当不出"乃是袁传璋假定的，安排司马迁南游一整年（用虚年计数，一整年是两年，填入《司马迁行年表》就是退一格），与"仕为郎中"的七个伸缩年对接，转换为七个"二十南游"之年，即袁传璋所谓：元狩五年至元鼎五年。

第四步，再上推二十年即为司马迁的生年范围，在建元三年至元光三年。这一步，袁传璋完成了把司马迁"待罪辇毂下二十余年"的"余"字包含的七个"仕为郎中"的伸缩年，"偷换"成为七个年头的"二十南游"的伸缩年，再用以推导七个生年的伸缩年，其中包括了待证的建元六年，这就是袁传璋说的："司马迁应当出生的某一年。"为何说这是伪考的核心，伪在哪里？"仕为郎中"是待考之年，用《报任安书》"作年"加"待罪辇毂下二十余年"所推的七个"仕为郎中"的伸缩年，只是用于验证所考证的"仕为郎中"之年是否合理，而不是已经考出了"仕为郎中"之年，这就是作伪所在，荒谬所在。用此，再加上假定的整一年南游，从而"偷换"成为七个年头的生年的伸缩年，可以说这是双重伪考。

（四）第五步，寻找元鼎元年，完成循环推演

请看袁传璋在《司马迁生于武帝建元六年新证》中的说辞：

按今本《索隐》所引《博物志》称元封三年司马迁"年二十八"。据此上推二十八年，当生于武帝建元六年（前135），正在据史公自叙推定的生年范围之内。据此上推八年为元鼎元年（前116），司马迁二十岁，"南游江淮"。

这段话语言不顺，十分别扭，乃有意为之。"正在据史公自叙推定的生年范围之内"，用语玄妙，其实就是待定的《索隐》说二十八年。下句"据此上推八年"，又一个李长之笔法，笔锋又突然一转，即把待定的二十八年作为已知的二十八年减"二十南游"之数据"二十"为余数"八"，依此上推八年。这就是袁传璋的含混用语的目的。这里袁传璋以《索隐》上推的司马迁二十八岁行年减去"二十南游"之年的余数为"八年"，看起来仍是用《索隐》上推，实际是从建元六年下推二十年，这就是循环论证。在此，袁传璋的狡黠又一次凸显，他没有说"迁年二十八减去二十南游"这句话，如同他运用"'句句'按时间先后叙事"来误读《史记》，而没有说"句

句"两字一样。由此可以看出，袁传璋是精心制作伪证伪考，运用暗度陈仓的作法，作伪证伪考，所以语言含混不顺。由于是暗度陈仓，袁传璋出现了计算疏失。推算计年是虚年，加减计年是实年，虚实计年有一年之差。"二十八"减"二十"，余数"八"是实年，上推八年，也就是从二十八计数到二十一，乃是元鼎二年，不是袁传璋说的元鼎元年，而必须再加一个虚年，也就是"二十八"减"十九"，余数为"九"，要上推九年才是元鼎元年。袁传璋的这一疏失，乃是伪考痕迹的暴露。

司马迁生年与二十南游之年，两者为因果，生年为因，二十南游之年为果。生年为已知，可以推出果；反过来，"二十南游"之"年"这个果为已知，可以推出因。这种单向的因推果，或者果推因，叫作推理，不叫因果互证。因果两者均不知，必须考证出一个已知才能推未知，做到了这一个过程就叫考证。建元六年是待证之假说，实际就是未知的因。要证实建元六年，就要用考证的方法考出"二十南游"之"年"这个果来推因，这时的"二十南游"之"年"这个果就是基准点。本文反复指出基准点是能够直接推出生年的行年，它要包括某年某岁两个要素，《报任安书》的"作年"少了一个某岁，根本无法直接推出生年，所以不是基准点。如能考证司马迁二十南游在元鼎元年，这就是推知司马迁生于建元六年的基准点。袁传璋借用《报任安书》的"作年"，再加上两个"标准数据"，进行五步推导，最后还是回到了循环论证。即元鼎元年二十南游，不是考证出来的，而是用待证的建元六年这个因，推出"二十南游"之"年"这个果；反过来，用元鼎元年这个果，验证建元六年这个因。因推果，果证因，因果互证，就是循环论证，当然"丝丝入扣"（袁传璋语）。

（五）袁传璋伪证伪考五步推演图示

前文"袁传璋的五步推演，乃精心编织伪证伪考"，文字叙述的五步推演，转换成为图表十分清晰，图示如下（见下页）。

袁传璋伪证伪考五步推演图示

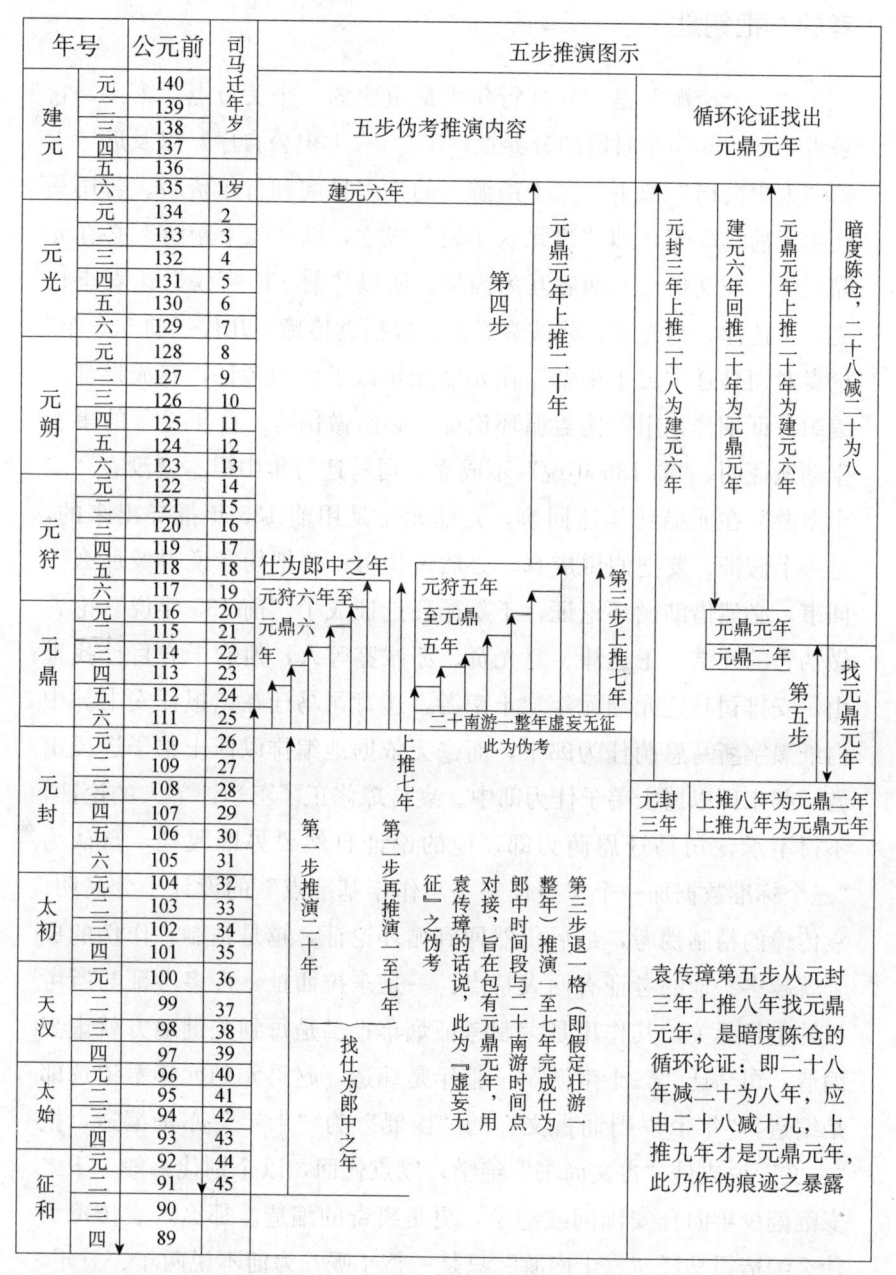

年号		公元前	司马迁年岁	五步推演图示	
				五步伪考推演内容	循环论证找出元鼎元年
建元	元	140			
	二	139			
	三	138			
	四	137			
	五	136			
	六	135	1岁	建元六年	
元光	元	134	2		元封三年上推二十八为建元六年 / 建元六年回推二十年为元鼎元年 / 元鼎元年上推二十年为建元六年 / 暗度陈仓，二十八减二十为八
	二	133	3		
	三	132	4	元鼎元年上推二十年	
	四	131	5		
	五	130	6	第四步	
	六	129	7		
元朔	元	128	8		
	二	127	9		
	三	126	10		
	四	125	11		
	五	124	12		
	六	123	13		
元狩	元	122	14		
	二	121	15		
	三	120	16		
	四	119	17		
	五	118	18	仕为郎中之年	
	六	117	19	元狩六年至元鼎六年	元狩五年至元鼎五年 / 第三步上推七年
元鼎	元	116	20		元鼎元年
	二	115	21		元鼎二年
	三	114	22		
	四	113	23		第五步
	五	112	24		找元鼎元年
	六	111	25	二十南游一整年虚妄无征此为伪考	
元封	元	110	26	上推七年	
	二	109	27		
	三	108	28	第一步推演二十年 / 第二步再推演一至七年	元封三年 / 上推八年为元鼎二年 / 上推九年为元鼎元年
	四	107	29		
	五	106	30		
	六	105	31		
太初	元	104	32	第三步退一格（即假定仕游一整年）推演一至七年完成仕郎中时间段与二十南游时间点对接，旨在包有元鼎元年，袁传璋的话说，此为『虚妄无征』之伪考	袁传璋第五步从元封三年上推八年找元鼎元年，是暗度陈仓的循环论证，即二十八年减二十为八年，应由二十八减十九，上推九年才是元鼎元年，此乃作伪痕迹之暴露
	二	103	33		
	三	102	34		
	四	101	35		
天汉	元	100	36		
	二	99	37	找仕为郎中之年	
	三	98	38		
	四	97	39		
太始	元	96	40		
	二	95	41		
	三	94	42		
	四	93	43		
征和	元	92	44		
	二	91	45		
	三	90			
	四	89			

（六）破解循环论证是解读"前135年说"论者伪证伪考的一把钥匙

"二十南游"是司马迁行年中最重要的一个关节点。第一，它是青年与少年两个时段的分界点；第二，《太史公自序》以及近二十篇"太史公曰"留下"二十南游"的许多见闻和行年资料。若司马迁生于前135年，即"建元六年说"成立，则"二十南游"必在元鼎元年。前文指出，两者互为因果。所以"前135年说"论者李长之、王达津、赵光贤、苏诚鉴等人，包括袁传璋，几代"前135年"论者对司马迁"二十南游"在元鼎元年做了大力考证，其成果都是编织考证烟幕，用以掩盖循环论证，必然做伪考。百年论争的事实生动地证明，"前135年说"不成立，司马迁行年中根本就没有"二十南游"在元鼎元年这回事，元鼎元年是用前135年推导出来的，是一个假证；要把假说成真，必然做伪考；要把伪考说得像那么一回事，必然借助循环论证，于是循环论证成了"前135年说"论者做伪考的死结。王达津、赵光贤、苏诚鉴等人，他们千方百计找理由，安排司马迁元鼎元年二十南游，违背司马迁在《报任安书》中白纸黑字所写恩荫仕为郎中，而毫无依据地编排以博士弟子巡风出游，归来即以博士弟子仕为郎中。袁传璋修正了王达津等人的论证，不得不承认司马迁恩荫为郎，他的论证自然要另辟蹊径，自认为"三个标准数据加一个《报任安书》作年基准点"的设计十分高明。袁传璋的精制伪考，最后仍然回到循环论证，越是精制，作伪的成分就越多。他的考证有两大特点：一是东拉西扯，许多考证与所考目的生年无关，其作用是编制考证烟幕；二是每到关键地方就虚妄编造。司马迁"二十南游"一整年是编造，赵禹元鼎元年奉诏选郎是编造，"年十岁则诵古文"的"内涵"为"十年"亦是编造，把"古文"说成是"古文尚书"绝学，以点代面，以个别代一般，十二岁翩翩少年向孔安国问故绝学，更是离奇的编造。那么，袁传璋为什么编造司马迁"二十南游"只是一整年呢？为何不说两年、三年，或更长的时间呢？有两个因素限制了他们的空间。一是"前135年说"论者砍掉了司马迁的十年青年时段,要把十六年的青年时段挤压在六年时段中,时间的安排左支右绌;二是"二十南游"之"年"的元鼎元年是因果互证推衍出来的,它与建元六年的间距就是"二十南游"本身,因此"二十年"这一紧箍咒把他们卡死了。李长之、王达津、赵光贤、苏诚鉴等人,对司马迁二十南游时间、含糊其辞,只谈元狩六年随褚大巡风,元鼎元年返回,或元狩六年武帝下诏巡风,元鼎元年成行云云。袁传璋说出一整年(虚年是两年)已经了不起了,这得益于他的"独辟蹊径",以《报任安书》作年为基准点,又把《报任安书》作年从太始四年推延两年到征和二年,从而获得了两年时间。

四、余论三题

(一)第一题:施丁考证"仕为郎中"是"荒诞无稽",还是驳难者夸大失实

袁传璋《"司马迁生年前 145 年论者的考据"虚妄无征论》,便于行文,省称为《虚妄论》。何为"虚妄无征"?直白地说,就是缺乏证据。也就是说,没有证据的一方,或证据为伪,即为"虚妄无证"。"荒诞无稽"其实就是"虚妄"一词的同义语。"前 135 年说"论者,包括袁传璋,他们的考证不是为了求学术之真,而是用以掩盖虚妄的循环论证,所以对于"前 145 年说"论者有价值考证的诋毁不遗余力。迄今施丁对"仕为郎中"的考证在钱穆考证的基础上进一步做出了有价值的贡献,受到袁传璋"荒诞无稽"的贬斥,似可理解。但《虚妄论》对于历史事实的颠倒,对于是非的肆意混淆必须纠正,于是有了本题的研讨。

1. 袁传璋对施丁"仕为郎中"无可辩驳的正确考证贬斥失实

1953 年,钱穆作《司马迁生年考》,依据《封禅书》"入寿宫侍祠神语",参证《资治通鉴》系年,考证司马迁元狩五年二十八岁"仕为郎中",作为"前 145 年说"之一证。施丁考证,以钱说为第一证据。《虚妄论》说"寿宫"不置于元狩五年,只有太史令才能入

寿宫，司马迁为郎持戟在殿下侍卫，不得上殿，不能入寿宫。此说纯属虚妄。请看《封禅书》是怎么写的：

> 文成死明年（即元狩五年），天子病鼎湖甚，巫医无所不致，不愈。游水发根言上郡有巫，病而鬼神下之。上召置祠之甘泉。及病，使人问神君。神君言曰："天子无忧病，病少愈，强与我会甘泉。"于是病愈，遂起，幸甘泉，病良已。大赦，置寿宫神君。……非可得见，闻其言，言与人音等。时去时来，来则风肃然。居室帷中，时昼言，然常以夜。……又置寿宫北宫，张羽旗，设供具，以礼神君。神君所言，上使人受书其言，命之曰"画法"。其所语，世俗之所知也，无绝殊者，而天子心独喜。其事秘，世莫知也。

上引《封禅书》清楚明白地记载的事实内容有这样几条：其一，元狩五年汉武帝生病，百般医治无效，侍从游水发根言上郡巫能请神治病，于是召来"置祠之甘泉宫"，装神弄鬼治好了汉武帝的病。其实，当是医药已基本治愈汉武帝的病，加上汉武帝迷信鬼神的精神支柱，重病痊愈，于是奉上郡巫为神明。此为建置寿宫的起因。其二，汉武帝病愈，大赦天下，正式在行宫中建置寿宫神殿，由上郡巫来作法请神君，始于元狩五年，初建于甘泉宫，随后又在北宫置寿宫。其三，上郡巫在寿宫装神弄鬼，有时在白天，经常是在夜间。其四，神君发话，汉武帝不在现场，"上使人受书其言"，所使之人当为司马迁。其五，神君所言，与世俗普通人一样，只有汉武帝相信，宫中知情人以及司马迁均不信。

综上五条，汉武帝所置寿宫侍祠神语，乃个人迷信私事，故"其事秘，世莫知也"。太史令观天象，备顾问，列席朝议，礼神祭祀，皆国家典礼，袁传璋故意混为一谈。上郡巫在寿宫神殿中作法弄鬼，"居室帷中"，即用层层帷帐遮挡，制造若隐若现的神秘效果，有时白天，更多的是在夜晚，汉武帝九五之尊不在现场，由一个侍从亲近的人来传达，这个侍从传达即为司马迁。所以，司马迁才知道这些"世莫知"的秘密，写入《封禅书》中。袁传璋用朝堂听政来比附，更是大谬！司马迁仕为郎中，因其才华出众而为汉武帝文学侍从，在这一队伍中年龄不足三十是后生晚辈，他作为传递神语的使者最为适宜。《报任安书》云："仆忘室家之业，日夜思竭其不肖之材力，务一心营职，以求亲媚于主上。"可见其君臣相知的程度，才得以知晓"其事秘，世莫知"的宫中事。《封禅书》太史公曰："余从巡祭天地诸神名山川而封禅焉，入寿宫侍祠神语"云云，因司马谈未参加封禅，故太史公只能是司马迁。

2. 袁传璋纠正施丁之失，应予肯定，夸张他的一条材料发现，施丁的考证"全盘落空"，则夸张失实

施丁考证司马迁元狩五年"仕为郎中"，为了多增加一条论据，施丁失检，引用司马贞注元狩六年任安为太子少傅行宗正事，以为佐证，其实是画蛇添足。袁传璋发表《〈史记·三王世家〉"太子少傅行宗正事"为刘安国考》① 纠正了《索隐》之失，断了施丁考证的蛇足，应予肯定。袁传璋称他的发现元狩六年太子少傅"臣安"是刘安国而非任安，说这是司马迁"仕为郎中"的"唯一的依据"，甚至说施丁"考证的司马迁的生平行迹，《史记》的成书以及《报任安书》写作的年代，然全盘落空"②。《虚妄论》结尾诬罔笔者《司马迁生年十年之差、百年论争述评》"大言欺人"。看看袁传璋白纸黑字所写现身说法，"大言欺人"竟至于此。平心而论，袁传璋发现"臣安"不是"任安"，真正的价值是纠正了《索隐》一条注的错误，如果没有施丁的蛇足，这一成果与考证司马迁生年毫无关系。这不是否定袁传璋对施丁蛇足的纠正，只是说，学术上的一得之见，实事评价，力重千钧，夸张过度，就难免贻笑大方。

（二）第二题：霍光"出入禁闼"怎么读

袁传璋在二十余年前发表《从书体演变角度论〈索隐〉〈正义〉

---

① 载（台湾）《大陆杂志》第89卷第1期，1994年7月。
② 参见袁传璋：《"司马迁生年前145年论者的考据"虚妄无征论》，《渭南师范学院学报》2018年第5期。

的十年之差》一文时就指责笔者没有读懂《汉书》，霍光"出入禁闼二十余年"写在征和二年前面，没有错。查中华书局点校本《汉书·霍光传》，分段以"征和二年"为下段起句，霍光"出入禁闼二十余年"为上段结句。两段应作一气读，"出入禁闼二十余年"是终结霍光与汉武帝君臣相知终始说的，它要从元狩四年到后元二年，至少到后元元年来计算，为三十三、三十四年，说明霍光成为昭帝首席托孤大臣的原因。汉武帝后元元年七月将周公负成王画像赐予霍光，后元二年临终前正式托孤。征和二年是倒叙，或称为插叙，说明托孤的原因，国家失去了太子，要另立少子，故而托孤。"征和二年"前面要增一"初"字读。袁传璋又是祭出了他的"句句按时间先后叙事"，把"出入禁闼二十余年"读到"征和二年"为止，于是只有二十九年。到底是谁没有读懂《汉书》？只要按查原书就泾渭分明了。当年笔者没有理会袁传璋，学术贵歧，不同见解的争鸣是学术繁荣的标志。感兴趣的读者，可以按核原书。当年袁传璋尚有和平心态，就事论事讨论学术。可是写作《虚妄论》时的袁传璋重提霍光之例，说成是笔者在替王国维弥罅补漏，这就越出学术研讨在伪说了。霍光"出入禁闼"是二十余年，还是三十余年，即"卅"讹为"廿"了，是笔者驳难李伯勋"数字不讹说"，特别是李伯勋说"廿、卅、卌"不相讹说的。王国维根本就没涉及两位数字合写的鲁鱼亥豕。此例是袁传璋考证惯于东拉西扯的一个生动实例。学术研讨要贵歧，而真伪分辨是论是非，就如同冰炭不可共一炉一样。

（三）第三题：《虚妄论》指责《述评》的研究方法，实为袁氏考证方法的自供与现身说法

袁传璋《虚妄论》的第六题指责《述评》的研究方法，举证四条。其一，"制造标靶，以利抨击"；其二，论证方法是喜傍名人之说，厚集其阵为己后援；其三，"好为独断，大言欺人"；其四，诋毁《玉海》佚文。第一、第三两条，是袁传璋的自供。第二条，指责"《述评》论证方法喜傍名人之说"，"别有用意"，企图一箭双雕。

《述评》梳理百年论争，只要有一得之见，不论名人，还是初出茅庐的青年学者，要尽可能广泛采集，不掩其美。袁传璋用"傍名人之说"，一是掩盖自己承袭程金造、王达津、苏诚鉴等人之说的掠美行为，二是贬低《述评》引用百年论争成果的价值。第四条《玉海》佚文乃王应麟所写词条不知所引，袁传璋编造王氏引自皇家藏本、唐写本，《述评》揭出原委，何来诋毁？

第七讲　司马迁生于公元前 145 年可以为定论

本讲对司马迁行年，特别是生年的十年之差百年论争梳理做最后的总结，十年之差论争的意义在哪里？司马迁的生年可否做出定案，依据在哪里？司马迁卒年有无史实依据的推论？这三个方面，试做简洁明快的回答，以为百年论争梳理阶段性总结。下分三个节目来说。

一、司马迁生年十年之差论争的意义[①]

元封元年，即公元前 110 年，司马迁奉使西征还报命，又恰值司马谈辞世。依《索隐》《正义》两个生年定位点计算，据《索隐》，司马迁生于公元前 135 年，二十六岁；据《正义》，司马迁生于公元前 145 年，三十六岁。司马迁二十壮游，结束了少年时代，进入社会，步入了青年时代。按《正义》，司马迁有十六年的青年时代，按《索隐》说砍掉了十年，只有六年，而且是虚岁计年。以实年计，司马迁还报命在元封元年夏四月，青年时代只有五年又四个月。所以"前 135 年说"论者要把壮游、问学、入仕、扈从、奉使都挤压在这五年又四个月的时间中，于是乎才有李长

[①] 此题内容参见张大可：《司马迁生年十年之差论争的意义》，《管子学刊》2017 年第 4 期。见本书附录。

之、赵光贤的"为时极短说""空白说""大漏洞说";才有袁传璋的壮游归来就仕为郎中,"没有时间间隔"的无缝连接说;才有九岁蒙童耕牧河山之阳,十余岁少年问学国家级大师等一系列天方夜谭故事,这还是次要的。如果司马迁少了十年的青年时代,对于司马迁个人的人生修养、《史记》成书、思想积淀均有着巨大的影响,可以从三个方面来说明。

1. 影响司马迁的人生修养,缺失了十年伟大时代的熏陶

司马迁晚生十年,被砍掉的十年青年时代,即是从二十壮游的元朔三年至元狩六年,公元前126至前117年。这十年恰好是汉武帝大规模征伐匈奴的十年,是西汉国力迅速崛起的十年,全国民众艰苦奋斗的十年。这是一个举国上下积极奋发的伟大时代,国家有为,激发青年奋发壮志,不言而喻。这十年,司马迁壮游、从学、交友,为司马谈修史助手,受到见习修史的历练,为继承父志独力写作并铸就《史记》丰碑打下坚实基础。没有这十年的人生修养和修史见习,二十六岁的司马迁就遭遇父亲辞世,不懂修史方法,不知南北东西,能继续独力修史是不可想象的。因此,研讨司马迁的生年,必须与《史记》创作紧密相连,体察《史记》丰碑是怎样铸就的,《史记》内容该怎样去解读。离开《史记》创作,抽象地研讨司马迁生年,十年之差没有任何意义。司马谈临终遗言:"余为太史而弗论载,废天下之史文,余甚惧焉,汝其念哉!"司马迁受命,恳切地回答说:"小子不敏,请悉论先人所次旧闻,弗敢缺。"双方都不像是在交接一个陌生的话题,而是有相当长时间的修史磨合,双方均有自信。简短的对话,有着深远的内涵。司马谈交付的修史重担,与其说是交给一个二十余岁的青年,倒不如说是交给一个三十余岁的成熟的中年人才合于事实。下列"司马迁生年十年之差时代背景纪年表",意义清晰显现(见下页)。

司马迁生年十年之差时代背景纪年表

年号		公元前	生145	生135	几个重要的大事纪年	公元前	行年时间段			
元封	三	108	38	28	司马迁为太史令,继父修史,铸就丰碑,完成《史记》	108	司马迁晚生十年,加二十南游,几近没有了青年时代			
	二	109	37	27		109				
	元	110	36	26	司马迁奉使还报命,见父于河洛/司马谈卒,临终遗命司马迁继为修史	110	司马谈与宽舒草封禅仪	青年时代十六年	青年时代六年减	去南游数年,差不多没有了青年时代
元鼎	六	111	35	25	司马迁奉使西征,在春正月	111				
	五	112	34	24	迁扈从武帝西登空同	112				
	四	113	33	23	汉武帝在位54年,是年为前后期分界点;西汉达于鼎盛,武帝首次远游巡幸	113			二十南游	
	三	114	32	22		114				
	二	115	31	21		115				
	元	116	30	20	"前135年说":迁二十南游以归	116				
元狩	六	117	29	19	孔安国出为临淮太守/博士褚大巡风。"前135年说":迁为博士弟子随褚大出游	117	（前一四五年说）	受学孔、董之年	（前一三五年说）	
	五	118	28	18	司马迁仕为郎中/博士孔安国为谏议大夫	118				
	四	119	27	17	汉匈漠北大战,匈奴远遁/李广卒/司马相如卒,遗封禅文/霍光为郎	119	汉匈大决战,汉胜匈败			
	三	120	26	16		120				
	二	121	25	15		121				
	元	122	24	14	司马谈《论六家要旨》,此述史宣言撰《太史公书》,上起陶唐,下讫获麟	122				
元朔	六	123	23	13		123	二十南游			
	五	124	22	12	董仲舒为胶西王相,元狩二年致仕,家居茂陵	124				
	四	125	21	11		125				
	三	126	20岁	10岁	"前145年说":二十南游:三至五年	126				
年号		公元前	生145	生135	几个重要的大事纪年	公元前	行年时间段			

2. 李长之缩短司马迁十岁生年的动机不成立

李长之非常重视司马迁生年十年之差对于《史记》成书的意义。李长之认为《史记》是一部青壮年"血气方刚"所写的史诗，应该是"三十二岁到四十几岁的作品"，不应该是"四十二岁到五十岁，精力弥漫的壮年人的东西"。所以，李长之要缩短司马迁十岁的生年，还要司马迁早死，一生只活了四十二岁。作为文学家的李长之，有此浪漫情怀是可以理解的，也是可以允许他提出这样的假说的，把《史记》比喻为史诗，也不过是"无韵之《离骚》"的换一种说法而已。但是，把浪漫情怀与假说当作历史事实，把《史记》当作纯文学作品，那就大错特错。环视古今中外，可以有天才的神童作家和艺术家，但没有神童的历史学家。因为一个良史，要有才、学、识、德四大要素的修养，单有才气是不够的。学，是博闻强记，积累知识；识，是人生磨炼，要在社会上摔打，积累阅历，两者都需要长时间来积淀。司马迁入仕，扈从武帝，正值汉武帝在位五十四年的下半程。此时匈奴已远遁漠北，从元鼎四年（前113）起，汉武帝首次远离京师巡幸四方，到汉武帝辞世的后元二年（前87），其间二十七年，汉武帝巡幸四方达二十二次，短者三个月，最长七个月，平均三至四个月计，二十二次要耗时六十六个月至八十八个月，总计六七年。司马迁还有职事公务，用于修史的时间充其量是一半。司马迁卒年，大致与汉武帝相终始，王国维系于昭帝始元元年，即公元前86年。从元封元年（前110）到始元元年，其间二十四年，一半时间也就是十二年。如果司马迁的十年青年时代，在元封元年前被砍去，必然要用元封元年之后的十年弥补，还要用于修史见习，留给司马迁的写史时间就更少了。简单的一个时间账，十年青年时代对于司马迁完成《史记》是何等的重要，难道还有疑问吗？

3. 从《史记》的写作过程，可证司马迁晚生十年不成立

《史记》是司马谈、司马迁父子两代人的心血结晶①，历时半个

---

① 与《史记》并驾齐名的《汉书》，也是历经班彪、班固父子两代人半个多世纪完成，其中班固还得到妹妹班昭的协助。

多世纪。司马谈在建元元年（前140）举贤良入仕，就发愿继承孔子圣人的事业，完成一代大典，提出了创作《史记》的宏愿。司马谈正式写作是在元狩元年（前122），直至元封元年（前110）去世。司马谈修史准备从建元元年至元狩元年，已达十八年，正式写作从元狩元年至元封元年，共十二年，前后三十年耗尽了他的一生。元封元年（前110），司马迁三十六岁，受父遗命，接力修史。这之前，司马迁二十壮游，"网罗天下放失旧闻"，已是司马谈的修史助手，到元封元年，已历经了十六年的修史见习期，洞悉父亲的一切规划，并参与其中。从元封元年至武帝之末的后元二年（前87），司马迁全身心投入修史，又独立进行了二十四年的创作，《史记》完成，前后四十年。父子两代合计经营《史记》七十年，减去重叠的十六年，首尾五十四年，接力写作共三十六年，耗尽了两代人的心血。一代大典的完成是如此的艰难，也正因为是两代人的巨大付出，才铸就了《史记》丰碑。李长之想象《史记》只能完成于一个"血气方刚"的青壮年之手，凭着一股激情，只需十几年一气呵成，显然这不过是编织的文学虚构。《史记》厚重的思想内涵，岂能是一个"血气方刚"的青壮年所能积淀！

司马迁在元封元年之前，已历经了十六年的修史见习期，《史记》的成书过程可以提供生动的证明。司马谈临终遗言，交代其发凡起例的宗旨有三端：一曰效周公"歌文武之德"；二曰继孔子效《春秋》"修旧起废"，为后王立法，为人伦立则；三曰颂汉兴一统，论载"明主贤君忠臣死义之士"。合此三端，即以人物为中心，以帝王将相为主干，颂一统之威德，这正是秦汉中央集权政治在学术思想上的反映。《论六家要指》为司马谈所作述史宣言，倡导融会百家思想为一体，自成一家之言。这些也就是《史记》的本始主题，"颂扬"是其主旨，着重记载"明主贤君忠臣死义之士"，断限上起陶唐，凸显让德；下讫元狩获麟，象征文成致麟。从元狩元年（前122）至太初四年（前101），又历二十二年。这之间西汉崛起达于极盛，汉武帝北逐匈奴，开通西域，拓土西南夷，并灭两越，封禅制历，象征天命攸归，完成大一统。司马迁参与了封禅制历，激动非凡，在太初元年完成制历后与好友壶遂讨论《史记》写作宗旨，弘扬司马谈记述历史以颂扬为本始的主题，形成"究天人之际，通古今之变，成一家之言"的思想体系，提升了《史记》主题；延展断限，上起黄帝，下讫太初，凸显大一统历史观，提出了"非兵不强，非德不昌"的治国理念。这是司马迁把现实历史事势的发展写入《史记》的证据。太初元年距离元封元年只有七年，如果司马迁晚生十年，在元封元年之前，没有十六年修史的见习期，没有十年青年时代对大时代历史事势变化的感知，就不可能在太初元年与壶遂讨论《史记》主题，甚至没有资格参与制定太初历。

此外，司马迁还与壶遂讨论了历史学的批判功能。司马迁以"见盛观衰"的高瞻远识，朦胧地意识到历史学应有干预社会生活的本能，具有批判功能。司马迁借《春秋》提出了"贬天子，退诸侯，讨大夫"的思想理念。孔子的《春秋》没有"贬天子"，而是为尊者讳，显然只有司马迁的实录记述才能赋予历史学这一功能。司马迁与壶遂的讨论是追述，其内涵是总结其一生的思想积淀，"贬天了"当是受祸以后第二次提升《史记》主题之后才有的思想境界。这涉及《史记》是什么时候完成的，与司马迁卒年有紧密联系。关于卒年，详本讲第三节。

二、司马迁生年两说，只并存于三家注，王郭两说王真郭伪不并存，司马迁生于公元前145年可以为定论

唐人的《索隐》《正义》并存司马迁的生年两说，历经百年研讨，在现存史籍中找不到《索隐》《正义》数字讹误的直接证据，因此两说并存。而一个人的生年只能是一个，所以两说并存皆为待证之假说。证明方法，排比司马迁行年，谁与之行年轨迹吻合，谁就是真实的生年，谁与之不吻合，谁就被证明是伪，生年不成立。

总括百年论争的结果，用以检验王国维、郭沫若两家之说，从行年排比与论证方法两个层面来看，都鲜明地呈现出一真一伪的对比，王真郭伪，两说不并存。

其一，行年排比。编制《司马迁行年表》，就是具体、形象地排比、串联经过考证学术界公认的有关推导司马迁生年的史实制成历史系年表，也就是将本书各讲所总括的百年论争的考证成果制成历史系年表，再将王国维、郭沫若两说的待证生年以及两说的行年关节点排入历史系年表，与之对照，比较两说，看谁最符合司马迁行年轨迹，以最符合的一方定案司马迁的生年。查行年表，按郭沫若支持的"前135年说"，则司马迁九岁之前蒙童耕牧河山之阳，十二三岁至十七八岁的少年问学孔安国、董仲舒两位国家级学问大家，二十壮游在元狩末或元鼎元年，二十五岁奉使西征，这些行年坐标点既无考证，又不合情理，均为想当然的安排，以及循环论证，当然是伪，不能成立。按王国维支持的"前145年说"，则司马迁十九岁以前少年时代耕牧河山之阳，二十壮游在元朔三年，二十三四岁壮游归来到二十七八岁之间问学孔安国、董仲舒，元狩五年二十八岁仕为郎中，扈从武帝，三十五岁奉使西征。二十壮游与仕为郎中之间，仕为郎中与奉使西征之间，都各自经历了数年的人生历练，"前145年说"的各个行年关节点，不仅合情入理，均有考证文献证实，当然是真，可以为司马迁的生年定案。此外，按郭沫若说，司马迁九岁见郭解，十七岁以前见李广；依王国维说，司马迁十九岁见郭解，二十七岁前见李广。从"太史公曰"的评论看，当以青年时所见为优。若司马迁在少年时见郭解和李广，必须要年十岁时入京，与《太史公自序》"迁生龙门"一节记载不符。至于司马迁与《刺客列传》《樊郦滕灌列传》《郦生陆贾列传》《张释之冯唐列传》中长者公孙季功、董生、樊他广、平原君子、冯遂等，生于前145年，岁差四十五岁至五十五岁，二十南游的司马迁与六十五岁至七十五岁的前辈长者可以相及，而晚生十年，则与七十五岁至八十五岁的长者有些就不相及了。至于《报任安书》说的"待罪辇毂下二十余年矣"，无论《报书》作于太始四年，还是征和二年，"行年表"反映均符合。

《司马迁行年表》见下页。

司马迁行年表（王国维、郭沫若两说对照）

纪年		王说	郭说	大事记	考据	备注	
前 145	景帝中元五年	1 岁		迁生龙门	王氏依《正义》说，其据与《索隐》同源为《茂陵中书》	《索隐》《正义》所载司马迁生年同源，十年之差乃《索隐》数字二十八为三十八之讹，此王氏立论基石。可简括为：数字讹误说，《正义》《索隐》两说一真一假	
前 136	武帝建元五年	10 岁		年十岁诵古文	见《太史公自序》		
前 135	武帝建元六年	11 岁	1 岁	郭说迁一岁	郭氏依《索隐》说		
前 128	元朔元年	18 岁	8 岁	耕牧河山之阳 王说：迁从孔安国问故	见《太史公自序》 王氏推断有误，无考据，为郭说论者承袭		
前 127	元朔二年	19 岁	9 岁	迁家徙茂陵/郭解入关/孔安国为博士	是年武帝迁徙豪富及京师高訾子弟实茂陵/孔安国为博士，程金造据《通鉴》考证	《游侠列传》载，司马迁曾见郭解	
前 126	元朔三年	20 岁	10 岁	二十而南游江淮	见《太史公自序》		
前 124	元朔五年	22 岁	12 岁	依《太史公自序》所载行程，迁游必二三年或四五年始归	董仲舒出京为胶西王相，元狩二年致仕，他家居茂陵	可与公孙季功、董生、樊他广、平原君子、冯遂、李广交游	
前 119	元狩四年	27 岁	17 岁	李广死	霍光为郎		
前 118	元狩五年	28 岁	18 岁	迁出仕为郎中三百石/孔安国为谏大夫/董仲舒家居茂陵，至元鼎二年卒	是年大选郎官，任安、田仁为郎，迁亦应是年为郎/《百官表》是年初置谏议大夫	受学于孔董之年	出仕八年后奉使为郎中将	史公行年空白说不能成立	《报任安书》云：待罪辇毂下二十余年矣，元狩五年至太始二年为二十；元狩五年至征和三年为二十七年
前 117	元狩六年	29 岁	19 岁	孔安国出为临淮太守 博士褚大巡风，郭说论者编织迁为博士弟子二十南游在元狩六年或元鼎元年	《地理志》是年初置临淮郡 建元六年说者推论无据				
前 116	元鼎元年	30 岁	20 岁						
前 112	元鼎五年	34 岁	24 岁	迁扈从武帝西登空同	王氏据《五行志》《武帝纪》考出				
前 111	元鼎六年	35 岁	25 岁	奉旨西征巴蜀以南，为郎中将，秩千石	唐蒙、司马相如使西南夷，职为郎中将与中郎将，迁当为郎中将				
前 110	元封元年	36 岁	26 岁	迁奉使还，见父于河洛/（父谈卒）	载《太史公自序》				
前 108	元封三年	38 岁	28 岁	迁为太史令	《索隐》注引《博物志》所载《茂陵中书》，迁年28岁				

续表

纪年		王说	郭说	大事记	考据	备注
前104	太初元年	42岁	32岁	迁议历法；正式定稿《史记》	《正义》按：迁年42岁	
前99	天汉二年	47岁	37岁	李陵兵败被俘，迁为辩说	武帝纳迁言，派公孙敖迎李陵	
前98	天汉三年	48岁	38岁	是年冬，李陵家被族，迁受腐刑	武帝误听传言，族李陵家，迁株连受祸	霍光从元狩四年到后元二年"出入禁闼34年"
前96	太始元年	50岁	40岁	迁出狱为中书令		
前93	太始四年	53岁	43岁	作《报任安书》内有：会东从上来，涉旬月，迫季冬，仆又薄从上上雍	是年武帝春三月幸泰山，冬十二月行幸雍与《报任安书》合	
前91	征和二年	55岁	45岁	清赵翼系《报任安书》作于是年	史无可考，而为郭说论者所据	
前90	征和三年	56岁		春夏之交，刘屈氂被腰斩	任安应死于是年六月	
前87	后元二年	59岁		武帝卒	太史公记事尽于孝武之事	褚少孙说
前86	昭帝始元元年	60岁		《外戚世家》等多篇有"武帝"二字，留下史公修订《史记》的痕迹，王国维推论史公卒于是年		
前81	始元六年			"盐铁会议"桑弘羊引用《货殖列传》称"司马子言"，是对已故学问家的敬称。此是司马迁死于昭帝之初的铁证		

其二，考证方法。"前135年说"论者，不做细致的考证，不是在文献中披沙拣金，而是想当然，在字缝中取巧，关键论证无一考据。"前135年说"之源，郭沫若驳王国维的三条考据，有辩无考，李长之的十条立论，无一考据。"前135年说"后继论者的"新证"，没有超出李长之的十条，只是变换手法演绎李长之的十条而已。"前135年说"后继论者所谓"考证"的基本方法，是不科学的循环论证。他们用待证的《索隐》说，司马迁生于公元前135年，下推二十壮游在元鼎元年，公元前116年；然后编织考证烟幕说司马迁元鼎元年壮游，用公元前116年壮游反推二十年为生于公元前135年。循环论证，又称因果互证，即以因推果，以果证因。以司马迁二十壮游为例，说明所以。《报任安书》明白无误告知"仕为郎中"靠的是父亲为官恩荫为郎，其言曰："仆少负不羁之才，长无乡曲之誉，主上幸以先人之故，使得奉薄技，出入周卫之中。"而王达津、苏诚鉴等人，以及"前135年说"后继论者，无视司马迁的自述，而编

织司马迁以博士弟子为郎,二十壮游与元狩六年的博士褚大巡风相搓捏,用以证明司马迁生于前135年。像这样无根无据的历史搓捏,没有讨论价值。

更有甚者,直接编织伪证。南宋王应麟在《玉海》中自写词条"汉史记",引文有《史记正义》引《博物志》与《索隐》司马贞一致,发现者宣称这是一条司马迁生于公元前135年的"铁证"。王应麟引文删去了张守节按语:"案,迁年四十二岁。"像这样掐头去尾的引文,根本不具有版本价值,它即使刊布在中华书局点校修订本《史记》的"修订前言"中,也变不了真。袁传璋说王应麟所引是南宋皇家所藏唐写本。既然有南宋皇家所藏唐写本,为何不直接引用而去转引王应麟的二手,甚至是三手、四手的材料呢?可见皇家藏本、唐写本之说乃欺世之言。

经历百年论争,显示了"前135年说"论者从源到流,对《索隐》说生年的考证,方法错误,论据不立,可以说郭说已被证明为伪;而"前145年说"论者对《正义》说生年的考证,依王国维指引的方向,方法正确,论据充分,百年积累,证据有十四条之多,即王说为真,司马迁生于公元前145年可以为定论。

最后,我们必须指出,百年论争,成果来之不易。尽管"前135年说"论者考证不成立,但没有两方切磋,考证不会深入。辩证地看问题,司马迁生年的解决,是双方共同努力的结果。"前135年说"论者磨砺的功劳也应予以肯定。

三、司马迁的卒年

司马迁的卒年比生年更加难以考定,因为更加缺乏直接的史料依据。学术界推定司马迁卒年共有八种说法,按先后时间排列如下:

(一)卒于太始四年(前93)说,见郭沫若《司马迁之死》,谓司马迁作《报任安书》有怨言,下狱死。载《历史研究》1956年第4期。李长之、王达津亦主此说。

(二)(三)卒于征和二年底,或征和三年一月(即前91、前90)

两说。清人成瓘《箬园日札》卷五、赵翼《廿二史劄记》卷一主征和二年说，今人李伯勋《司马迁生年考辨》与苏诚鉴《司马迁行年三事考辨》主征和三年一月说。

（四）卒于武帝后元元年（前88）说，见张惟襄《太史公疑年考》。

（五）卒于武帝末、昭帝初说，假定年代为昭帝始元元年（前86）。见王鸣盛《十七史商榷》卷一"子长游踪"条和王国维《太史公行年考》。

（六）卒于昭帝末或元平元年（前74）说，见吴廷锡《与张鹏一书》、张鹏一《太史公年谱》、程金造《司马迁卒年之商榷》。

（七）卒于昭、宣之间，金代王若虚主此说，见《滹南遗老集》卷一七。

（八）卒于宣帝五凤三年（前55）说，此说为康熙时翟世琪《重修太史庙记》引华山道士说，最为无稽。

以上八种说法，司马迁最早卒于前93年，最晚卒于前55年，前后相差竟达39年，没有一种说法具有能够足以成立的史证，如果没有新的史料发现，这正如王国维所说，是一个"绝不可考"的悬案。在史料未备的情况下，不得已而运用推理论证以备一说，而推理论证必须符合两个原则：第一，要从确定的已知条件引申，而不能凭主观猜想；第二，要符合逻辑程序，而不能陷入因果互证。按这两点精神，合理推论亦能求得明确的趋同。

学术界推论司马迁的卒年，主要是以下两个方法。

1. 用《史记》记事的下限来估算，这是王国维的方法

但是《史记》是一部有严格体例的著作，其下限在太初年间。而且《史记》是司马迁生前定稿的著作，并不是一部未完之作。因此是不能用《史记》的记事下限来考证司马迁绝对的卒年的。太初以后，司马迁或有增补，但也不能确定哪一段增补是司马迁的绝笔文字。王国维确信贰师将军李广利降匈奴为司马迁最晚之记事，时在征和三年。三年后汉武帝辞世。王国维假定司马迁享年六十岁，因此估定司马迁死于昭帝始元元年，并无可靠根据，只是一个情理上的假定。所以王国维说：

> 案，史公卒年，绝不可考。……然视为与武帝相终始，当无大误也。

这再次体现了王国维存疑的考信精神，我们认为这个按语是成立的。本文为王国维说司马迁死于昭帝之初提供三个已知的旁证：其一，离司马迁未远的褚少孙明确说："太史公记事尽于孝武之事。"这既是司马迁在太初以后修订《史记》的证据，也是司马迁卒于昭帝之初的证据，因褚氏说司马迁记事只尽于武帝之末。褚氏之言和王国维的结论甚近。其二，《外戚世家》《屈原贾生列传》《万石君张叔列传》《平津侯主父列传》《汲郑列传》《酷吏列传》等篇多次提到汉世宗刘彻的谥号"武帝"二字，这是司马迁在武帝死后仍在修饰《史记》的痕迹。因其事均属太初以前事，符合《史记》断限太初的原则，当是司马迁手笔，而不应是后人的点窜，是《史记》载大事"咸表始终"的附记。其三，昭帝始元六年召开盐铁会议，桑弘羊在论战中多次断章引用《货殖列传》为自己辩护，称"司马子言"①。班固说，"迁既死后，其书稍出"②。桑弘羊以御史大夫之尊，称六百石秩的司马迁为"司马子"，应是对已故学问家的敬称来增加自己观点的权威，合于先贤遗教。上述三点推论可证司马迁卒于昭帝之初。当然这也只是仅备一说罢了。

2. 根据《太史公自序》的《集解》引卫宏《汉旧仪》说"司马迁有怨言，下狱致死"的话来考证《报任安书》的写作年代，这是郭沫若的方法

郭沫若把《报任安书》与司马迁之死挂钩是靠不住的。其一，卫宏的书多疏失，《太史公自序》的《集解》引臣瓒说，《汉书·司马迁传》注引晋灼说，都指出了卫宏所说多不实，"未可以为正"。其二，卫宏所言的"怨言"内容是指《史记》。卫宏说：

> 司马迁作《景帝本纪》，极言其短及武帝过，武帝怒而削去之。后坐举李陵，李陵降匈奴，故下迁蚕室，有怨言，下狱死。

---

① 《盐铁论》卷四《毁学》。
② 《汉书》卷六二《司马迁传》。

司马迁坐"举"李陵就与《报任安书》所言"夫仆与李陵俱居门下，素非相善也，趣舍异路，未尝衔杯酒接殷勤之欢"相乖谬。显然卫宏所说"有怨言"并不是指的《报任安书》。《三国志·魏书·王肃传》及《西京杂记》都有类似的记载，皆为卫宏说的派生，并不能作为司马迁"下狱死"的佐证。其三，班固的《司马迁传赞》所云"既陷极刑，幽而发愤"，显系指遭李陵祸受腐刑的事件。班固也曾因作史被人诬告下狱，所以他同情司马迁，"《书》亦信矣"，"迹其所以自伤悼"云云，正讽刺汉武帝滥用"极刑"，牢骚情绪溢于笔端，《报任安书》就是赖《汉书》传下来的。这里班固并无"隐晦含混"之词。李伯勋推敲班固的弦外之音，演绎出"又遭了第二次横祸"，是没有根据的。在两汉人的言论著作中，除卫宏外，并无汉武帝杀司马迁的记载。恰恰相反，倒有对汉武帝不杀司马迁表示不满的话。《三国志·董卓传》裴松之注引谢承《后汉书》记载王允的话说：

　　昔孝武不杀司马迁，使作谤书，流于后世。

又《三国志·吴书·韦曜传》载，孙皓元凤二年（273），左国史韦曜（昭）下狱，右国史华覈上疏救曜。华覈云：

　　昔李陵为汉将，军败不还而降匈奴，司马迁不加疾恶，为陵游说，汉武帝以迁有良史之才，欲使毕成所撰，忍不加诛，书卒成立，垂之无穷。今曜在吴，亦汉之史迁也。

王允切齿汉武帝不杀司马迁，华覈史官上疏暴君孙皓救曜，皆言之凿凿，这足以证明卫宏所言无根。其四，《报任安书》作于《史记》脱稿之前，这是可以考订的。《昭明文选》本《报任安书》有这样一段：

　　稽其成败兴坏之纪，上计轩辕，下至于兹，为十表，本纪十二，书八章，世家三十，列传七十，凡百三十篇。

《太史公自序》则曰：

　　上记轩辕，下至于兹，著十二本纪，……作十表，……作八书，……作三十世家，……作七十列传，凡百三十篇，五十二万六千五百字，为《太史公书》。

对照这两段文字有三点不同：第一，《史记》五体的编次顺序不同。《报任安书》序列为：表、本纪、书、世家、列传；《太史公自序》排列为：本纪、表、书、世家、列传，与今本《史记》吻合。第二，《报任安书》未定书名，《太史公自序》定书名为《太史公书》。第三，《报任安书》无字数，《自序》总计全书为五十二万六千五百字，这三点不同，说明《报任安书》作于《史记》即将脱稿之时，而早于《太史公自序》，事实胜于雄辩。《报任安书》早于《太史公自序》，当然不能以《报任安书》来定司马迁的卒年了。

在王、郭两说之前，昔贤多推断司马迁死于武帝之后。金人王若虚《滹南遗老集》卷一七云：司马迁之卒，"在昭、宣之间"。张鹏一《太史公年谱》叙司马迁行年至昭帝元平元年，公元前74年。前引桑弘羊在汉昭帝始元六年的盐铁会议上称"司马子言"云云，是司马迁卒于始元六年前之铁证，所以王若虚、张鹏一等人的说法不成立。由此可见，王国维对司马迁卒年的推断："案，史公卒年，绝不可考，然视为与武帝相终始，当无大误也。"仍具有权威性。本书第八讲《司马迁创作系年（附司马谈）》，即以王国维的《太史公行年考》为依据，系司马迁生于公元前145年，卒于公元前86年，谱列司马迁的一生行年。

第八讲 司马迁创作系年（附司马谈）

"司马迁创作系年"，代"年谱简编"，列入《司马迁生年研究》中为第八讲，旨在突显司马迁生年与行年离不开《史记》创作这一主题，同时也让读者对司马迁终生历程有一个完整的了解。

《史记》创作，为司马谈发凡起例，司马迁发愤续成，是父子两代人的心血结晶，前后历四十余年。由于司马谈述史即有司马迁二十岁时参与助修，"网罗天下放失旧闻"，而后又由司马迁一手完成，因此，研究《史记》思想体系只能用司马迁一人作代表。《史记》中留有司马谈作史痕迹，但作为整体的《史记》不容分割。所以本文系年以司马迁为中心勾勒《史记》成书过程，照映全书，标题为"司马迁创作系年"而附著司马谈系年。司马迁生卒年按本书考证，生年系为景帝中五年，卒年系为昭帝始元元年，示意司马迁与汉武帝相终始。司马谈有卒年而无生年，假定长于司马迁二十岁，推计生年则在汉文帝前元十五年，即公元前 165 年。假定司马谈的生年，一是便于行文，二是表现一定的历史内容，即假定的推理原由。

本书第一讲引述王重九、施丁对司马谈生年的考证，推论司马谈长司马迁二十岁，接近史实，即以《索隐》注为根据，如果有地下材料证实，可以说是司马迁生年考证的一大突破。就现状来说，还缺乏有力的证据，可以视为一个合理的假说。顾颉刚在《司马谈作史》一文中假定司马谈长于司马迁三十五岁，顾氏主前 135 年说，暗含晚生十年，故两种假说比较，王重九的假说要合理一些。第一，司马谈出仕京师，留下独生子司马迁于故里，以情理度之，更切合于青年之所为，血气正盛，以事业为重，至于中年则要多一些家庭的考虑了。第二，司马谈卒时慨叹命运不好，透露出未尽天年的感慨，所以司马谈的终年不会过高。具体说，在古代"人生七十古来稀"的情况下，司马谈长于迁二十岁，卒年时寿已五十六岁，与其命运之叹较为符合，按顾颉刚的假说，司马谈卒时已接近古稀的七十岁，即按前135年说也过了花甲，与未尽天年的感慨不符。第三，汉代举贤良，选秀才，虽有老年，而多为青年后进。例如贾谊年十八在廷尉吴公举荐下，文帝召以为博士。贾谊之出仕，当是参与了文帝初即位于前元二年的举贤良对策；司马谈的出仕，亦当是参与汉武帝初即位于建元元年的举贤良对策。汉武帝更是一个奖拔后进的人，他当时只有十六岁，司马谈二十六岁举贤良正当年。依上述种种情况推计，假定司马谈长于司马迁二十岁，是接近事实的。当然，这仅仅是一种假说，姑以系年，不作定论。本讲系司马谈之年从司马迁生年始。

司马谈作史，准备在建元、元光间，正式述史在元狩元年。司马迁基本完成《史记》在太始四年，修订直至终年。从元狩元年至太始四年，即公元前122年至前93年，整三十年。单说司马迁，他从元朔三年"网罗天下放失旧闻"起，至司马迁卒于昭帝之初始元元年，即公元前126年至前86年，则历时四十三年。司马迁正式撰史阶段应从元封元年受遗命至太始四年基本完稿，即公元前110年至前93年，为十八年。系年以创作为经，行年为纬，分为四个阶段：（一）家世、童年；（二）修史助手；（三）发愤著书；（四）晚年修订。略述于次。

一、家世、童年

（前145—前127年，前后十九年）

前145（汉景帝中元五年丙申）　　迁生一岁　父谈二十一岁

汉初政治无为，崇黄老刑名之学，文帝、景帝时尤甚，百家之学与儒学并立。景帝始尊儒学。

司马迁生。生地西汉左冯翊夏阳县高门里，在今陕西韩城西南十八里之嵬东乡高门村。汉夏阳县至隋更名韩城。1985年韩城改县置市。

司马迁字子长。

前140（武帝建元元年辛丑）　　迁六岁　父谈二十六岁

武帝即位伊始举贤良，罢黜百家；董仲舒为举首，对天人三策，建言独尊儒术。

司马迁居家入小学。古时八岁入小学，聪颖秀慧者六岁即可入学。

父谈举贤良对策，出仕为太史丞。

前139（武帝建元二年壬寅）　　迁七岁　父谈二十七岁

汉武帝初置茂陵邑。

司马迁居家入小学。

父谈仕为太史丞。建元二年汉武帝在槐里茂乡建造寿陵称茂陵，始置茂陵邑。勘定陵址、预卜吉凶等事宜，为"太史"职分之事。司马谈以太史丞参与建陵，故属籍茂陵显武里，并可知其出仕必在这之前一年，即建元元年举贤良而仕职也。

前136（武帝建元五年乙巳）　　迁十岁　父谈三十岁

置五经博士。

司马迁居家入小学。《太史公自序》："年十岁，则诵古文。"

父谈仕为太史令。司马谈建陵有功，由太史丞升任太史令，在建元三年到建元六年之间。

前134（武帝元光元年丁未）　　迁十二岁　父谈三十二岁

冬十一月，初令郡国举孝廉各一人。

司马迁居家耕读。史称"太史公"者，是对"太史令"的尊称。《太史公自序》："耕牧河山之阳。"司马迁十九岁入京师之前，一直居家耕读，但主要时间是诵读古文，而耕牧只是一种修身养性的锻炼。

父谈仕为太史令。史称"太史公"者，是对"太史令"的尊称。《太史公自序》："太史公学天官于唐都，受《易》于杨何，习道论于黄子。"司马谈居官而勤学不倦，立志重振史官家学，成为一个渊博的学者，是一位自奋立名的历史学家。

前127（武帝元朔二年甲寅）　　迁十九岁　父谈三十九岁

是年春正月，汉伐匈奴，收河南地，置朔方、五原郡。

孔安国为博士。

夏，汉武帝徙十万口于朔方实新郡，又纳主父偃建言，徙郡国豪杰及赀三百万以上于茂陵，"内实京师，外销奸猾"。司马迁一家也徙移茂陵，属籍显武里。关东大侠轵人郭解亦被徙茂陵，次年被族灭，其人状貌风采，为青年司马迁所目睹。

二、修史助手

（前126—前110年，前后十六年）

司马迁作史，分为三个阶段。从元朔三年到元封元年为助手阶段。此阶段，司马谈发凡起例，司马迁赞助其业。在父谈指导下，司马迁二十壮游，学公羊于董仲舒，受古文于孔安国，习家学于司马谈，成长为一个渊博的学者、娴熟的历史学家，青出于蓝而胜于蓝，打下了继承父志的坚实基础。

前126（武帝元朔三年乙卯）　　迁二十岁　父谈四十岁

公孙弘为御史大夫，张汤为廷尉。武帝诏，令博士弟子治《尚书》《春秋》者补廷尉史。

司马迁二十壮游，"网罗天下放失旧闻"。《太史公自序》云："二十而南游江、淮，上会稽，探禹穴，窥九疑，浮于沅、湘，北涉汶、泗，讲业齐鲁之都，观孔子之遗风，乡射邹峄，厄困鄱、薛、彭城，过梁、楚以归。"历今陕、鄂、湘、赣、皖、苏、浙、鲁、豫九大省区，行程数万里，历时当有数年之久。

父谈仕为太史令。

前124（武帝元朔五年丁巳）　　迁二十二岁　父谈四十二岁

公孙弘为丞相,请为博士置弟子员五十人。武帝卖爵及禁锢免减罪,置武功爵以赏战士。

中大夫董仲舒受公孙弘排挤,出为胶西王相。司马迁壮游。可与公孙季功、董生、樊他广、平原君子、冯遂等交游。年差四十五岁至五十五岁。

父谈仕为太史令。

前 123（武帝元朔六年戊午）　　迁二十三岁　父谈四十三岁

春二月,大将军卫青率六将军十余万骑出定襄,斩匈奴三千。赦天下。夏四月,卫青复率六将军出击匈奴获胜。武帝诏令奖赏武功官兵。

司马迁壮游以归。

父谈仕为太史令。

前 122（武帝元狩元年己未）　　迁二十四岁　父谈四十四岁

冬十月,武帝行幸雍,祠五畤。获白麟。十一月,淮南王安、衡山王赐谋反被诛,党与死者数万人。

司马谈仕为太史公。著《论六家要指》,发凡起例修《太史公书》(即《史记》),断限上起陶唐,下迄武帝获麟,即元狩元年。

司马迁从孔安国问故。《汉书·儒林传》载《古文尚书》云:"(孔)安国为谏大夫,授都尉朝,而司马迁亦从安国问故。"孔安国元朔二年为博士,元狩六年出为临淮郡太守,司马迁从孔安国问故当在元朔末壮游归来至元狩六年之间,当司马迁二十三岁到二十九岁之间。

司马迁并襄助修史。

前 121（武帝元狩二年庚申）　　迁二十五岁　父谈四十五岁

霍去病为骠骑将军,击匈奴,受降匈奴浑邪王,开通河西。丞相公孙弘卒。

司马迁受公羊学于董仲舒。董仲舒为西汉公羊学一代宗师,于元狩二年致仕,居家茂陵,著《公羊治狱》十六篇。御史大夫张汤治狱及朝廷大议,数往问董仲舒。董仲舒约卒于元狩六年。

司马迁壮游归来受学于董仲舒，即在董仲舒居家茂陵之时，当司马迁二十五岁到二十九岁之间。

父谈仕为太史令，著述《太史公书》，司马迁襄助修史。

前 119（武帝元狩四年壬戌） 迁二十七岁 父谈四十七岁

卫青、霍去病大破匈奴于漠北，奠定了汉胜匈败之大局。汉赏赐将士五十万金，转漕徙民之费以亿计，不可胜数，县官大空。初算缗钱，盐铁专卖，造白金皮币。

李广卒。

司马相如卒，遗封禅文。

霍光为郎。

父谈仕为太史令，著述《太史公书》，司马迁襄助修史。

前 118（武帝元狩五年癸亥） 迁二十八岁 父谈四十八岁

罢半两钱，行五铢钱。徙天下奸猾吏民于边。汉武帝病鼎湖甚，召上郡巫置祠之甘泉，及病，使人问神君。上于是病愈。大赦，置寿宫神君。

初置谏大夫。

司马迁始仕为郎。入寿宫侍祠神语。

父谈仕为太史令，著述《太史公书》。迁襄助修史。

前 117（武帝元狩六年甲子） 迁二十九岁 父谈四十九岁

夏四月，立皇子刘闳为齐王，立刘旦为燕王，立刘胥为广陵王。武帝诏令博士褚大、徐偃等六人分循行天下，存问鳏寡废疾，举奏奸猾治苛者。秋九月，大司马骠骑将军霍去病死。初置临淮郡，孔安国出为太守。

司马迁仕为郎中。

父谈仕为太史令，著述《太史公书》。迁襄助修史。

前 115（武帝元鼎二年丙寅） 迁三十一岁 父谈五十一岁

御史大夫张汤死，而民不思。张骞再使西域还，拜为大行，费值数千巨万。桑弘羊为大农中丞，置平准均输，吏得入谷补官，郎至六百石。

父谈仕为太史令，著述《太史公书》，司马迁仕为郎中，襄助修史。

前114（武帝元鼎三年丁卯）　　迁三十二岁　父谈五十二岁

令民告缗者，以其半与之。

父谈仕为太史令，著述《太史公书》，司马迁仕为郎中，襄助修史。

前113（武帝元鼎四年戊辰）　　迁三十三岁　父谈五十三岁

父谈仕为太史令兼大行礼官，与祠官宽舒议祀后土。

前112（武帝元鼎五年己巳）　　迁三十四岁　父谈五十四岁

列侯坐酎金失侯者一百零六人。

父谈仕为太史令兼大行礼官，与祠官宽舒议泰畤典礼。

武帝行幸雍，祠五畤，遂逾陇，登空同，郎中司马迁及其父太史令司马谈均扈从。

前111（武帝元鼎六年庚午）　　迁三十五岁　父谈五十五岁

武帝与公卿、诸生议封禅。

春正月，司马迁升任郎中将，奉使西征巴蜀以南，在西南夷地区设郡置吏。

前110（武帝元封元年辛未）　　迁三十六岁　父谈五十六岁

武帝封禅泰山。是岁用帛百余万匹，钱金以巨万计，皆取足大农。县官有盐钱缗钱之故，用益饶矣。

父谈病死于周南（洛阳）。

司马迁受父遗命于河洛，正式述史始于是年，又从巡武帝封禅。按：汉武帝四月上泰山封禅，司马迁要赶赴行在回报奉使政务，告成功于上帝，故其见父于河洛在三月间。

三、发愤著书

（前110—前93年，前后十八年）

从元封元年司马迁受父遗命，到太始四年司马迁作《报任安书》，其间十八年，是为正式著书阶段。即司马迁经营十八年，《太史公书》基本完稿。

前109（武帝元封二年壬申）　迁三十七岁

司马迁从巡武帝至瓠子，负薪塞河。汉武帝作《瓠子之歌》。

前108（武帝元封三年癸酉）　迁三十八岁

司马迁始仕为太史令，紬史记石室金匮之书，潜心著述《太史公书》。

前107（武帝元封四年甲戌）　迁三十九岁

司马迁扈从武帝，北过涿鹿。潜心述史。

前106（武帝元封五年乙亥）　迁四十岁

司马迁扈从武帝，南至九江。潜心述史。

前104（武帝太初元年丁丑）　迁四十二岁

司马迁与壶遂、邓平、落下闳等造汉太初历，以正月为岁首。色尚黄，数用五，定官名，协音律。

司马迁答壶遂问，讨论作史义例，修正延伸《太史公书》断限，上起黄帝，下至太初元年。《太史公自序》云："于是论次其文。"正式定稿《太史公书》，效《春秋》"惩恶劝善"之宗旨灌注其书。

前101（武帝太初四年庚辰）　迁四十五岁

贰师将军李广利破大宛还，得善马数十匹，中马三千余匹。汉兵死十余万人，丧马三万匹，伐宛四年，天下骚动，大汉呈现衰败之迹。

司马迁潜心述史，再次修正《太史公书》断限，下限至太初四年，以见盛观衰。

前99（武帝天汉二年壬午）　迁四十七岁

十一月，李陵兵败被俘，司马迁为之辩护，功可抵过。潜心述史。

前98（武帝天汉三年癸未）　迁四十八岁

冬，李陵家被族灭。司马迁受株连，以"诬罔罪"遭受宫刑。

前97（武帝天汉四年甲申）　　迁四十九岁

司马迁出狱为中书令，世俗目为"尊宠任职"，而司马迁视为奇耻大辱，隐忍苟活发愤著书。

前93（武帝太始四年戊子）　　迁五十三岁

复书任安（即《报任安书》），叙说不幸遭遇和深虑的思想，通报《史记》基本完稿，定名《太史公书》。是书"究天人之际，通古今之变，成一家之言"，可藏之名山，传于后世。

四、晚年修订
（前92—前86年，约七年）

武帝征和以后到昭帝之初七年为司马迁修史的第三阶段，最后编成《史记》定本，正本藏官府，副本留京师家中。司马迁晚年仍在修订《史记》。

前91（武帝征和二年庚寅）　　迁五十五岁

巫蛊狱起，太子刘据举兵斩江充；武帝令丞相刘屈氂讨叛，太子兵败自杀。

司马迁晚年修订《太史公书》，直至昭帝之初。主要内容为：调整篇目与编订次序；抒愤寄托，鸣写不平；附记太初以后大事；补载或修订太初以前史事。

前90（武帝征和三年辛卯）　　迁五十六岁

田千秋上书讼太子冤，武帝平反太子，怨北军使者护军任安受太子节而不助太子。六月腰斩丞相刘屈氂与任安。

贰师将军李广利出朔方，以兵降匈奴。《史记·匈奴列传》及《汉兴以来将相名臣年表》均载此事。此为司马迁晚年修订《史记》之一证。

前87（武帝后元二年甲午）　　迁五十九岁

武帝崩。昭帝即位，大将军霍光辅政。

司马迁记事止于武帝之末。褚少孙曰："太史公记事尽于孝武之事。"(《建元以来侯者年表褚补》) 考《史记》记事，断限太初，人物立传，记叙史事，皆止于太初四年。太初以后，司马迁只是附记巫蛊案、李陵案两件大事以及武帝封禅巡游，咸表终始，涉及十六个篇目，二十二人，总计一千五百四十四字，与立传人物及载大事尽于太初并不矛盾。

前 86（昭帝始元元年乙未）　　迁六十岁

司马迁卒。王国维《太史公行年考》云："史公卒年，绝不可考。然视为与武帝相终始，当无大误也。"昭帝始元六年（前 81）盐铁会议，御史大夫桑弘羊在辩难中引用《史记·货殖列传》称"司马子言"，这是对已故学问家的尊称。此姑系司马迁卒于昭帝始元元年，表示司马迁之卒与汉武帝相终始，这是没有疑义的。

司马迁死后，其书《太史公书》副本在宣帝时为外孙杨恽所布，到了东汉桓灵之时演变成了《史记》之名，流传于今，日益受到重视。两千年来阅读和研究《史记》者不可胜计。司马迁将他的鲜血和生命化成了《史记》，给炎黄子孙留下了宝贵的遗产，永远值得人们祭奠！

附录一

司马迁生年研讨论文七篇

【说明】 附录论文七篇,是本书撰写的重要参考文献。前五篇为作者参与两次司马迁生年研讨论争所写论文。后两篇论文,为作者参与当前第三次论争所写论文。一位作者为国防大学军事文化学院教授、中国史记研究会副会长兼常务副秘书长陈曦,撰文《李长之关于"司马迁生于前135年说"举证十条无一考据》;一位作者为江苏省海外发展协会常务副秘书长朱枝富,撰文《评司马迁生年"前135年说"论者的两大"曲说"》。征得二位先生同意,将其论文附录本书,以飨读者。

司马迁生年考辨辨

西汉著名历史学家和文学家司马迁的生卒年是学术界长期争论的一个问题。在 1950 年代中期，郭沫若还发起过一场讨论。金代王若虚，清代学者王鸣盛、周寿昌等早就探讨过这个问题，但是由于缺少直接的史料证据，对司马迁的生年和卒年都有五六种说法，而且迄今无定论。比较有影响而又有根据的是王国维和郭沫若两家的考证。郭、王两说势均力敌，各有信从者。近年来郭说有上升之势，从 1980 年以来有三篇专论申证此说。三篇论文是：李伯勋的《司马迁生卒年考辨——驳王国维〈太史公系年考略〉》（以下简称《考辨》），《兰州大学学报》1980 年第 1 期。苏诚鉴的《司马迁行年三事考辨》，载《秦汉史论丛》第一辑，陕西人民出版社 1981 年版。吴汝煜的《论司马迁的生年及与此有关的几个问题》，《南开大学学报》1982 年第 2 期。苏、吴两文申证郭说，即主司马迁生于建元六年说，提出了比较有价值的新论据，但并不能证成郭说，当另作专文评述。李伯勋的《考辨》系统地转述了郭沫若、李长之等人的论据，用来驳王国维，似乎 1950 年代的争论郭说已成定论。为了澄清这一错觉，更为了对郭说做出系统的评价，因此本文集中对《考辨》的论据提出商榷，以就教于通达之士。

一、1950 年代中期学术界讨论
司马迁生卒年问题的回顾

学术界系统考证司马迁生卒年的第一人是王国维。1916 年他在

《广仓学宭丛书》发表《太史公系年考略》，定司马迁生年为景帝中元五年（前145），认为司马迁的卒年"绝不可考，……然视为与武帝相终始，当无大误"。到了1923年，王氏又发表《太史公行年考》，其说未变。这说明王氏对太史公的生卒年做了长期的研究，前后七八年而其说不变，下了很大的功夫。研究司马迁的中外学者一般都依从王说。

根据王国维的考证，1955年是司马迁诞生两千一百周年纪念。郭老在当年的《历史研究》第6期上发表《"太史公行年考"有问题》的文章，认为司马迁生于汉武帝建元六年（前135）。郭文的主要论点有两个：其一是引证了十条《居延汉简》补充王国维所说《索隐》所引《博物志》为"先汉记录"；其二是辨析"早失二亲"之"早"为"二十六岁死父亲"。同期《历史研究》还发表了李长之先生的旧作《司马迁生年为建元六年辨》，"举证十条以立其说"，但多系推论而缺乏考据的根据，"自云论据不巩固，已放弃前说"（李仲均先生语，见《读程金造先生"从〈史记〉三家注商榷司马迁的生年"》《文史哲》1957年第8期）。此后，郭老在1956年《历史研究》第4期发表《司马迁之死》一文，提出了司马迁因写《报任安书》有怨言而下狱死的观点，其年从王国维的考证为太始四年（前93）。支持郭老说的有王达津，1956年《历史研究》第3期有他的《读郭沫若先生"太史公行年考有问题"后》一文。王先生为了给张守节所云"迁年四十二岁"找出路，猜测说是概括司马迁一生的年岁。与郭老商榷的文章有郑鹤声的《司马迁生年问题的商榷》，申证王国维说，见商务印书馆1956年再版的《司马迁年谱》附录。中华书局1957年出版的文史哲丛刊第三辑《司马迁与史记》一书收录了程金造先生的《关于司马迁生卒年月四考》（以下简称《四考》）的文章，对司马迁的生年从王说，论证更加充实，而对司马迁的卒年也认为绝对年代无考，提出卒于昭帝之世的说法。程先生还附论了《报任安书》作于征和二年，既不同意王国维的《报任安书》作于太始四年说，也不同意郭老的司马迁因写《报任安书》下狱致死的说法。以上就是1950年代中期讨论司马迁生卒年的主要观点和论文。

这场讨论提出了许多新问题。有些解决了，如"早失二亲说"。有些问题还没有解决，如司马迁十八岁"为博士弟子受业说""卒年四十二岁说""二次下狱致死说""数字不讹说"等。因此学术界对郭、王两家之说各有信从者。本文是支持王国维说的。因为我们如果对1950年代中期的这场讨论进行一番认真的研究，就会发现郭老等人的论点和论据抽象看似有道理，但是按诸史实则矛盾百出。因此郭老等人不但没有驳倒王说，而且反证成了王说。而李伯勋恰好就是转述郭老等人的论据来"驳"王国维的。不仅是为了使争论的脉络清晰。而且也是要对1950年代中期的这场讨论所遗留的问题用新的史料做考辨，所以我们做了以上的回顾。

二、王国维考证司马迁生年的科学精神不容抹杀

李伯勋的《考辨》认为王国维对司马迁生年的考订，否认了有据的《索隐》，依从了无据的《正义》，是违反了"考据学的通例"，是"没有事实作根据，纯系想当然的主观臆测"。甚至断言王国维是"大胆假设，在数字上故弄玄虚"等。为了辨正是非，我们不得不把王氏的考证方法及其论据做一番剖析。

考证司马迁的生年，王国维和郭沫若两家都是根据《太史公自序》的三家注来推算的。

元封元年司马谈病死，"卒三岁而迁为太史令"。司马贞的《索隐》在这一句下注云：

《博物志》，太史令茂陵显武里大夫司马（迁），年二十八，三年六月乙卯除六百石。

元封三年，即公元前108年，司马迁年二十八，郭沫若据此推算，生于汉武帝建元六年，公元前135年。

司马迁当了五年太史令，汉武帝改元太初，颁布新历，这是一件划时代的大事。司马迁决定将《史记》的记事下限迄于太初。这

一年司马迁开始了定稿《史记》的工作,故张守节的《正义》就在"五年而当太初元年"下加按语说:

  案:迁年四十二岁。

太初元年是公元前104年,迁年四十二,王国维据此推算,司马迁当生于汉景帝中元五年,即公元前145年。

  《索隐》《正义》两说,相差正好整十年。如果《索隐》的"二十八"之说为是,"二十八"加"四",应为"三十二",则《正义》的"四十二岁"之说为非。反之,《正义》为是,"四十二"减"四"①,应为"三十八",即《索隐》的"二十八"是"三十八"之讹。《索隐》作者司马贞和《正义》作者张守节都是唐代人,他们的说法是一对一,具有同等的价值。王国维在《太史公系年考略》和《太史公行年考》中用考证推理的方法打破一对一的平衡,取《正义》说,而舍《索隐》说,他的根据是什么呢?王氏的论证主要有三条:

  第一,首先考证《索隐》所引《博物志》为信史来论证张守节《正义》说为有据。《索隐》所引《博物志》不见于今本,王国维说"当在逸篇中"。他引用敦煌汉简"新望兴盛里公乘□杀之,年卌八"、"□□中阳里大夫吕年廿八"来证明《索隐》所引《博物志》为"最可信之史料"。王国维指出:"茂陵显武里大夫司马迁年三十八,与彼二简正同。"此可知"茂先此条当本先汉记录,非魏晋人语"。郭沫若虽然补充了十条《居延汉简》,但认识并没有超出王国维一步,他只是重复证明了王国维已经证明了的问题。王国维是舍弃《索隐》说的,他何以要花大力气来证明《索隐》所引为信史呢?因为张守节是用按语形式表述的,所说必有根据。而这一根据应是当时常见的资料。所以王国维不是形而上学地看问题,表面上谁有据、谁无据,而是能用辩证的观点进行深入分析,指出张守节与司马贞的根据是同源的,得出"《正义》所云亦当本《博物志》"的结

---

① "五年而当太初元年"。包括了元封三年,因此推算时应加、减"四"而不是"五"。

论。这就是说司马迁生年的"十年"之差不是材料有问题,而是传抄流传中数字发生了讹误,这是王氏立论的基石。

第二,根据数字讹误的常理来推论,认为《正义》说更接近事实。王国维说:

> 疑今本《索隐》所引《博物志》"年二十八",张守节所见本作"年三十八"。三讹为二,乃事之常;三讹为四,则于理为远,以此观之,则史公年当为孝景五年,而非孝武建元六年矣。

按:王国维的这个"疑"语,认为司马贞与张守节所见《博物志》为不同的抄本,定"十年"之差发生在《博物志》上。关于"十年"之差的数字讹误,程金造先生提出了新说。他的《四考》中第一考为"从《史记》三家注商榷司马迁的生年"即专论此问题。程先生考证出《史记》三家注互相关联,后出者疏通前书。《正义》比《索隐》晚出,《正义》中有许多条注文就是对《索隐》的补充和纠正。张守节说司马迁在太初元年"四十二岁",直用按语出之,显然是看到了《索隐》的注文来推算的。也就是说,在唐代,《正义》和《索隐》的说法是一致的,《正义》是引据《索隐》的,是根据《索隐》"年三十八"之文推算出来的。"十年"之差是唐以后《索隐》在流传中发生了讹误。但是黄烈先生不同意程先生的新说,撰文论证"二书不相称引"(见《关于〈史记〉三家注的关系问题》,《文史哲》1958年第4期)。1962年《文史哲》第6期,程金造又发表了《〈史记正义〉〈索隐〉关系证》的文章,提出了十条坚实的证据来论证他的新说,我们认为是能够成立的。但是程氏的新说虽然补充了王国维的论证,但并没有突破王国维数字讹误的立论基础。换句话说,程氏的新说用事实补充了王国维考证的"《正义》所云,亦当本《博物志》",但仍不能直接证明《索隐》之误。到底是《索隐》讹误了,还是《正义》讹误了,还要用常理来进一步推论。不过按常理推论,即使有百分之九十九的正确性,也只是一种假说。证明假说成为真理的乃是铁证不移的事实。王国维考证司马迁生年的价值并不只是用逻辑推理提出假说,而是引证事实作为依据,并且不断被尔后发现的史料所证明，这也是我们判定郭、王两家之说谁是谁非的重要依据。

第三，用司马迁生平的经历来验证，这是最有力的旁证。《太史公自序》说"太史公曰：余闻董生"云云。《汉书·儒林传》记载"司马迁亦从孔安国问故"。董生，即董仲舒，河北广川（今河北中部冀州市附近）人。孔安国是孔丘之后，山东曲阜人。他们两人是当世名儒。司马迁是陕西韩城人，他在什么时候什么地方向这两位前辈大师学习呢？合理的推论当然是司马迁游学或出仕京师之时，适逢两位前辈也正仕宦于京师。《太史公自序》云："二十而南游江、淮。"以迁生于景帝中元五年推算，二十南游在元朔三年。王国维考证孔安国为博士"当在元光、元朔间"，"董生虽至元狩、元朔（鼎）尚存，然已家居不在京师"。王国维做了这番考证以后说：司马迁向孔安国问故在"二十左右"，见董生"亦当在十七八以前"。又说："以此二事证之，知《博物志》之'年二十八为太史令'，'二'确为'三'之讹字也。"可见《考辨》说王国维的考证"没有事实作根据"云云是不能成立的了。

但是，王国维的考证是有疏失的。王国维说司马迁向董仲舒学习是在壮游之前，以及"史公见董生亦当在十七八以前"都不够确切。司马迁见董仲舒亦应在壮游归来之后。据《董仲舒传》，董仲舒"家徙茂陵"这一极为重要的史实被王国维忽略了。建元二年，汉武帝在槐里县的茂乡，建造寿陵，置茂陵县，在长安西北八十里。汉武帝鼓励人民迁移茂陵，移住的每户给田二顷和安家费二十万，但响应者寡。所以到了元朔二年采纳了主父偃的建议，用行政力量大规模移置天下郡国豪杰及家产在三百万以上者实茂陵，带有强迫性，郡国仕宦京师的家属大都在迁移之列。司马迁生于龙门，而最后却属籍茂陵，也应当是元朔二年迁居的。因为，第一，"迁生龙门，耕牧河山之阳"，少年司马迁是在家乡成长的。第二，司马迁亲见山东大侠郭解，而郭解是元朔二年徙居茂陵不久被杀的。李长之在《司马迁之人格与风格》一书的第四章第一节《从耕牧到京师受学》中却说，司马迁是九岁时在夏阳见郭解，十岁到京师向孔安国问故，以证成司马迁生于建元六年说。但这是经不起史实验证的。所谓"年十岁则诵古文",不过是阅读用先秦文字所写的包括儒家经典在内的先秦典籍。郭沫若等误解为是司马迁十岁向孔安国问故,把"古文"与《古文尚书》等同起来,郑、程两先生均有辨正,兹从略。李长之说司马迁在夏阳见郭解也是不能成立的。请看《游侠列传》的记载:

> 及徙豪富茂陵也……(轵)人杨季主子为县掾,举徙解。解兄子断杨掾头。由此杨氏与郭氏为仇。
>
> 解入关,关中贤豪知与不知,闻其声,争交欢解。解为人短小,不饮酒,出未尝有骑。已又杀杨季主。杨季主家上书,人又杀之阙下。上闻,乃下吏捕解。解亡,置其母家室夏阳,身至临晋。临晋籍少公素不知解,解冒因求出关……久之,乃得解,……遂族郭解翁伯。

这里记载非常明白,郭解入关,被仇家告发,他成了一个被通缉的在逃犯,是偷偷摸摸安置母亲及其外祖到夏阳的,又是冒名混出了临晋关,怎会被一个九岁小儿所知?一个"解亡",一个"解冒",这样显赫的字眼却被李长之忽略了,此其一。"解为人短小,不饮酒,出未尝有骑",这是郭解移居茂陵时的生活行止,完全是司马迁的亲见口吻,此其二。太史公赞语说,"吾视郭解,状貌不及中人,言语不足采者。然天下无贤与不肖,知与不知,皆慕其声,言侠者皆引以为名"云云,恰与一个正在观察和了解社会的青年口吻相合,而绝不是一个小儿口吻,此其三。由这三点,可证司马迁见郭解,只能在茂陵,时年十九岁。

元朔五年,公孙弘为丞相,嫉仲舒廉直,出为胶西相,不久致仕家居。"朝廷如有大议,使使者及廷尉张汤就其家而问之。"① 据《汉书·百官公卿表》,张汤为廷尉在元朔三年到元狩二年,足证董仲舒元朔末或元狩初已致仕家居。时值司马迁壮游。元狩二年公孙

---

① 《汉书》卷五六《董仲舒传》。

弘薨，第二年张汤迁为御史大夫，仍不见起用董仲舒，很可能其时董仲舒亦死。但从元朔三年司马迁壮游到元狩二年有五六年之久，所以司马迁壮游归来仍有可能见董仲舒。这时司马迁已是二十二三岁了。

司马迁向孔安国问故又在何时呢？《史记·孔子世家》云："安国为今皇帝博士，至临淮太守，早卒。"孔安国初为侍中，其为博士在元朔二年。① 《汉书·儒林传》称"安国为谏大夫"。王达津指出：《汉书·百官公卿表》云"武帝元狩五年初置谏大夫，秩比八百石"，又《汉书·地理志》云"临淮郡，武帝元狩六年置"。据此，孔安国仕宦京师为博士及谏大夫时，应在元朔、元狩间，而不是在元光、元朔间，这是王国维的疏失。司马迁向孔安国问故应是壮游归来以后的事。

从《汉书·儒林传》的记载来看，司马迁向孔安国问故应有相当长的时间。《儒林传》说：

> 孔氏有《古文尚书》……未立于学官。安国为谏大夫，授都尉朝，而司马迁亦从安国问故。迁书载《尧典》《禹贡》《洪范》《微子》《金縢》诸篇，多古文说。都尉朝授胶东庸生。庸生授清河胡常少子。……

"未立于学官"这几个字值得注意。它说明司马迁和都尉朝都是孔安国的私淑弟子。荀悦《汉纪·成帝纪》说：

> 鲁恭王坏孔子宅，得古文《尚书》，多十六篇，武帝时，孔安国家献之，会巫蛊事，未列于学官。

这里很清楚地说明了《古文尚书》之献于朝廷是孔安国身后之事。王达津拘泥于"安国为谏大夫"这句话，忽略了《古文尚书》未立学官，司马迁问故是孔氏的私淑弟子这些史实，而要缩短司马迁的十岁生年来凑成十八岁为博士弟子向孔安国问故，显然这一论点是不能成立的。既然孔安国为谏大夫时，司马迁才问故，他就不

---

① 《资治通鉴》卷一八《汉纪》汉武帝元朔二年。这是程金造的发现。

是博士了，这也可证司马迁为博士弟子受业说之无根。

再进一步分析上引《儒林传》的记载，内容是说《古文尚书》的流传和师承。孔氏为谏大夫只不过是称誉他仕宦京师的最高官职，并不是说他做了谏大夫以后才私传其学，也就是说"谏大夫"与"孔安国"是同义语，不过是说明孔氏的身份罢了。司马迁问故是学习经义，采入《史记》。两汉经师，皓首穷经，观两《汉书》的《儒林传》可知。司马迁聪明绝伦，也不可能一问便知。因此，司马迁和都尉朝作为孔安国的私淑弟子，应有相当长的受业时间。司马迁壮游归来问故正有充裕时间，是在元朔末至元狩六年之间，时年二十三四至二十七八岁。

我们考证了历史事实，纠正了王国维的疏失，恰恰是更加证成了王说。假如按郭沫若的说法，司马迁晚生十年，生于武帝建元六年，他元光元年才两岁，元朔元年才八岁，直到元狩元年才十四岁。"迁生龙门，耕牧河山之阳"，司马迁既不能见郭解，也不能向董仲舒学习。孔安国为谏大夫时，司马迁年仅十八，不久孔安国出为临淮太守，又早卒，司马迁只能在十八岁时匆忙问故，与《儒林传》的记载和情理相乖谬。由此可见，司马迁生于景帝中五年与史实和《太史公自序》完全吻合，假如晚生十年则矛盾百出。

经过如上的剖析和考证，王国维的推理和考证是很严密的，方法是正确的，结论是经得起历史检验的。李伯勋说王国维的考证不科学，是缺乏根据的。

三、李伯勋的《考辨》值得商榷

李伯勋对于司马迁生年的五条考辨，第一、第四两条是一个问题，驳王国维的考证方法；第二、第三两条是一个问题，辨正司马迁为郎是否与《报任安书》吻合。本文着重讨论这两个问题。第五条"早失二亲"问题，这是郭沫若和李长之立论的基石，日本学者桑原鹭藏氏最早提出。但这块基石是建立在不可靠的论辩基础上，并不是历史事实。二十六岁死双亲为"早"，三十六岁死双亲就不能说"早",这纯粹是"辨"而不是"据"。如果要辩论的话,"早失二亲"的"早"为什么不可以理解为早就失去了双亲呢?这样一辩,"早失二亲"与司马迁的生年考证就是无关的了。对这一问题,郑、程两先生都有精当的史实论据做了辨正。古人四十、五十、六十死双亲都可以言"早",何况三十六呢?李伯勋还在转述这个早已不成其为问题的问题来驳王国维,适见其建元说的捉襟见肘。读者可按查郑、程原文,这里就从略了。

如前节所述,王国维考证司马迁生年的"十年"之差是古籍在传抄流传中数字发生了讹误,不是引用的《博物志》不可信。但是郭沫若对王氏的这一立论基石讳莫如深,偏偏在《博物志》是否可靠上大做文章。难道不正是王国维第一个考证了《博物志》的可信吗?李伯勋的《考辨》对郭老的说法亦步亦趋,改换命题,转移视线,造成假象,说王国维否认了《博物志》。李伯勋为了证成王国维违犯了"考据学通例",他不惜颠倒《索隐》和《正义》的先后关系,把早出的《索隐》说成是纠正后出的《正义》。李伯勋说:"关于司马迁的生年,(司马贞)却提出了不同于张守节的说法。"逻辑的常识是:要么同意程金造的观点,是《正义》疏通了《索隐》,要么同意黄烈的观点,"二书不相称引"。而李伯勋却提出了《索隐》纠正了《正义》,这可以说是杜撰历史了,何以能"驳"王国维呢?

古代史籍凭手抄流传,因此数字发生讹误是常见的现象,这就是王国维提出的数字讹误说的科学基础。李伯勋十分肯定地说:

> 不仅"卅二"难以误为"丗二",就是"卅八"也不会误写为"廿八"的。

但是,事实究竟如何呢?我们就拿《汉书》来说吧,这是一部被学术界公认为谨严的名著,它在纪年上就常有整十年之差。《汉书·食货志》载贾谊在文帝二年(前178)上《论积贮疏》说:"汉之为汉几四十年矣。公私之积犹可哀痛。"《汉书·贾谊传》则说"谊以为汉兴二十余年"云云。以实校之,汉之立国是公元前206年,到文帝二年是"二十九年"与《贾谊传》所言相合。可见《食货志》所云"几卌年"当作"几卅年",即"卅"讹为"卌"了。又《汉书·赵充国传》载元康三年先零与诸羌种豪解仇交质盟诅。赵充国曰:"往三十余岁,西羌反时,亦先解仇合约攻令居,与汉相距,五六年乃定。"考《汉书·武帝纪》,元鼎五年九月"西羌众十万人反"。元鼎六年汉朝发兵征讨,"五六年乃定"已到元封末了。元康三年是公元前63年,上距元鼎五年(前112)是五十年,上距元鼎六年(前111)是四十九年,上距元封六年(前105)是四十三年。可见"往卅余年"应是"往卌余年"之误,即"卌"讹为"卅"了。又辅佐昭宣中兴的大臣霍光,元狩四年为郎,元狩六年为奉车都尉,侍从武帝三十余年。武帝死于后元二年,即公元前87年,上距元狩六年(前117)是三十一年,上距元狩四年(前119)是三十三年。《汉书·霍光传》却说霍光"出入禁闼二十余年"。可见,"廿余年"乃"卅余年"之误,即"卅"讹为"廿"了。这种事例,其他史籍中亦常见到,在《史记》和《三国志》我们都有发现。《史记·河渠书》云:"汉兴三十九年,孝文时河决酸枣,东溃金隄,于是东郡大兴卒塞之。其后四十有余年,今天子元光之中,而河决于瓠子,东南注巨野,通于淮、泗。"汉兴三十九年是汉文帝前元十二年,至元光六年只三十九年,故"其后四十有余年"应为"其后三十有余年"。考《史记·汉兴以来将相名臣年表》,文帝十二年"河决东郡金隄",武帝元光三年"五月丙午河决于瓠子"。《汉书》中《文帝纪》、《武帝纪》的记载也与此相合。从文帝十二年到武帝元光三年,即公元前168至公元前132年,才三十六年,足证"四十有余年"确是"三十有余年"之误。《三国志·蜀书·向朗传》云朗"自去长史,优游无事垂三十年"。裴松之案:"朗坐马谡免长史,则建兴六年中也。朗至延熙十年卒,整二十年耳,此云'三十',字之误也。"此为古人发现古籍记事十年之差的例证。由此可见,李伯勋的"廿"与"卅"和"卌"不相讹误说完全是没有根据的。

李伯勋还断言王国维的常理说"存在着片面性和绝对化的错误",这也是不符合史实的。郑鹤声在《司马迁生年问题的商榷》一文中早做过生动的辨正,兹摘引如下:

古书记载"三、二"相讹的地方极多,甚至举不胜举,而"四、三"相讹的地方,则就我翻阅结果,竟未发现。"三、二"相讹的事例,别的书上姑且不说,单就司马迁的《史记》而言,也多至不胜枚举。我们现在只举出几个例子作为引证。例如:《史记·周本纪》称"三十二年襄王崩",据梁玉绳考证"三十二"当为"三十三"之误。又《天官书》称"岁行十二度"。据钱大昕考证,"十二度"当为"十三度"之误。这是"三"讹为"二"的例证。又《秦本纪》称"孝公十三年始都咸阳"据王念孙考证"十三年"当为"十二年"之误。又汉高祖《本纪》称"高祖年六十三",据王鸣盛考证"六十三"当为"六十二"之误。这是"二"讹为"三"的例证。这可证明王先生所说"三讹为二,乃事之常;三讹为四,则于理为远"的话是不错的。

人们还要问,古代史籍中的数字讹误为什么会如王国维所说是经常出现的呢?1924年新疆鄯善县出土的《三国志》东晋抄本《吴志》残卷(见中华书局标点本《三国志》卷首附录的书影),给我们提供了解答这一问题的物证。这个东晋抄本,十以下的数字,"二、三、四"的写法和今天的习惯一样;并不是如李伯勋所说"四"作"三"(按:实为日本桑原骘藏氏最早提出)。因此"二"与"三"一笔之差,容易互相讹误,而"三"与"四"笔画形体迥殊,故不易讹误。同理"廿"与"卅"和"卌"也是一笔之差,容易互相讹误。《史记》《汉书》《三国志》纪年的十年之差就是这样产生的。古人为了避免致误,将"廿"作"廿","卅"作"卅","卌"作"卌",十以下的"三"作"四"。《吴志》残卷的"卅"就写作"卅",左边的"廿"竖画细短,而右边的"十"竖画较粗长。这样一来,"卅"与"廿"仍相近,容易互相讹误,而与"卌"则不易讹误了,这是一个历史的演变。

我们看第二个问题,关于司马迁为郎与《报任安书》的吻合问题。这个问题是检验郭、王两家之说谁是谁非的事实证据之一,十分重要,也是李伯勋同志"辨"得最力的。

《报任安书》中有"仆赖先人绪业,得待罪辇毂下二十余年矣"

的话。王国维考证《报任安书》作于太始四年（详下第四、第五两节），即公元前93年，上距景帝中元五年公元前145年是五十三年。司马迁二十壮游，并未出仕。① 五十三年减去二十壮游以及学习之年也就不足三十年了。习惯上从二十一到二十九都可以说二十余。简单的加减就可以推知王国维的考证是符合史实的。从太始四年往上推二十一年就是元鼎四年，若上推二十九年是元狩二年。也就是说司马迁从元狩二年到元鼎四年之间仕为郎都是符合《报任安书》的。但到底在哪一年初仕为郎呢？《史记·五帝本纪》说："余（司马迁）尝西至空同。"王国维据《汉书·武帝纪》"元鼎五年冬十月行幸雍，登空同，西临祖厉河而还"的记载推断说："公西至空同，当是是岁十月扈从时事。"元鼎五年是公元前112年，下距太始四年公元前93年已二十年。司马迁既扈从武帝，甚见亲信，元鼎五年并非初仕为郎是在情理之中。也就是说，司马迁初仕为郎应早于元鼎五年。这就从事实上证明了王国维的考证与《报任安书》所言"待罪辇毂下二十余年"完全吻合。但是司马迁初仕为郎的绝对年代无考，所以王国维存疑。他说：司马迁仕为郎"其年无考，大抵在元朔、元鼎间，其何自为郎，亦不可考"。由于王国维是把司马迁壮游和仕为郎总起来考虑的，所以说"大抵在元朔、元鼎间"②。总之王国维的考证不仅与司马迁的《报任安书》完全吻合，而且又有存疑的科学精神，是完全符合考据学的通例的。

但是李伯勋的《考辨》不从事实出发，大搞什么"上限""中

---

① 王达津主建元六年说，认为司马迁二十壮游在元鼎元年，以博士弟子身份"随博士褚大或徐偃等循行天下"，"回来以后是元鼎六年"，"于是仕为郎中"云云，是缺乏史实根据的。褚大、徐偃等循行天下是当年返京复命，司马迁既以博士弟子随行，何以壮游五年而返？此其一。《太史公自序》云，二十南游，"讲业齐、鲁之都，乡射邹、峄"，这都需盘桓多日，司马迁若071循风乘传，岂能任意滞留？此其二。《太史公自序》又云"厄困鄱、薛、彭城"，考《史记·孟尝君列传》云："吾尝过薛，其俗闾里多暴桀子弟，与邹、鲁殊。"若司马迁循风乘传，薛中子弟虽暴，岂敢劫公车乎？此其三。上述三大疑点足证王达津先生的"推论"是没有根据的。

② 施丁《司马迁行年新考》（陕西人民教育出版社1995年版），考证司马迁入仕在元狩五年，与田仁、任安等同时仕为郎中，其说可信，补证了王国维之说。元狩五年至太始四年为二十五年，元狩五年至征和二年为二十七年，与《报任安书》完全吻合。

限""下限"的抽象考辨,倒是用"大胆假设"(确切说是"大胆想象")来推翻王国维的考证,当然是徒劳的。

让我们来看看事实。

李伯勋取"上限",假定司马迁在元朔元年仕为郎,到太始四年已历仕三十六年了,当然与"待罪辇毂下二十余年矣"不合。但是李伯勋忽略了王国维的考证,元朔三年司马迁才开始壮游,怎能在元朔元年仕为郎?可见"上限"说是无的放矢了。李伯勋又取"下限",说司马迁元鼎六年仕为郎,下距太始四年历仕只有十九年,也与"待罪辇毂下二十余年矣"不合。但是李伯勋又忘了王国维已经考出司马迁早在元鼎五年就扈从汉武帝西登空桐,这样的假定"下限",有什么意义呢?显然李伯勋的"上限"说与"下限"说都是脱离历史事实的"大胆假设"。李伯勋还忘记了自己"考辨"的司马迁壮游了整五年,二十壮游加五年是二十五岁,五十三减二十五是二十八年,岂不符合了王国维的考证?前已论证从元狩二年到元鼎四年仕为郎均符合《报任安书》,何止取个"中限"才可呢?李伯勋的"中限"说乃是故弄玄虚。

李伯勋"大胆假设"的上、中、下三限论证法并不新鲜,实际是李长之"空白"说的翻版,徒劳地用今人的履历表格式去替古人写行状。司马迁从元朔三年壮游到元鼎五年扈从武帝西登空桐,其间十五年。这十五年中司马迁一是壮游,二是向孔安国问故,三是仕为郎,并不是什么"空白"。考《史记》《汉书》的列传取材并不罗列人物行状,而是着眼于刻画人物性格或关系国计民生的大事来组织材料的。如《史记·张释之列传》写他事孝文帝为郎"十岁不得调,无所知名",如果没有这一句话来交代,岂不也成了"空白"?班固深得司马迁笔法。如《汉书·赵充国传》,集中笔墨写赵充国神爵元年屯田安羌的事件,其他经历寥寥数语。赵充国活了八十六岁,一生中"空白"很多。请看如下一段记载:

> (赵充国)本始中,为蒲类将军征匈奴,斩虏数百级,还为后将军、少府。匈奴大发十余万骑,南旁塞,……遣充国将四万骑屯缘边九郡。单于闻之,引去。

这段文字只记述了赵充国两件事,即本始二年征匈奴和神爵元年屯缘边九郡,其间就有十一年的"空白"。而司马迁写的《太史公自序》还不同于一般的人物列传,它的主旨是阐明《史记》一书的编纂原则的①,全文七千八百余字,其中叙家世的文字不过寥寥四百四十字,仅占全文的百分之五,所以十分简括。《太史公自序》说:"二十而南游江、淮……过梁、楚以归。于是迁仕为郎中。奉使西征巴、蜀以南,南略邛、笮、昆明,还报命。"这段文字是概括从元朔三年到元鼎六年这十六年中的主要经历,并不是接续发生的事件。"于是迁仕为郎中"后应断句,不应为逗。李长之在《司马迁生年为建元六年辨》中把这段话看成是接续发生的事,所以要缩短司马迁的十岁生年来弥合自己臆造的"空白"说。李伯勋的"三限"论证法正是在填补李长之的"空白"。《考辨》的第二、第三两条基本上是转述李长之的论点和论据,它在效果上就不能不是在填补"空白"了。因此李伯勋十分肯定司马迁二十壮游正好整五年,游归京师立即仕为郎中出使巴、蜀。李伯勋反过来又把这个虚设的果倒为因,按元鼎六年司马迁仕为郎二十五岁,上推生年为建元六年。这样的循环而又抽象的考辨,按诸史实必然要出现许多疑点。举其大端,共有四点。

如前所述,王国维已考出司马迁元鼎五年就扈从武帝西登空桐,而李伯勋说司马迁仕于元鼎六年,其误一。《太史公自序》说"于是迁仕为郎中"当断句(此说详前),李伯勋点了逗号,把仕为郎中与奉使巴、蜀当作连续的事件,其误二。奉使西征巴、蜀以南,"南略邛、笮、昆明。还报命",这里一个"征"字,再加一个"略"字,非常明确地说明了司马迁的使命,并不是如李伯勋说的是去安抚新郡百姓,而是以监军一类的使命去"征"去"略",这岂是一个初仕为郎的人所能得到的奉命?武帝在元鼎五年夏四月派遣五路大军讨伐南越。其中一路"越驰义侯遗别将巴、蜀罪人,发夜郎兵,下牂

---

① 章学诚谓《太史公自序》是"明述作之本旨"的一篇"自注",见《文史通义》内篇五《史注》。

柯江，咸会番禺"①，当时夜郎与南越通，遂反汉，阻滞巴、蜀兵南下番禺。元鼎六年初，冬十月（汉历，太初以前以十月为岁首），武帝东巡至左邑桐乡，得报闻南越破，巴、蜀兵受阻，"春……上便令征西南夷，平之"②。可见司马迁奉使巴、蜀是在随从武帝东巡路上奉命去传达武帝的命令，故曰"征"曰"略"，时间是元鼎六年春正月。从中我们可以窥见司马迁青年时期是很得武帝信任的。《报任安书》说："忘室家之业，日夜思竭其不肖之材力，务一心营职，以求亲媚于主上。"此语正说的是这个时候。"务一心营职"也不是一个初仕为郎的人的思想感情。李伯勋对这些史实未加考核，煞有介事地说可以断定在元鼎六年奉使云云以吻合初仕为郎之说，其误三。李伯勋并无根据就肯定司马迁游历了整五年。考《史记·秦始皇本纪》，始皇二十八年、二十九年、三十七年三次东巡，每次差不多走遍大半个中国，都不到一年时间，何以司马迁的壮游不多不少恰好整五年呢？李伯勋引王鸣盛"约计当有数年"的不定之词发挥成具体的五年实数以填补空白，其误四。我们把李伯勋的上述抽象考辨对比王国维的考证，到底谁科学、谁不科学，当是不言而喻的。

四、关于《报任安书》写作年代之补证

关于《报任安书》的写作年代，程金造有篇申证赵翼征和二年说的专论，题为《从〈报任安书〉商榷司马迁的卒年》，作为《关于司马迁生卒年月四考》之一，收入1957年中华书局出版的《司马迁与史记》一书中。该文程金造已改题为《论王国维考定〈报任安书〉之年兼明史迁年岁》，收入陕西人民出版社即将出版的先生个人论集《史记管窥》一书中，不久将惠享读者（该书已由陕西人民出版社于1985年出版）。程先生学识丰博，是著名的《史记》研究专家。我和程先生近年来为忘年的笔墨师生之友，对此问题已在书信往还中论

---

① 《汉书》卷六《武帝纪》。
② 《汉书》卷六《武帝纪》。

及。程先生是我深深敬仰的师长。先生将其论稿赐读，附言曰："学问之道，不必强同"，但"兄之持论不符情实，曲从权威之意虑失，有累吾兄数十万言之正论，故以草稿寄上"，"请评论"，"因如改订可省时间也"。程先生这样诲人不倦的精神，使人十分感动。但我拜读程先生论文之后，仍有疑团。今当先生健在，后学晚生不揣谫陋，略陈浅见以就教于先生。引文以《从〈报任安书〉商榷司马迁的卒年》为准。

程先生说：《报任安书》的写作年代，"这问题不但关系到太史公的卒年；还关系到《史记》一书写作所经历的时间；更重要的，是它牵涉到《史记》部分的真伪问题，因此是值得商榷的一件事"。即程先生提出了三点意义：一是关系司马迁的卒年，二是关系《史记》写作历年，三是关系《史记》部分真伪。自从赵翼提出《报任安书》的写作年代问题以来，学术界的争论一为太始四年说，一为征和二年说，时间只相差两年。这两年司马迁的经历未发生重大变故，因此，如果司马迁之死与《报任安书》无关这一前提成立，那么这两年之差对于司马迁思想的研究无关紧要，不必争论，可以各执己见。程先生证明司马迁《报任安书》与司马迁之死"并没有直接的关系"，也就证明了《史记》部分真伪与《报任安书》的写作年代"并没有直接的关系"。我赞同程先生的这一观点。拙文考证《报任安书》作于《太史公自序》之前，是对程先生论点的有力佐证。也就是说，程先生申证的征和二年说与拙文所申证的太始四年说，在最主要之点上的结论是一致的，可以说是殊途同归。即不能用《报任安书》的写作年代来判定司马迁的卒年。因《报任安书》并非司马迁的绝笔。

但是《报任安书》的写作年代与司马迁之死往往被人们所联系，因此这个两年之差是值得一争的。郭沫若、李长之等人同意太始四年说，目的是要引出司马迁一生只活了四十二岁的结论，用以证明司马迁生于公元前 135 年说。这是一个牵强附会的联系，不大为人所理会。但主张《报任安书》作于征和二年说的，则是要引出司马迁二次下狱说的结论，却很能迷惑人，故不能不辨正。

怎样研究《报任安书》的写作年代呢？首先我们看司马迁本人在《报任安书》中提出的证据。司马迁说：

> 少卿足下：曩者辱赐书，教以慎于接物，推贤进士为务，意气勤勤恳恳，若望仆不相师用，而流俗人之言。仆非敢如是也。……书辞宜答，会东从上来，又迫贱事，相见日浅，卒卒无须臾之间得竭指意。今少卿抱不测之罪，涉旬月，迫季冬，仆又薄从上上雍，恐卒然不可讳。是仆终已不得舒愤懑以晓左右，则长逝者魂魄私恨无穷。请略陈固陋。阙然不报，幸勿过。

我们将这段引文中加着重号的字句串联起来，可以清楚地得出如下的逻辑序列：

第一，任安写信的主题是八个字，即劝司马迁"慎于接物，推贤进士"。司马迁收信时间"会东从上来"，恰值随从汉武帝东巡回来。

第二，司马迁不愿回答任安的信，"相见日浅"，指任安或秋觐，或年尾回京陈述政务，不久就可见面了，于是把回信拖了下来。"书辞宜答"，"阙然不报，幸勿过"，请任安谅解。

第三，"今少卿抱不测之罪"，又"涉旬月，迫季冬"，任安可能被诛，司马迁又要"薄从上上雍"，不得已给任安回信。从"涉旬月，迫季冬"来看，《报任安书》应作于十月底，王国维说十一月，起码是十一月初。

其次再看班固对《报任安书》写作背景的交代。班固说：

> 迁既被刑之后，为中书令，尊宠任职。故人益州刺史任安予迁书，责以古贤臣之义，迁报之。

中书令职掌机要，职卑而权重，被朝士大夫目为"尊宠任职"。但中书令本由宦官充任，而司马迁受腐刑得此职，认为是蒙受了奇耻大辱。司马迁之所以"隐忍苟活"，是惜《史记》未成，故"就极刑而无愠色"。可是任安也陷于流俗之议，劝司马迁"推贤进士"，视为"宠臣"，使得司马迁很痛心，所以才"相见日浅"，"阙然不报"。《报任安书》结尾用"今少卿乃教以推贤进士，无乃与仆之私指谬乎"，正与《报任安书》起首"仆非敢如是也"云云相呼应，紧紧扣住"慎于接物，推贤进士"八字立论。清包世臣认为"推贤进士"四字是任安征和二年蒙罪后求援的隐语。① 此说甚辨，但与情理事实不符，其实难从。试想任安犯了死罪向知心朋友司马迁求援，却转弯抹角用隐语；而司马迁在回信中也只字不谈救援之事，倒诉说起自己的衷肠，还在"推贤进士"四字隐语上大做文章，这种滑稽表演，绝非司马迁之所为。又，退一步说"推贤进士"是求援的隐语，那么"慎于接物"四字又从何处落实？还有班固说的"责以古贤臣之义"难道是无的放矢？可见求援说在情理事实上均说不通。至于事实，下面还要详证。

《报任安书》内容和班固交代是考证《报任安书》写作年代的两块基石。王国维脚踏实地，前后贯通《报任安书》的逻辑序列，根据汉武帝在一年中既东巡而后又西上雍，只有太始四年，于是定《报任安书》作于是年。"会东从上来"，指汉武帝太始四年五月从山东回长安；"薄从上上雍"，指冬十二月行幸雍。赵翼仅据"今少卿抱不测之罪"一语，简单地把《报任安书》的写作时间与任安之死相联系，认定《报任安书》作于征和二年。严格说，赵翼只是提出了一个假说的问题，并没有深入论证。据《史记·田叔列传》、《汉书·刘屈氂传》、荀悦《汉纪》卷十五，任安死于征和二年巫蛊案，所以赵翼的简单联系很能迷惑人。王国维认为，《任安传》载汉武帝语云，"安有当死之罪甚众，吾常活之"，即指任安在太始四年犯有"不测之罪"。古字"常"与"尝"相通，王国维释"常"为"尝"，认定任安的"不测之罪"在太始四年。汉武帝愤恨任安有二心，把他曾经宽恕过任安的一次死罪夸张为"常活之"，并非不可理解，王国维的通字串释是多余的，但未失原意。在封建帝王那里的所谓"不测之罪"，并非当事人真有死罪，如司马迁之受腐刑就是生动的例证。不过由人主之喜怒定人死罪是可以解救的，而坐巫蛊案之死罪是不能解救的。按汉法，一般死罪在十二月决狱，所以杀人魔王

---

① 包世臣：《艺舟双楫·复石赣书》。

酷吏王温舒顿足叹息说:"嗟乎,令冬月益展一月,足吾事矣!"①《报任安书》暗示任安在十二月可能有不测祸端,说明任安的这次"不测之罪"并不是指征和二年巫蛊案。

以事实证之,任安虽死于征和二年巫蛊案,但并不一定死于征和二年十二月。现有史料无法证明任安死的确切日期,但与其说他死于征和二年十二月,毋宁说他死于征和三年春夏之交更切合事实。为此,对于征和二年巫蛊案必须作完整的了解。

所谓征和二年巫蛊案,是就其高潮而言。是案始于武帝征和元年十一月,解冻于武帝后元二年二月武帝临崩前夕大赦长安诏狱之时,前后五年,死者数十万人。武帝求仙,服药中毒,晚年昏耗,最忌巫蛊。除了他本人以外,谁都不相信,包括皇后、太子都在怀疑之列,所以屡兴大狱,使得宫内上下及朝士大夫人人自危。凡坐巫蛊者,皆为不赦要犯,随发随斩,并不在十二月决狱。丞相公孙贺及其子公孙敬声最早死于巫蛊案,在征和二年春正月。诸邑公主、阳石公主,即武帝诸女坐巫蛊案,死于征和二年闰四月。七月江充治巫蛊案,蓄意除皇后、太子。首先是从武帝所在的甘泉宫治起,次及长安诸宫,先治嫔妃,最后治皇后、太子,死者数万。戾太子不得已收斩江充。与丞相刘屈氂大战长安城中。七月壬午(初九日)太子斩江充。七月庚寅(十七日)太子兵败逃出长安。七月癸巳(二十日)武帝大封击太子功臣,商丘成为秺侯,莽通为重合侯,景建为德侯。而丞相司直田仁坐纵太子被腰斩,御史大夫暴胜之受牵连,被迫自杀。当时汉武帝震怒到了极点。不仅在长安大搜捕,而且"诏治巫蛊郡邸狱"②,在全国大搜捕。此时"上怒甚,群下忧惧,不知所出"③,壶关三老茂上书讼太子冤,汉武帝稍有感悟,但并未赦太子。八月辛亥(初八日),太子被吏卒包围,自杀于湖。九月汉武帝还大封围捕太子的吏卒。封张富昌题侯,封李寿邘侯,那

---

① 《史记》卷一二二《酷吏列传》。
② 《汉书》卷七四《丙吉传》。
③ 《汉书》卷六三《武五子传》。

个用兵刃取太子首级的兵卒还被拜为北地太守。①

征和二年九月以后，巫蛊案仍在继续中。《汉书·武五子传》记载说：

> 久之，巫蛊事多不信。上知太子惶恐无他意，而车千秋复讼太子冤，上遂擢千秋为丞相，而族灭江充家，焚苏文于横桥上，及泉鸠里加兵刃于太子者，初为北地太守，后族。上怜太子无辜，乃作思子宫，为归来望思之台于湖。天下闻而悲之。

由于车千秋的上书，汉武帝才给太子平反，族江充家，焚苏文，杀北地太守，临湖做思子宫。田千秋也因此从高庙郎被立拜为大鸿胪。《汉书·田千秋传》载："立拜千秋为鸿胪。数月，遂代刘屈氂为丞相，封富民侯。"查《汉书·百官表》"高庙郎田千秋为大鸿胪，一年迁"，系于征和三年。刘屈氂死于征和三年六月，田千秋行丞相事，到征和四年六月才正式封侯拜相。刘屈氂之死是坐与海西侯李广利谋立太子事，正当汉武帝思子之时，所以刘、李两家被族。而且刘、李案也是由巫蛊引发的。由此可见，田千秋上书在征和三年春夏之交，与"久之，巫蛊事多不信"吻合。这"久之"二字就是指征和二年九月以后仍在追究巫蛊案。事实生动地说明汉武帝平反太子、焚苏文、族江充、作思子宫，均应在征和三年春夏之交。《资治通鉴》就系诸事于征和三年，但载入九月，稍失之。田千秋为大鸿胪"数月"代刘屈氂行丞相事，司马光误解为"数月"正式为丞相，故后推了几个月。值得注意，汉武帝虽然平反了太子，但并未赦巫蛊案，太子之孙，即后来的宣帝刘询仍系诏狱。

北军使者护军任安受太子节而未佐助太子，受到武帝的称赞。武帝平反太子，反过来怨恨任安，钱官小吏才乘此机会告发任安，其时间应在征和三年田千秋上书之后的春夏之交。任安与刘屈氂等人均是武帝心情改变后的牺牲品，很可能是同时被处死的，那已是

---

① 见《汉书·功臣表》及《武五子传》。

征和三年六月了。征和二年八月在湖围捕太子的邘侯李寿也是在这时处死的，至少可以肯定，任安在征和二年九月之前并未得罪，他怎么可能在征和二年七月武帝从甘泉回长安之时预为写信向司马迁求援呢？事实胜于雄辩。任安得罪求援于司马迁，"会东从上来"指武帝由甘泉回长安，均难以成立。程金造在论文中把汉武帝平反太子、焚苏文、任安下狱、作思子宫等一系列事件均系于征和二年的九、十、十一月间，殊与史实难合，这大约是一时的疏忽，所以立论未周。程先生说，任安的信写于征和二年九、十月间司马迁从武帝由湖归来，且不说是否为实事，至少在逻辑上与"会东从上来"指武帝由甘泉回长安形成自相矛盾。程先生又反证说，若"会东从上来"是指武帝由山东回长安，到十一月写《报任安书》，中间有七个月，绝不能说"相见日浅"。按《报任安书》"涉旬月，迫季冬"，司马迁回信应在十月或十一月初。五月到十月，中间五个多月，与"阙然不报"完全吻合。至于"相见日浅"，恰恰是司马迁不愿回信的托词，不难理解。

此外，任安写信给司马迁是在益州刺史任上，而不是"北军使者护军"。程先生认为，《任安传》先说任安为北军使者护军，后说任安为益州刺史，由于益州远在西南，交通不便，任安还没有来得及上任就被小吏诬告，下狱死了。由于程先生忽略了时间因素，这一推论难以成立。考《任安传》，任安和田仁入宫为郎，被破格录用，是因少府赵禹力荐，大将军卫青才具籍上奏。查《百官表》，赵禹为少府在元狩四年到元鼎四年之间。以下限元鼎四年（前116）起算，下距征和二年（前91）是二十六年。田仁在这二十余年间经历了多次调动。而且武帝初置部刺史在元封五年（前106），下距征和二年是十六年，也恰是在任安为北军使者护军之后。武帝时刺史不是驻留地方的行政长官，而是以六条问事的钦差大臣，事毕即返京复命。任安和田仁都做过部刺史。任安为益州刺史，田仁为司隶部刺史刺三河（河东、河内、河南）。任安为北军使者护军，一度刺史益州，事毕仍为北军使者护军。刺史惩治贪赃，拔擢贤俊，往往遭豪强贵戚反对。任安在益州刺史任上于太始四年写信劝司马迁"推贤进士"，实际是希望司马迁支持他的工作。任安的"不测之罪"大约也是由于触犯豪强贵戚招来的，终因司马迁的营救而获免。司马迁对"未尝衔杯酒接殷勤之欢"投敌的李陵尚且营救，怎能对无辜的老友坐视不救？我认为司马迁正是出力营救了任安，所以才在信中诉说衷肠，让任安做两手准备，对喜怒无常的汉武帝不抱幻想，要识去就之分。这当然只是一种推论，不作定案，存疑待考。但任安在益州刺史任上写信，明载于《汉书》，是不容置疑的。

从驳难立场来看，若要推翻王国维的立论，可从两方面入手。一是证明任安给司马迁写信作于征和二年，在前提上排除太始四年。二是证明任安在征和二年以前从未犯"不测之罪"，抽掉王国维立论依据。程先生的论文在这两个方面都较薄弱，而用大量篇幅证明任安死于征和二年巫蛊案这一王国维并未否认的前提，是难以驳倒王国维的立论的。

王国维对于《史记》研究，只写过一篇《太史公行年考》，《太史公行年考》虽然存在一些疏失。但是王国维的考据方法确很踏实，逻辑严密，他对太史公行年重大问题的考证十分坚实，难以推翻，故信而从之。程金造对《史记》的研究功力深厚，建树卓著。程先生对《报任安书》写作年代的考证，由于忽略了时间推查，差之毫厘，失之千里，故结论不能令人满意。但程先生从《报任安书》内容考证出非司马迁绝笔，却是卓识。因此程先生的论文仍有很高的学术价值。

【说明】本文原题《司马迁生卒年考辨辨》，原载1982年《甘肃省历史学会论文集》；部分内容以《关于司马迁生年的考辨》为题，载《上海师范学院学报》1984年第2期，全文收入《史记研究》论文集。在此删去了卒年的内容，故改题为《司马迁生年考辨辨》。关于任安之死，笔者于1983年与程金造先生促膝相谈的一种研讨，程先生鼓励我写出来提供给学界一种说法，表现了程先生的开明与大度，于是附于《司马迁生卒年考辨辨》之后，收入《史记研究》论文集。

评司马迁生于建元六年说之新证

　　1950年代中期学术界关于司马迁生年的讨论，郭沫若、王国维两家之说势均力敌，所以至今两说并存，王说略占优势。近年来郭沫若所主张的司马迁生于建元六年说有高涨之势。学术界连续刊发了李伯勋、苏诚鉴、吴汝煜等同志的专论申证郭说。李伯勋的《司马迁生卒年考辨》把我们引回到了1950年代的那场争论中去，因李伯勋主要是转述郭沫若、李长之等人的论点和论据来驳王国维说的。前文《司马迁生卒年考辨辨》对李文所引述的郭说的论点和论据作了评述，但对苏、吴两文未涉及。苏诚鉴《司马迁行年三事考辨》[1]（下称苏文）、吴汝煜《论司马迁生年及与此有关的问题》[2]（下称吴文），提出了一些新论据，是很有价值的。本文兹就苏、吴两文的新论据，评述如次。

　　推计司马迁生年的直接论据是指司马贞《索隐》中的元封三年，司马迁"年二十八"与张守节《正义》中的元封七年即太初元年"按迁年四十二岁"两条材料。两者相间四年而年差十四年，即两说有十年之差。一个人的生年只能有一说，故两说必有一误。治病必须探源。造成十年之差的原因，是两说的材料来源不同，还是在流传中发生了数字讹误，这是考证司马迁生年的前提和关键。王国维的考证，论据粗疏，应予补正。但王国维考证的方法严密，他以不可辩驳的逻辑和引证，证明了《索隐》《正义》两说材料同源，十年

---

[1] 载《秦汉史论丛》第一集，陕西人民出版社1981年版。
[2] 载《南开学报》1982年第6期。

之差是数字讹误造成的，这就找到了问题的病根。主建元六年说者正是在这一关键的前提上回避讨论，而在枝节上搞推论，其方法似不妥当，其结论自然难以成立。

我们看苏诚鉴的论证。苏文以司马迁自述"二十而南游江淮"为论据，主观确定与元狩六年武帝分遣博士褚大等六人"循行天下"这一历史事件相搓捏。其方法是："要确定此次行动，可试先选定司马迁生年是武帝建元六年。"既然是"试先"选定的，也就是有待证明的。可是苏文在论证过程中把假定的建元六年当作了已知的因，以因推果，以果证因，陷入了循环的因果互证中。姑按建元六年计，至元狩六年为十九岁，而不是二十，苏先生争辩说，此"取其成数而言"。由此可知，推论证明原是不讲求严格依据事实的。苏文在附注中说："如作汉景帝中元五年，则司马迁二十岁前后，即当武帝元朔三年（前126）上下，当时并没有什么重大历史事件可资联系以说明司马迁这次'南游'。"按苏文的这条注释，恰恰是将可靠的史事联系加以主观的切断。

司马迁二十壮游，《史记》中有详细记载。《太史公自序》云："二十而南游江淮，上会稽，探禹穴，窥九疑，浮于沅湘；北涉汶泗，讲业齐鲁之都，观孔子之遗风，乡射邹峄，厄困鄱、薛、彭城，过梁楚以归。"司马迁这次全国壮游，目的明确，是"网罗天下放失旧闻"。太史公曰"余至江南，观其行事"云云①；"适长沙，观屈原所自沈渊"云云②；"吾适楚，观春申君故城，宫室盛矣哉"云云③；"适鲁，观仲尼庙堂车服礼器"云云④；"吾适齐，其民阔达多匿智"云云⑤；"吾尝过薛，其俗闾里率多暴桀子弟，与邹鲁殊"云云⑥；"吾如淮阴，淮阴人为余言"云云⑦；"吾适丰沛，问其遗老，

---
① 《史记》卷一二八《龟策列传》。
② 《史记》卷八四《屈原贾生列传赞》。
③ 《史记》卷七八《春申君列传赞》。
④ 《史记》卷四七《孔子世家赞》。
⑤ 《史记》卷三二《齐太公世家赞》。
⑥ 《史记》卷七五《孟尝君列传赞》。
⑦ 《史记》卷九二《淮阴侯列传赞》。

观故萧曹樊哙滕公之家"云云①;"吾过大梁之墟,求问其所谓夷门"云云②。东汉卫宏说司马迁此行是其父太史令司马谈"使乘传行天下,求古诸侯之史记"③;唐司马贞说他"亦搜采远矣"④;王国维称为"宦学"之游⑤,都是十分恰当的评价。考司马迁一生有三种情况的游历。二十"宦学"之游是其一。扈从武帝之游是其二。奉使巴、蜀以南之游是其三。三种游历《史记》均有反映。《封禅书赞》云,"余从巡祭天地诸神名山川而封禅焉",交代扈从之游。《自序》云:"奉使西征巴、蜀以南,南略邛、笮、昆明,还报命。"此交代奉使之游。《河渠书赞》总叙三种游历对全国水利的考察。司马迁说:

> 太史公曰:余南登庐山,观禹疏九江,遂至于会稽太湟,上姑苏,望五湖;东窥洛汭、大邳、迎河,行淮、泗、济、漯、洛渠;西瞻蜀之岷山及离碓,北自龙门至于朔方。曰:甚哉,水之为利害也!余从负薪塞宣房,悲《瓠子》之诗而作《河渠书》。

但是,1950年代的王达津和1980年代的苏诚鉴,两人所设想的司马迁为博士弟子从博士之游,《史记》没有丝毫反映。苏文断定,司马谈官太史令,"年秩不过六百石,素来'家贫',也不可能自费供给儿子这样广泛地游山玩水"。说司马迁"游山玩水"不符史实,说司马迁无钱出游未免武断。汉武帝元朔二年大移民茂陵,按常例奖励二十万,未必不可以用来出游。"六百石秩"虽低,但一个以述史为理想的人,难道不可以省吃俭用积攒点儿考察费么?再说,司马谈述史,得官家之助,司马迁是"乘传行天下"。苏文把司马迁的"宦学"考察与褚大的博士循风两件毫不相干的事附会在一起,虽称之为是"内证与外证"相结合,仍是不可能成立的。

---

① 《史记》卷九五《樊郦滕灌列传赞》。
② 《史记》卷七七《魏公子列传赞》。
③ 《太平御览》卷二三五引《汉旧仪》。
④ 《史记》卷一三〇《太史公自序索隐》。
⑤ 《太史公行年考》。

我们再看吴文的新证。吴汝煜的文章具有较高的学术价值，可以说是近三十年来，第一次给建元六年说注入了新鲜的血液，触及了问题的要害。吴文列举《正义》纪年十误，用以证明张守节之说不可信，这的确是具有新意。

但是，吴文所列《正义》纪年十误，能否推倒王国维的考证，成为支撑建元六年说的论据呢？还有待于商榷。

在分析吴文的引例之前，需对王国维的立论加以补正，以确定辨别是非的标准。

王国维在论证十年之差为数字讹误后，提出了一个常理来推论，即"三讹为二，乃事之常；三讹为四，则于理为远"，故取《正义》而舍《索隐》。吴文列举两例三、四相讹以否定王国维的常理说，思虑欠周。其一为：《秦本纪》载，秦宣公"三年，郑伯、虢叔杀子颓而入惠王"。梁玉绳《史记志疑》卷四云："此宣公四年事。"吴文据以为三、四相讹。查《十二诸侯年表》，周惠王四年，"诛颓，入惠王"，正当秦宣公三年、鲁庄公二十一年。不仅《史记》纪表相合，且与《左传》记载相合。梁说误。吴文据误说以立论，不能成立。其二为：《秦本纪》载，"二十四年，献公卒"。查《六国年表》，秦献公只有二十三年，故《秦本纪》之《集解》引徐广曰："表云二十三年。"在两代人交接之际，往往有一个虚实纪年问题。例如《秦始皇本纪》后附秦世系，"毕公享国三十六年"，《正义》曰，"一作三十七年"。"悼公享国十五年"，《正义》曰，"本纪作十四年"。本纪指《秦本纪》。梁玉绳《史记志疑》卷四指出悼公、简公、惠公纪年均有一年之差。由此看来，秦献公卒年纪表不合未必是三、四相讹，至少此例不典型。不过话说回来，三、四相讹也是存在的。如《秦本纪》云："二十四年与晋战雁门"，据《六国年表》其事在孝公二十三年。但偶然出现的三、四相讹并不能推倒王国维的常理说。因为在古今的实践中，"鲁鱼亥豕"之讹是客观存在的常理，就如生人往往把双胞胎兄弟看成一个人是一个道理。《康熙字典》特集相似字供人习观，为的是使人少犯"鲁鱼亥豕"之误。二、三一笔之差，三、四形体迥异，这并不是一个难懂的道理。"三"原作"三"，

"四"原作"≡",都是上下一般齐的横线,而后演变为长短不齐,"≡"作"三",再变作"四",避免与"三"鲁鱼相混。1924 年新疆鄯善县出土的《三国志》东晋抄本《吴志》残卷,已将金文中的"≡"写作"四"。由此可证,南北朝隋唐以后,三、四相讹于理为远是有根据的。而且东晋抄本,"三十"作"卅"以便与"廿""卌"有较大差别。从汉至唐,"二十""三十""四十"均作一字写。古籍纪年常有十年之差,均出在"廿""卅""卌"这几个"鲁鱼亥豕"数字上。东晋抄本这一实物的发现有两个意义。第一,它形象地证实了王国维常理说的存在,否则人们何以要将"≡"作"四"呢?第二,它提供了生动的证据,在二十至四十的数字相讹上,不是什么二、三相讹,而是"廿""卅""卌"相讹。考证司马迁生年应转移视线,不要停留在王国维的常理说上纠缠。

更值得重视的是,在 1950 年代的讨论中,程金造发表《从〈史记〉三家注商榷司马迁的生年》一文①,提出了晚出的《正义》疏通《索隐》的立论。程先生经过与黄烈先生辩论,在 1962 年又撰写了《〈史记正义〉〈索隐〉关系证》一文②,以坚实的论据论证了《正义》疏通、驳正《索隐》。由此,程先生得出结论:

> 《自序》中"卒三岁而迁为太史令"一语下,《索隐》引据《博物志》注明"司马迁为太史令时,是元封三年,那时他三十八";张守节便依据《索隐》"年三十八"之文,推断其作史时之年岁,"那年是四十二岁"。③

我们完全同意程先生的立论。这是 1950 年代那场争论的收获,已经在王国维立论的基础上前进了一大步。今天的讨论应在新的基础上进行,而不应纠缠王国维的疏失。因为王国维的疏失并不能帮助建元六年说的成立。原因是王国维立论的基石数字讹误说,至今未被推倒。

---

① 载《司马迁与史记》,中华书局 1957 年版。
② 载《文史哲》1962 年第 6 期。
③ 载《司马迁与史记》,中华书局 1957 年版。

现在，我们按上述两条标准来衡量吴文列举的《正义》纪年十误，到底证明了什么问题。这两条标准是：第一，十年之差为"廿""卅""卌"之间的数字讹误造成；第二，数字讹误为唐以后传写之误。在唐代，《正义》和《索隐》是一致的，张守节是依据司马贞的引据立论的。吴文引例辨析如下。

第一，《秦本纪》："成公元年梁伯"下《正义》曰："《国都城记》云：梁，伯国，嬴姓之后，与秦同祖。秦穆公二十二年灭之。"据《十二诸侯年表》，秦灭梁在穆公十九年。吴文云："《正义》'二十二年'之说实误。"

按：《秦本纪》下文即有穆公"二十年，秦灭梁、芮"的记载。吴文云："盖先灭梁，再灭芮，芮之灭，已在穆公二十年，故连类言之，表记相合。"此说是。由此可证张守节引《国都城记》以纪异，其失在于未加考异之按。且"十九"与"二十"之间无数字讹误鲁鱼关系。《国都城记》，见《隋志》，为南北朝时人所作。

第二，《秦本纪》："（秦昭王）五十二年，周民东亡，其器九鼎入秦。周初亡。"《正义》云："（九鼎）历殷至周赧王十九年，秦昭王取九鼎，其一飞入泗水，余八人于秦中。"据《周本纪》，周赧王五十九年，秦攻西周，西周君入秦"尽献其邑三十六，口三万"。吴文云："《正义》在'十九'前夺一'五'字。"

按：夺去"五"字，显系传写之误，此例不存在数字鲁鱼之误。查《周本纪》，在西周君入秦献地之后，《索隐》注云："当秦昭王之五十二年。"所以《正义》即在《秦本纪》昭王五十二年下注云"周赧王五十九年"。这是转录为注，亦不存在推算致误。吴文云"夺一'五'字"极是。

第三，《秦始皇本纪》"得齐王建"下《正义》曰："齐王建之三十四年，齐国亡。"据《六国年表》齐亡在齐王建四十四年。吴文云："'三十四'实为'四十四'之误。"

按：此例恰为十年之差，乃"卌"讹为"卅"。

第四，《孝景本纪》："吴王濞"下《正义》曰："高祖兄仲子，故汉高祖十二年封，三十三年反。"据《汉兴以来诸侯王年表》，吴王反诛在四十二年。吴文云:"此言'三十三',不仅'四'讹为'三',且'三'讹为'二'。"

按:非"四"讹为"三",乃"卌"讹为"卅"。至于"二"讹为"三",乃王国维常理之说也。

第五,《孝景本纪》:"胶西王卬"下《正义》曰:"十年反。"吴文云:"据《汉兴以来诸侯王年表》,应作'十一年'。"

按:查表,济南王辟光、菑川王贤、胶东王雄渠、胶西王卬四人皆齐悼惠王子,在文帝十六年同时封王,景帝三年同时叛,均立十一年反。《正义》据表注纪,济南、菑川、胶东三王不误,胶西独误,显系传录中"十"下夺去"一"字,非数字鲁鱼之误。

第六,《越王勾践世家》:"朱公不得已而遣长子,为一封书遗故所善庄生。"《正义》曰:"《年表》云周元王四年,越灭吴。范蠡去齐,归定陶,后遗庄生金。庄周与魏惠王、周元王(按:《老庄申韩列传》作魏惠王、齐宣王",下文即言"齐宣王",可见是传写之误)同时。从周元王四年至齐宣王元年一百三十年,此庄生非庄子。吴文云:"周元王四年为公元前 472 年,齐宣王元年为公元前 320 年,两者相去 152 年,《正义》误。"

按:查《六国年表》,齐宣王元年为公元前 342 年,恰 130 年。《正义》据表注纪,不误。吴文以近人之考订纠古人之所谓误,方法不妥。

第七,《老庄申韩列传》:"盖老子百有六十余岁,或言二百余岁。"《正义》曰:"秦献公与烈王同时,去平王二十一王。"吴文云:"秦献公之年纪虽可以同烈王相接,但其即位时,已在周安王十八年,应该说同周安王同时。周烈王去平王二十王,周安王去平王才是二十一王。由此可知,《正义》所说的'烈王',实为'安王'之误。"

按:据《周本纪》,周王相承世系为:平王、桓王、庄王、釐王、惠王、襄王、顷王、匡王、定王、简王、灵王、景王、悼王、敬王、元王、贞定王、哀王、思王、考王、威烈王、安王、烈王、显王。从平王至威烈王为二十王,至安王为二十一王,至烈王为二十二王,至显王为二十三王。威烈王名午,烈王名喜。秦献公即位在安王十八年,历安王、烈王、显王三王,至显王七年卒,在位三十三年。《正义》取其中王,云"秦献公与烈王同时",本不误。又云"去平王二十一王",未计平王,或未计悼王故也。悼王刚立,即为子朝所杀。吴文误以威烈王为烈王,实自误。

第八,《苏秦列传》:"长城,钜防"下《正义》曰:"《竹书纪年》云:梁惠王二十年,齐闵王筑防以为长城。"据《六国年表》,梁惠王二十年,为齐威王二十八年,下距闵王尚远。吴文据《水经·汶水注》引《竹书纪年》作"二十年,齐筑防以为长城"。无"闵"字,按云"《正义》误引"。

按:吴文所考是,但无关鲁鱼之误。

第九,《张仪列传》:"仪相秦四岁,立惠王为王。"《正义》曰:"《表》云,'惠王之十三年,周显王之三十四年'。"查《六国年表》,秦惠王十三年,应为周显王四十四年。吴文云:"'三十四'实为'四十四年'之误。这是《正义》中'四'讹为'三'的明显的例子,而且正好搞错一个十位数。"

按:非"四"讹为"三",乃"卌"讹为"卅"也。

第十,《张仪列传》在"遂定蜀"下《正义》曰:"表云,秦惠王后元年十月,击灭之。"据《六国年表》,"击蜀,灭之"在秦惠王后元九年。吴文云:"《正义》在'后元'下夺一'九'字。"

按:吴文所考是,但无关鲁鱼之误。

总上十例,第一例《正义》引书纪异;第二、五、十三例显系传写夺误;第六、七两例《正义》不误,吴文自误;第八例《正义》误引。以上七例都与数字的讹误无关。只有第三、四、九三例存在数字讹误,均为"卌"与"卅"相讹,以及"二"与"三"相讹,并无"四"与"三"相讹之例。从这个分析中,可以说吴文的引例,非始料所及地再次证明了王国维的立论基石,司马迁生年的十年之差为传抄流传中数字讹误造成,从而进一步推倒主建元六年说者的数字不讹说。

吴文大量引证与数字的鲁鱼讹误无关的例证,目的在于推导张守节治学粗疏,《正义》浅陋,得出结论:"与其相信《正义》的'迁年四十二岁',不如相信《索隐》的'年二十八'。"三家注各有所长、各有所短,全面评价还有待深入。吴文认为《索隐》对时间的记载和推算要比《正义》严谨得多,未免偏颇。就以秦世系的纪年,试举两例以明之。其一,《秦本纪》载,"简公……十六年卒"下《集解》引徐广曰:"表云十五年也。"查《六国年表》,徐说是。《秦始皇本纪》载秦世系云:"简公……享国十五年,葬僖公西。"《索隐》失察,以误为正云:"立十六年,葬僖公西。"其二,《秦始皇本纪》又载,"孝公享国二十四年。……其十三年,始都咸阳。"查《秦本纪》云:"十二年,作为咸阳,筑冀阙,秦徙都之。"《索隐》云:"本纪十二年。"《正义》云:"本纪云'十二年作咸阳,筑冀阙',是十三年始都之。"显然《正义》比《索隐》严谨。标点本误将《索隐》系于"孝公享国二十四年"下,非司马贞原失,特此说明。在简单的数条目中,《正义》纪年之误比《索隐》为多,由此判断《正义》浅陋,难免不犯形而上学的毛病。《正义》订补《索隐》,纪年条目大大超过《索隐》。就拿《秦本纪》来说,《集解》注疏纪年七条,《索隐》亦为七条,《正义》多达十五条。由于《正义》条目增多,流传中散失又最严重,所以才出现了较多的纪年传抄讹误。但具体问题要作具体分析。在司马迁生年问题上,张守节直以按语出之,是阐发《索隐》,而不是订误《索隐》。正由于张守节是阐发《索隐》,"按:迁年四十二岁",是依据《索隐》"年三十八"推得,故今本"年二十八"是《索隐》在唐以后流传中出现的传抄讹误。

但是,吴汝煜的考证是极有价值的。他一条一条研究前人注书之误和纠正古书传抄之误,本身超出了考证司马迁生年的价值。其次,吴文的考证把《索隐》的纪年"年二十八"的价值提高到与张守节的"迁年四十二"同等的价值的地位。按王国维的常理说,《正义》的价值比《索隐》要高。现在我们可以抛开王国维的常理说了。其实程金造指出《正义》据《索隐》立说,已经否定了王国维用常理说的推论,拉平了《索隐》与《正义》的价值。我们所说的"否定",不是指王国维的常理说不成立,而是说他的常理说不适用于推

附录一　司马迁生年研讨论文七篇
评司马迁生于建元六年说之新证

导司马迁的生年。因为十年之差不是"二""三""四"相讹造成的，而是"廿""卅""卌"之间的相讹造成的。既可能是《索隐》之误，亦可能是《正义》之误。《索隐》与《正义》一对一。那怎样来考证《索隐》与《正义》的得失呢？即苏诚鉴的方法。试先确定司马迁生于建元六年和景帝中元五年来排定司马迁的行年，引据事实作依据。吴文的第二部分即作如是考察，从方法上看，这是正确的。但吴文也与苏文同样，把假定的建元六年当作已知的前提来推导司马迁的交游，成了循环论证，这是不可取的。顾颉刚在《司马谈作史考》中，本来是用司马迁与"太史公曰"云云所言人物"不相及"来证明是司马谈作史的。这"不相及"应当是可靠的绝无疑义的才能成立。可是司马迁与秦始皇时的夏无且之友董生、公孙季功，以及与平原君朱建子和冯唐之子冯遂，未必不相及。顾颉刚为了证成已说，他缩短司马迁的生年十岁，以建元六年说来证明"不相及"；反过来吴文又用"不相及"证明司马迁生于建元六年。像这样的循环无端、因果互证，怎能得出正确的结论呢？

吴文最后在附记中引证段熙仲的证明，从《汉书》中得三证，知《索隐》所引《博物志》为可靠。这和王国维的考证方法本来是一致的。王国维的考证首先就是证明司马贞所引《博物志》可靠，这是《正义》和《索隐》之源。段熙仲和郭沫若一样，重复证明王国维的依据来反对王国维的结论。段文说："然则小司马所引《博物志》文当可信，而年二十八不应独误。"这仍然是纠缠于王国维的推导疏失而不顾王国维的大前提逻辑所作的错误结论。这也是主建元六年说者的一个通病，在逻辑推理上南辕北辙。

本文是支持王国维说的。为了不再纠缠枝节问题，我们不惮其烦再次申说一遍王说的立论前提及逻辑序列以供进一步探讨。要点有五：

第一，司马贞所引《博物志》为可靠之材料，也是推导司马迁生年唯一有据的原始资料。

第二，《正义》和《索隐》两说的十年之差，不是引据的材料有分歧，而是流传中数字讹误造成的。

第三，汉唐时数字写法"二十""三十""四十"作"廿""卅""卌"。司马迁生年的十年之差，即是廿、卅、卌之间讹误造成。

第四，《正义》据《索隐》立说，"按迁年四十二岁"。由此可知，《索隐》原引《博物志》为"年三十八"，唐以后讹为"年二十八"。今本《博物志》无此条，王国维说在逸篇之中。因此，"年三十八"误为"年二十八"并非《博物志》有误，而是三家注在唐以后流传中发生讹误。明乎此，段先生的疑问可以冰释矣。

第五，依《正义》说推导司马迁的行年，事事无碍；而依《索隐》说推导司马迁行年多有抵牾。因此从理论上说，《正义》与《索隐》是一对一，而引证史事，则可以确信是《索隐》之误。详证见本书《司马迁生卒年考辨辨》一文中，兹不赘。

（本文原载《求是学刊》1984年第2期）

司马迁生年十年之差百年论争述评

引言——百年论争由来

司马迁生年，学术界推定有六种说法。其中以王国维和郭沫若两说影响最大而有文献依据，王氏推定司马迁生年为公元前145年，郭氏支持司马迁生于公元前135年说，两说有十年之差。一个人的生年只能有一次，故两说中有一说为误，于是展开争论，在1950年代中和1980年代初掀起两次全国性大争论，王、郭两说各有信从者，双方争论文章91余篇，迄今无定论，王说略为占优，近年来郭说有高涨之势。

学术界第一个考定司马迁生年和卒年的学者是王国维。1917年，他在《广仓学窘丛书》发表《太史公系年考略》，推定司马迁生年为景帝中元五年，即公元前145年，故学术界通称为"景帝中元五年说"，或"前145年说"，又省称"王说"。到了1923年，王氏针对日本学者桑原骘藏氏司马迁生于公元前135年的新说①，重发他的考证文章，收入《观堂集林》卷十一，改换题目叫《太史公行年考》，全文不变，仅在题目上改"系年"为"行年"，这一字之改用以昭示考证司马迁生年的方法，即排比行年为论据，十分自信。

---

① 桑原骘藏《关于司马迁生年之一新说》，1922年刊于日本《东洋文明史论丛》；1929年重发于日本《史学研究》第一卷第一号；收入《桑原骘藏全集》第二卷。桑原文核心论据为"早失二亲说"以证司马迁生年为公元前135年。中国学者李长之直接引入自己的论文《司马迁生年为建元六年辨》之中作为第一条立说证据。

根据王国维的考证。1955年是司马迁诞辰2100周年纪念。郭沫若在当年的《历史研究》第6期上发表《〈太史公行年考〉有问题》的文章，支持李长之主张的司马迁生于汉武帝建元六年，即公元前135年，学术界通称"建元六年说"或"前135年说"，又省称"郭说"。同期《历史研究》还发表李长之先生的旧作《司马迁生年为建元六年辨》，举证十条以立其说，作者化名刘际铨。①

郭说终止了1955年学术界纪念司马迁诞辰2100周年的研究盛会，引发了1950年代中期的学术大讨论。随后由于历史原因沉寂了二十余年，到了改革开放的1980年代初，争论再起。两场争论，王说理据占优。1985年，中国历史研究会在南京召开年会，率先纪念司马迁诞辰2130周年。1995年，陕西省司马迁研究会在西安召开纪念司马迁诞辰2140周年国际学术研讨会。2001年中国史记研究会成立，于2005年、2015年两次在司马迁故里陕西韩城市、陕西渭南师范学院召开纪念司马迁诞辰2150周年、2160周年学术研讨盛会。特别是2015年由中国史记研究会与陕西渭南师范学院联合主办的纪念司马迁诞辰2160周年国际性学术研讨盛会，中国史记研究会推出了《史记论著集成》1—20卷、《史记论丛》专辑1—6卷、《史记通解》全九册，三大论丛，总字数两千余万字，可以说是对1955年缺失的纪念司马迁诞辰2100周年学术盛会的一次补课。正是在这一背景下似乎激发了郭说信从者，即前135年说论者，近年来不断发声，提出所谓"新论"，似有高涨之势，并要求在2015年纪念司马迁诞辰改2160周年为2150周年，于是司马迁生年的话题重启。中国史记研究会、北京史记研究会在2016年两会召开的年会上，同时展开司马迁生年疑案的研讨。两会秘书处组成联合编委会，在中国史记研究会第十五届年会论文集《史记论丛》第十三集，在北京史记研究会第三届年会论文集《史记研究》第一辑中发布研讨论文。② 本题

---

① 李长之文《司马迁生年为建元六年辨》，最早发表于1944年5月出刊的《中国文学》一卷二期，后收入1948年开明书店出版的李氏专著《司马迁之人格与风格》一书中。
② 《史记研究》第一辑，商务印书馆2016年版；《史记论丛》第十三集，中国文史出版社2016年版。

论文《司马迁生年十年之差百年论争述评》原载《史记论丛》第十三集,刊于《渭南师范学院学报》1987年第1期,抛砖引玉,引发研讨。这次学术研讨,不开发"新论",不炒剩饭,而是着力梳理百年论争双方的论点论据,做出总结,画一个句号。本文实质是一篇综述。综述有两种写法,一是只做情况介绍,梳理论争双方的甲说乙云,不作论断;一是有鲜明的是非观点,对论争的问题画一个句号。本文属于后者,笔者认为百年论争画一个句号,已经是水到渠成,前145年说可以为定论,于是用"述评"代"综述",以表明立场。

以上回顾司马迁生年百年论争的由来,也就是问题的提出。下分四个层次展开。

一、王国维考证司马迁生年为公元前145年,论点坚实,方法正确,逻辑严密

考证司马迁的生年,王国维和郭沫若两家都是根据《太史公自序》的三家注来推算的。

司马谈卒于元封元年。《太史公自序》云:"卒三岁而迁为太史令。"司马贞《索隐》在这一句下注云:

《博物志》:太史令茂陵显武里大夫司马〔迁〕,年二十八,〔元封〕三年六月乙卯除六百石。

元封三年,即公元前108年,司马迁年二十八,郭沫若据此推算,生于汉武帝建元六年,公元前135年。

司马迁当了五年太史令,汉武帝改元太初,颁布新历,这是一件划时代的大事。故张守节的《正义》就在"五年而当太初元年"下加案语说:

案:迁年四十二岁。

太初元年是公元前104年,迁年四十二,王国维据此推算,当生于汉景帝中五年,公元前145年。

表面上看，司马贞与张守节均为初唐同代人，又同出一个师门，都是张嘉会的学生，两人的话具有同等价值，不分伯仲。但司马贞引用了文献，《博物志》所载汉时簿书《茂陵中书》的材料；而张守节直以按语出之，没有说明其言所据何书，因此，似乎《正义》的价值应低于《索隐》，这也是若干持前 135 年说论者的口实。① 但王国维不这么看，他的识见高于形而上，首先调查十年之差的原因在哪里，有两个可能：其一，两说的材料来源是否不同，是否可靠，这是头等大事；其二，两说在流传中发生了数字讹误。《索隐》所引转自西晋张华所著《博物志》，王国维用两条敦煌汉简的行文格式来证明《索隐》所引确系汉时簿书，非魏晋人语，为"最可信之史料"。《正义》的依据在哪里呢？张守节直以按语出之，必有所据。正因张守节与司马贞是同时代人，所见材料应当是同一来源，结论亦当本《博物志》。既然材料没有问题，十年之差的产生，必然是在传抄流传中数字发生了讹误，即数字讹误说，这是王氏立论的基石。

王国维考证的价值，有以下三个方面的意义。

1. 论点坚实

所谓论点坚实，即指前文所说立论基石"数字讹误说"不可动摇。《索隐》《正义》既然材料同源，否认这一论点，必然的逻辑就要承认司马迁有两个生年，这当然是荒谬的。郭沫若、李长之皆否认数字讹误说，其说法是给《正义》的按语"迁年四十二岁"找出路，说张氏按语是指司马迁一生只活了四十二岁，这就违反了汉时簿书论述行年的文例。王国维引据的敦煌汉简两例，郭沫若补充的居延汉简十例，《博物志》所引《茂陵中书》司马迁以太史丞为太史令，"年二十八"，皆指行年的年岁，而不是一生的年寿，只有人死的时候才会说他一生的岁数。例如《孔子世家》："孔子年七十三，以鲁哀公十六年四月己丑卒。"如果一个人的一生无事迹可述，或事迹不值得记述，只写他一生活了多少年，人死已包含其中，这当然

---

① 例如赵光贤在《司马迁生年考解》（《北京师范大学学报》1983 年第 3 期）一文中就说，怎么能把张守节来历不明的说法，凌驾于有最高价值的《博物志》原始材料之上呢？

是指一生的年寿。仍以《孔子世家》为例："子思生白，字子上，年四十七。子上生求，字子家，年四十五。子家生箕，字子京，年四十六。……"，等等，皆为记述终止语，所记数字才是指一生的年寿。《正义》按语"迁年四十二岁"与《索隐》所引《博物志》："司马迁，年二十八，三年六月乙卯除，六百石。"同例，皆非终止语，"四十二"与"二十八"都指的是行年岁数，而不是一生的年寿。

2. 方法正确

方法正确，指王国维推定司马迁生年不是想当然，钻牛角，玩文字游戏，而是实实在在做考证。王国维取信《正义》而舍《索隐》用了两个方面的考证。一是用校勘学鲁鱼亥豕形体相近致误的常理推断；二是排比司马迁行年来验证。

(1) 鲁鱼亥豕之误。 假定《正义》讹误，则十年之差为"三十二"讹为"四十二"；如果是《索隐》讹误，则为"三十八"讹为"二十八"。王国维说：

> 三讹为二，乃事之常；三讹为四，则于理为远。以此观之，则史公生年，当为孝景中五年，而非孝武建元六年矣。

史籍中有大量二三相讹的例证，而三四相讹则很少。单就讲鲁鱼亥豕之讹，王国维的方法成立。但数字的写法有一个演变的过程。汉唐时期"二十""三十""四十"，一般作连体书，为"廿""卅""卌"。郭沫若指出汉时簿书，"廿""卅""卌"这几个两位数字的连体书是殷周以来的老例，"都仅一笔之差，定不出谁容易，谁不容来"①。袁传璋进一步指出两位数字封口的连体书作"廿""丗""卌"，廿与丗相讹为近，丗与卌相讹为远。又，"丗"与"世"字的草书丗"字形近，"丗"讹为"丗"，再讹为"四"。所以古籍中"卅"、"卌"相讹的例子很多，这也是事实。②

对此，徐朔方有如下评论：

---

① 参见郭沫若：《〈太史公行年考〉有问题》，《历史研究》1955 年第 6 期。
② 参见袁传璋：《从书体演变角度论〈索隐〉〈正义〉的十年之差——兼为司马迁生于武帝建元六年说补证》，台湾《大陆杂志》90 卷第 6 期，1995 年。

郭沫若《〈太史公行年考〉有问题》一文指出:"汉人写'二十'作'廿',写'三十'作'卅',写'四十'作'卌'。这是殷周以来的老例。如就廿与卅,卅与卌而言,都仅一笔之差,定不出谁容易,谁不容易来。"但是现在发生争论的并不是汉人的写本,而是唐代《索隐》的写本,王国维说"三讹为二,乃事之常;三讹为四,则于理为远"。这句话用来说明汉简,确实"都是一笔之差,定不出谁容易,谁不容易来",但若用来说明唐代写本存在的问题,再考虑到《正义》对《索隐》原有修订补充的关系,王氏说法就不能轻易加以否定。①

我们认为徐氏的说法是中肯的。据程金造先生的考证,司马贞稍年长于张守节,《索隐》早于《正义》二十年问世,后出的《正义》对《索隐》有疏通、修订与补充的关系。张守节按语是依据《索隐》"年三十八"之文推断出来的,《索隐》是在唐代以后流传中"三十八"讹为了"二十八",王氏的常理说当然不能轻易加以否认了。

(2) 排比司马迁行年考证。如何论证《正义》与《索隐》的是非,最可靠的方法是找出司马迁行年的几个坐标点,进行行年排比,看哪一个生年最合理,不要在任何后人举证的孤证上纠缠,这才是科学的论证方法。王国维考证司马迁的生年,就是从行年研究入手的。他的论文初名《太史公系年考略》,过了七八年改名《太史公行年考》重新发表,将"系年"改"行年"一字之差,确有极大深意。"系年"就是编年,作年谱,"行年"强调其人生轨迹的经历。持前135年说论者的多数学者根本没有读懂王国维一字之改的意义,也没有了解王国维考证的科学方法,抓住王国维举证的一些疏漏,放大渲染,妄加批驳,此不足与之论道矣。王国维排比行年方法的具体运用详本文第三题。

---

① 徐朔方:《司马迁生于汉景帝中元五年考》,《杭州大学学报》1983年第3期,后收入徐氏《史记论稿》,江苏古籍出版社1984年版。

3. 逻辑严密

赵光贤驳难王国维，怎么能把张守节来历不明的说法凌驾于有最高价值的《博物志》原始材料之上呢？这正是王国维识见高人一筹的地方，不是表面上看谁有据，谁无据，而是发现《索隐》说与司马迁行年不相符，于是用严密的逻辑推论出《正义》与《索隐》同源。因为按语是结论，它必有前提，必有所依，或是赞同，或是补充，或是驳难。《正义》按语是一种赞同语，但数据不同，所以结论是数字讹误。

二、郭沫若、李长之主张司马迁生年为前135年说无一考据

郭沫若《〈太史公行年考〉有问题》，举证三条驳难王说，李长之《司马迁生年为建元六年辨》，举证十条以立其说。郭、李两文以主观认定当事实，以推论代考据，如果硬要加一个标签，可称之为在字缝中做考证，说文雅点，可称为文学虚构考证法，在学术界开了一个不好的先例。

对郭、李两文的考据，分述于次。

1. 郭文驳难王说，举证三条，皆有辨无考，不能成立

郭文第一条用汉简记录数字连体书写的殷周老例，驳难王国维的常理说，虎头蛇尾，无果而终。郭文说：

> 汉人写"二十"作"廿"，写"三十"作"卅"，写"四十"作"卌"。这是殷周以来的老例。如就廿与卅，卅与卌而言，都仅一笔之差，定不出谁容易，谁不容易来。

既然定不出谁优谁劣，必然的逻辑，《索隐》与《正义》在天平的两端是平衡的，在理论上，《索隐》与《正义》都有可能发生讹误，到底是谁家讹误要作考证，拿出证据。郭文拿不出考证，效法李文，笔锋一转："因此，这第一个证据便完全动摇了。"此指王国维说《索隐》"三十八"讹为"二十八"完全动摇了。岂止"动摇"，

而且是"完全"的动摇。请问：证据在哪里？答曰：没有。

郭文第二条，未加考证就主观认定"年十岁诵古文"即是向孔安国问故，证明司马迁晚生十年正好与王国维说迁年二十问故于孔安国吻合。这也是未做考证的主观认定，取巧借力王国维之说以立说，王错郭亦错，是没有价值的。

郭文第三条说董仲舒元朔元狩间已家居广川，司马迁向董仲舒学习不知在何处，"在京有可能，在广川也有可能"，"年幼时曾见董仲舒"，"如在广川，那就更晚几年（按：指司马迁十七八更晚几年）也没有问题了"。郭文用此以驳难王国维司马迁年十七八向董仲舒学习。此处仍未见郭文有任何考证，而且十分有趣，郭文承袭王国维的错误以驳王国维。董仲舒晚年家居茂陵，《汉书·董仲舒传》显赫记载"家徙茂陵"，王氏、郭氏均不察，可证郭文匆忙草就。郭文的第二、第三两条驳难是典型的文字游戏，与司马迁生年的考证毫无关系。

司马迁向孔安国问故，向董仲舒学习，在二十南游归来的二十三四至二十七八岁之时，当元朔末至元狩间。① 王国维并未说司马迁年十岁向孔安国问故，但说"年十岁随父在京师诵古文"，"年二十左右向孔安国问故"，见董仲舒"亦当在十七八以前"，也是以推论代考据，是不成立的。郭文借势辩驳，亦未做考证，当然不成立。考证是一个用力勤而细致的功夫，无论王国维还是郭沫若，用力不到也必然漏洞百出，即便你是才高八斗，巧舌如簧，妙笔生花也帮不了忙，此可以为做考证工作者戒。

郭文开篇用了三分之一以上的篇幅补充了十条居延汉简证明《索隐》所引《博物志》为"最可信之史料"，可以肯定这是有价值的，但对于考证司马迁的生年没有超出王国维一步，它只是给人一个印象，王氏考证"证据不够"，为自己紧接的三条驳难做铺垫。而郭文的三条驳难，只是给读者造成一个错觉，似乎有三条考证，三条证据，其实哪一条都不是。

---

① 参见张大可：《关于司马迁生年的考辨》，《上海师范学院学报》1984年第2期。

2. 李文十证，亦无一考据

李文发表未受社会关注，由于郭文引为奥援，才声名鹊起。陈曦教授《李长之关于司马迁生于前135年说举证十条无一考据》[①]，对李文已作了逐条解读，本文不再重复，这里仅对影响最大的第一条"早失二亲说"与第四条"空白说"略作述评。

(1) 先说第一条，"早失二亲说"。郭、李两文均声称，二十六岁死父亲可以说"早失"，三十六岁死父亲不可说"早失"。这一条如果成立，只是一个论点，为什么二十六岁可以说"早"，三十六岁不能说"早"，要做考证来说明。李长之未做考证，放了一个烟幕弹，说："他（指司马迁）决不能把父母是否早死也弄不清楚"，偷换概念，转移视线，避开了回答"早失二亲"，把待证的论点，偷换成了证明前135年说的证据。郭沫若称其为驳难王国维的"致命伤"，真是莫名其妙。

"早失二亲"，断章取义可以有多种解释。按常规这个句子不添加字解释，主语为二亲，即"二亲早失"，指双亲走得早，为了突出"早失"而倒装。双亲走得早，又可以有三种意义。一是双亲走得早，当儿子的没有尽孝，感到失落；二是双亲走得早，儿子很孤独；三是双亲早已走了，儿子已无牵挂。视语法环境确定其义，或语义双关，三者皆有，《报任安书》正是如此。如果"早失二亲"为无主语句，添加说话人为主语，即"仆早失二亲"，主语承上省，指年纪轻轻就失去了双亲。有人形容汉语是一种飘动的语言，词性可以活用，在不同的语法环境就有不同的解释，但语法环境确定了就只能有一种解释。《报任安书》中的"早失二亲"，前后共是五句话，连贯起来只能是一种解释，指双亲走得早。让我们共同来分析。

> 《报任安书》云："今仆不幸，早失二亲，无兄弟之亲，孤身独立，少卿视仆于妻子何哉？"

语译如下：现在我很不幸，父母早已死了，又没有兄弟，孤独只身，

---

① 刊于《史记研究》第一辑，商务印书馆2016年版。

少卿，你看我是一个怀恋妻子、孩子的人吗？司马迁遭遇不测之冤，交游莫救，左右不为一言，没有了父母兄弟，身边无一个亲人可诉衷肠，感到十分孤独。这也好，我如果以死抗争，也没有父母兄弟的牵掛，难道我是一个留恋妻子、孩子而丧失大义的人吗？在这一语法环境中，"早失二亲"只能有一个解释，指双亲走得早。按王国维说，《报任安书》作于太始四年，上距司马谈离世的元封元年是十八年；如果按清赵翼说作于征和二年，则上距元封元年是二十年，当然可以说"早失"，这与"三十六岁"或"二十六岁"有何干系？

郭沫若、李长之不顾语法环境，断章取义"早失二亲"，在他们的笔下成了年纪轻轻失去父母，按这一解释，愈是年幼愈是孤苦，当然"二十六岁"比"三十六岁"更贴近情理。但在古代讲究礼制的社会，如果儿子比父母走得早，即便是六十、七十、八十都可以说"早失"。抛开父子关系，一个有作为而未尽天年的人死得早令人惋惜，多大年岁是一个界限呢？"颜渊早夭"，一说颜渊死时三十二岁，一说四十二岁，无论哪一说均已超过二十六岁。1950年代中的大讨论，郑鹤声、程金造就以此驳难郭沫若、李长之的"早失二亲说"不成立。于是又有前135年说后继论者争辩说，郭、李说的是"早失二亲"，郑、程讲的是"儿子早失"，偷换了概念。① 由于古代文献找不到"早失二亲"为年纪轻轻死了父母的解说例证，郑、程不得已从礼制中替郭、李找依据，反向说为证，这不叫偷换概念。又有前135年说后继论者说，古人称"三十而立"，"二十六"未到而立之年可以说"早"；"三十六"已过而立之年就不可说"早"②。只可惜这一雄辩是前135年说后继论者的附会，不是《报任安书》要表达的意思。

本文不惜笔墨分析"早失二亲"，因为这是郭沫若驳难王国维拿得出手的唯一论据，并声称是王国维的"致命伤"；同时还是李文十条的第一条论据，又是前135年说后继论者津津乐道的论据，必须

---

① 罗芳松：《司马迁生年问题辨析》（续篇），《成都大学学报》1987年第3期。
② 参见刘大悲：《司马迁生年探源》，《西昌师专学报》1997年第4期。

说透。在此还有两点补充。第一点，郑鹤声、程金造两人的驳论就事论事，没有抓住要害。以年纪轻轻失去双亲来解释"早失二亲"是郭、李断章取义的强加，是一种错误的解读，这才是要害。这就是本文的第二点补充：有意错解，至少李长之是有意错解。证据在哪里？证据就在李文同一条的偷换概念中。李文第一条的全文如下：

> 司马迁《报任少卿书》明明说："早失二亲。"（据《汉书》）如果生于前145年，则司马谈死时，迁已经三十六岁，说不上早。他决不能把父母是否早死也弄不清楚。假若生于前135年，迁那时便是二十六，却才说得过去。

三十六岁死父亲，"说不上早"，二十六岁死父亲，"却才说得过去"，这是指年纪轻轻死了父亲，什么年龄可以说"早"，什么年龄不可以说"早"，"早"与"不早"主体指说话人。"他决不能把父母早死也弄不清楚"，这一句的"早"与"不早"，主体是指死者，即父母离去时间的长短。这一句才是正解，说明李长之是读懂了"早失二亲"的。"早失"的两种概念，即两种解释是不兼容的。郭沫若引援李文，斩钉截铁地说这一证据是王国维的"致命伤"，郭氏是误读"早失二亲"而引援，还是有意而引援，那就不得而知了。

(2) 关于李文的第四条"空白说"。此条"空白说"最受前135年说后继论者的追捧，李文是怎么讲的呢？李文说：

> 如果照郑鹤声的《年谱》（他也是主张生于前145的），司马迁在元朔五年（前124年）仕为郎中，一直到元封元年（前110年），前后一共是十五年，难道除了在元鼎六年（前111年）奉使巴蜀滇中以外，一点事情也没有吗？这十几年的空白光阴恐怕就是由于多推算了十年而造出的。

司马迁写历史人物传记，不是开履历表，不是记流水账，而只写每个历史人物的重要言行，只写大事，突出重点。《太史公自序》着重写司马迁父子怎样写《史记》，对司马谈出仕三十年，只用了一句话概括："太史公仕于建元元封之间。"然后倒叙又只写了与作史有关的三件事：《论六家要指》、培养司马迁、临终遗命。不只是司马迁，二十四史都是这个写法，如果按照李长之逐年对照无空白的读史方法，二十四史个个人物都有空白。再说，历史人物不是个体孤立的活动，而是群体交际，人物传记详于此略于彼，此处未写不等于是空白。李文在结束时说，《史记》是一部充满浪漫色彩的诗史，应当出自一个"血气方刚，精力弥漫的壮年人"之手，年龄应当在"三十二岁到四十几岁"，不能是"四十二岁到五十岁"，"那是一部成人的东西"。这大概就是李氏要司马迁晚生十年，而又要司马迁早死，一生只活了四十二岁的原因吧。《史记》是一部文史名著，由于它以人物为中心述史，才兼及文学。《史记》定位，第一是历史学，第二才是文学。文学创作可以产生神童作家，而历史记述要博闻强记许多历史事实，不假以时日，创作不出伟大的历史著作。本文前面说到王国维、郭沫若两位大学者，用力不到位，写一篇论文都要漏洞百出，遑论恢宏论著。《史记》《汉书》都是父子两代人的结晶，古今中外伟大的历史著作未闻产自青年学者之手。李文说《史记》只能出自一个"血气方刚，精力弥漫的壮年人"之手，那么司马谈发凡起例，三十年的作史到哪里去了？可以说李长之的考证目的是一种浪漫的奇思妙想，于是"空白说"也就这般地幻想出来了。

　　李文的"空白说"不能成立，有施丁和笔者两人的考证[①]，自元朔三年南游至元封元年奉使还报命，即公元前126至公元前110年之间十七年，司马迁行年有如下内容：

　　元朔三年（前126），开始南游；

　　元朔五年（前124，张说）或元狩元年（前126，施说），此年左右，"过梁楚以归"。

　　元朔末至元狩五年，司马迁二十三四至二十七八，问故于孔安国，受学于董仲舒。

　　元狩五年（前118），"仕为郎中"，"入寿宫侍祠神语"。

　　元鼎五年（前112），扈从武帝，"西至空桐"。

---

　　① 参见施丁：《司马迁生年考——兼及司马迁入仕考》，《杭州大学学报》1984年第3期；张大可：《关于司马迁生年的考辨》，《上海师范学院学报》1984年第2期。

元鼎六年（前111），此年春，"奉使西征"。

元封元年（前110），"还报命"。

如上考证，根本不存在的"空白说"，却受到众多"前135年说"论者的追捧，包括赵光贤、袁传璋、赵生群等若干后继论者，不过他们在文章中绝口不提"空白说"，变换形式长篇大论演绎"空白说"。后继论者以1950年代赵光贤教授率夫先导，本世纪以袁传璋教授用力最勤并在"于是"二字上大做文章，立足于字缝中作考证，亦一奇也。袁传璋解"于是"为介词，指"就在此时"，谓司马迁南游归来不久就"仕为郎中"。按："于是"当解为连词，即今汉语之"于是"，作文言解应释为"在这之后"，指司马迁南游归来之后值得大写的事件是"仕为郎中"，前后两者相隔数年不是空白，是史笔的略写。"仕为郎中"要作考证。王国维说"其年无考，何自为郎，亦不可考"，有些难度，但并非不可考，施丁考证"仕为郎中"在元狩五年，公元前118年，司马迁二十八岁。迎难而上，乃治学严谨之态度，玩文字游戏是不能代替史实的。李文的其他八条，更加空洞以猜想为说，背离已知推未知的原则，转换笔锋用语是"假若""看口气，也很像""似乎""宛然是""但我想""的确可能"云云。详陈曦评述文章的逐条解读，兹不赘。

三、排比行年是考证司马迁生年唯一正确的方法

司马迁生年由于《索隐》《正义》两说并存，具有同等权威，因此两说推导的生年均为假说，需要求证落实，也就是《索隐》《正义》两说都是待证的"果"，而不能作为推证生年已知的"因"。这一原则，当今力主前135年说论者袁传璋、赵生群均认可[①]，成为论

[①] 袁传璋说："《索隐》注引《博物志》、《正义》按语在证明自身准确无讹前不能作为推算司马迁生年的'直接证据'。"参见袁传璋：《太史公生平著作考论》，安徽人民出版社2005年版。赵生群说："从理论上说：《索隐》《正义》都有可能产生讹误，也都有可能不误。"见赵文《论司马迁生于建元六年》，载《司马迁与〈史记〉国际学术研讨会论文集》，2000年9月。

争双方的共识。在没有找到直接的材料之前,只依据现有文献资料,排比行年是验证司马迁生年唯一正确的方法。具体说,就是通过考证,尽可能找出有关司马迁行年的资料或行年线索,然后串联起来验证依据《索隐》《正义》推导的两个生年假说,哪一个合于司马迁自述的行年轨迹,就确定哪一个为司马迁的生年。是否遵循以上原则是检验前135年说与前145年说谁是谁非的试金石。

1. 排比司马迁行年的考证原则

排比行年考证司马迁生年,是一种推理考证。推论的要点有三:一是由已知推未知,切忌用未知的假设推未知,"我猜想"是最无稽的假设,要彻底杜绝;二是推理要符合逻辑,切忌诡辩与因果循环互证;三是推理论据要有多条,孤证不立。王国维的常理说,尽管有大量的历史依据也是孤证不立。

排比的司马迁行年,要运用考证的方法转化未知为已知。已知的行年资料如果既有确切的纪年,又有司马迁年岁,只要有一条就可推知司马迁生年。《索隐》引据的《博物志》与《正义》按语,这两条原始资料就是标准的行年基准点。所谓"基准点",就是地标,用以指示地理位置。行年基准点是一个比喻的说法,指有确切年代的行年定位点,有了它就可推知生年。《索隐》《正义》两个行年基准点,郭沫若与王国维各据一个推定了司马迁的生年,由于两个基准点定位不同而并存,所以推定的生年成为了待证的假说。反过来说,《索隐》《正义》两个行年基准点的价值就是推出假说以待证,而不能单独用于推导司马迁的生年,否则就是因果循环互论,袁传璋、赵生群两人均赞同此原则,但两人在考证中最为得意之作,均又违背这一原则,所以不得不在此详解司马迁的行年基准点。

袁传璋《从书体演变角度论〈索隐〉〈正义〉的十年之差——兼为司马迁生于武帝建元六年说补证》[1],洋洋一万余言,论证十年之差廿与卅相讹于理为远,卅与卌相讹于理为近,以为这就证明了

---

[1] 载台湾《大陆杂志》第90卷第4期,1995年4月。

《索隐》说。赵生群《从〈正义〉佚文考定司马迁生年》①，从宋南王应麟《玉海》卷四十六发现《史记正义》亦引《博物志》云："迁年二十八，三年六月乙卯除，六百石。"于是信心满满以为找到了铁证，亦认为已经证明了《索隐》。袁、赵两人只是证明了《索隐》所引为"年二十八"，没有任何考据证明张守节按语有误，也没有任何考据证明《索隐》的"年二十八"不误，仍然回到了假说的原点，什么也没有证明。尤其是赵生群引据的《玉海》更是断章取义，误导读者以为他找到了原始资料，其实是第三手、四手，乃至第五手的转引资料，正确性值得怀疑。查《玉海》卷四十六，王应麟在自己撰述的《汉史记》条下引录《史记正义》曰云云，而删除了张守节按语，正如易平所说王应麟的作法，只能是"将这条《正义》佚文的史料价值降低到只能说明《索隐》引言正确无误，仅此而已"②。按逻辑推断，如果《玉海》所引《史记正义》佚文是真实的，恰恰是张守节在驳正《博物志》，也就是驳正《索隐》，那么张守节按语必另有所据。由于三家注合刻删除了依据，又由于王应麟转述将张守节按语一并删除，则《正义》的驳难依据也就无考，但不能说无据。依王国维说，《博物志》原文作"年三十八"，《索隐》错为"年二十八"；程金造说，《博物志》《索隐》均为"年三十八"，不误，《正义》据此推断为"年四十二"，也不误。十年之差是《索隐》在唐以后流传中导致数字讹误。《玉海》是唐以后，晚至南宋，材料转引四五手，岂不验证了程金造的考证？总之，单独在《正义》《索隐》数字的讹误上纠缠不清，永无定论，但也不能把一个伟大历史人物的生年永远两说并存。依据现有史料，特别是司马迁自己写的行年资料，可以推定他的生年，也就是说，排比司马迁行年验证司马迁的生年这一唯一正确的考证方法是绕不开的。③

---

① 载《光明日报·历史周刊》2000 年 3 月 3 日第 8 期。
② 易平：《司马迁生年考证中的史料鉴别问题》，《光明日报·历史周刊》2000 年 4 月 28 日第 15 期。
③ 综观袁、赵二氏的考证，对司马迁行年的考证，没有走出李长之十条无据考证的范围，而特别倚重的"新证"，总在《索隐》《正义》的"年二十八"上做文章，意在绕开行年考证，是徒劳的。

《太史公自序》和《报任安书》可以视为司马迁自传,虽然失载生年,却留下了行年线索,通过考证找到行年关节点,然后串联行年关节点用以推论验证前135年与前145年两个假说,从而确定司马迁的生年。行年关节点,就是把握司马迁行年中几个关键的时间、空间节点,用考证方法把行年线索转为确切已知的纪年或年岁时段,然后串联若干个行年关节点就可代替行年基准点,由已知推未知了。《太史公自序》云:

> 迁生龙门,耕牧河山之阳。年十岁则诵古文。二十而南游江淮……过梁楚以归。于是迁仕为郎中,奉使西征巴蜀以南,南略邛、笮、昆明,还报命。是岁天子始建汉家之封。

《报任安书》云:

> 仆赖先人绪业,得待罪辇毂下二十余年矣。

这两段话,提供了九个行年关节点,即:(1)迁生龙门;(2)耕牧河山之阳;(3)年十岁诵古文;(4)二十南游;(5)于是迁仕为郎中;(6)奉使西征巴蜀以南;(7)还报命,是岁天子始建汉家之封;(8)《报任安书》作年;(9)得待罪辇毂下二十余年。此外,《索隐》所引《博物志》提供了第(10)个行年关节点。即"太史令茂陵显武里大夫司马迁",表示"迁生龙门"的司马迁"家徙茂陵",这是极其重要的一个行年关节点。

上述行年关节点,只有第(7)项,"还报命,是岁天子始建汉家之封"有准确的时间,即元封元年,公元前110年,套入两个假说的生年,前135年说,是年司马迁二十六岁;套入前145年说,是年司马迁三十六岁。比较这两个年龄段,司马迁是青年奉使,还是中年奉使,无法判断。进一步追问,奉使背景是什么?据王国维考证,《汉书·武帝纪》元鼎五年,公元前112年,冬十月,司马迁扈从武帝"行幸雍,登空同,西临祖厉河而还"。这一年的年中在夏四月①南越王吕嘉反,汉武帝派出五路大军征讨,其中一路巴蜀之

---

① 汉承秦历,以十月为国家纪年之岁首,故十月至第二年之九月为一年。

军由驰义侯率领从犍为郡出发讨南越，遭到在今贵州境内的且兰君阻拦，未能与其他四路讨越军会师番禺（南越都今广州市）。元鼎六年，公元前111年，汉武帝东巡，至左邑桐乡，传来南越已破的消息，汉武帝升左邑桐乡为县，改名为闻喜县，这就是今山西省的闻喜县。春正月，汉武帝巡行至汲新中乡，吕嘉的人头传至，汉武帝又提升汲新中乡为获嘉县。此时又传来负面消息，巴蜀兵受阻，汉武帝立即派出钦差大臣即司马迁为郎中将①，其使命是监军征讨，并设郡置吏。此为第（6）项行年关节点："奉使西征巴蜀以南"，确知在元鼎六年，公元前112年春正月。西南夷平定总共设置了七个郡，司马迁还报命要追上汉武帝封禅泰山，告命上天庆成功，故见父于河洛，已是元鼎七年，公元前110年夏四月。五月封禅泰山后改元为元封元年。通过司马迁奉使西征从元鼎六年春正月至元鼎七年夏四月，历时一年又四个月。考定这一背景要详读《汉书·武帝纪》《史记·西南夷列传》，对照《太史公自序》与《司马相如列传》，是一个细致的论证过程，而不是想当然。考明这一背景，再与第（4）项时间关节点"二十南游"串联，就可以推论，中年三十六岁司马迁比青年二十六司马迁奉使更为靠谱，因为二十南游当有数年之久，回归京师"仕为郎中"要等待机会，扈从武帝历练数年才可为钦差大臣，这才合于情理，若二十六岁的司马迁为钦差，他就是十分有幸而少见的少年得志，就不会在《报任安书》中有"固主上所戏弄，倡优畜之"的牢骚了。

　　上文考证是一个举例。还有八项行年关节点，要一一作考证，尽可能找出更多的行年关节点的准确年代，作为已知的"因"，用以推论司马迁生年，就可以一步一步逼近司马迁确切的生年即所要求证的"果"。第（1）项迁生龙门，这一行年关节点即司马迁生年，是所要求证的"果"，不是推论的"因"，但与第（2）项"耕牧河山之阳"与第（10）项"家徙茂陵"串联，就可考证出"家徙茂陵"

---

① 汉武帝从建元六年至元鼎六年径略西南夷前后长达二十五年，历经唐蒙、司马相如、司马迁三位大臣，唐蒙为郎中将、司马相如为中郎将奉使，推知司马迁最低亦当为郎中将。

确切的司马迁行年时间段，即"耕牧河山之阳"的时间段，所以考证第（10）项"家徙茂陵"是一个重要的时间关节点。第（3）项"年十岁诵古文"，指司马迁天资聪慧，学习条件好，十岁就能读古文书，与司马迁生年没有关系，应排除在行年关节点的考证之中，纠缠于"十岁诵古文"的考证，别有用意，乃是伪考。第（4）项"二十南游江淮"，包含南游时间点，以及游历时间段，双方绝大多数论者的共识认为至少二三年，个别论者推断最短一年，最长五年①，均可不论。还有四个时间关节点，即第（5）项"于是迁仕为郎中"，第（8）项《报任安书》作年，第（9）项"得待罪辇毂下二十余年"，第（10）项"家徙茂陵"。均为极重要的时间关节点，成为能不能准确推知司马迁生年的要件。

综上分析，"家徙茂陵""仕为郎中""《报任安书》作年""待罪辇毂下二十余年"四个行年关节点必须考据，任何拍脑袋的想当然即为伪考伪证。

支持王说与郭说双方的论者，最大区别点就在于王说论者，即前145年说论者用考据文献作结论；郭说论者，即前135年说论者咬文嚼字想当然作结论。下面分别对前145年说论者与前135年说论者的论据，做出具体分析，是非自然分明。

2. 司马迁生年前145年论者的考据

（1）对"家徙茂陵"之考证。《汉书·武帝纪》元朔二年"徙郡国豪杰及訾三百万以上于茂陵。"这是汉武帝采纳主父偃献计，以达"内实京师，外销奸猾，此所谓不诛而害除"②的目的。郭解、董仲舒家徙茂陵，就在这一年。此是国家行为，为今皇帝寿陵置邑，大规模移民。程金造以司马迁见郭解证明司马迁也是元朔二年，即公

---

① 司马迁二十南游江淮，历经大江南北，南至湖南衡山、浙江会稽山，北涉山东汶水、泗水孔孟之乡，讲业齐鲁，过梁以归，为网罗天下放失旧闻，最短时间要两三年。个别学者，持前135年说论者赵光贤推断为一年，持前145年说论者郑鹤声推断为五年。

② 《史记·平津侯主父列传》。

元前127年家徙茂陵的。① 前135说论者亦多从此说。

将上文第（1）项"迁生龙门"、第（2）项耕牧河山之阳，与此第（10）项"家徙茂陵"三项时间关节点串联，套入司马迁生年前135年说，司马迁九岁家徙茂陵；套入生年前145年说，则司马迁十九岁家徙茂陵。也就是说，按145年说，司马迁少年时代十九岁以前耕牧河山之阳，合情入理；按135年说，司马迁九岁前蒙童耕牧河山之阳，实属荒诞。又，司马迁年十九家徙茂陵，二十南游，则司马迁问学于董仲舒，问故于孔安国是在南游归来的二十三四岁到二十七八岁之间，与董仲舒、孔安国在京时间相符合。董仲舒大体死于元狩六年或元鼎二年，元狩六年孔安国出为临淮太守，司马迁年二十九岁。

李长之十条之八也以司马迁见郭解为前135年说之一证。李长之说郭解元朔二年被杀，死前到夏阳安置外祖家老小，这一年司马迁九岁见郭解，若是十九岁就没有见郭解的机会。李长之对常见史料视而不见，就颠倒为说，殊不可解。这常见史料就是《游侠列传》的记载：

  及徙豪富茂陵也……（轵）人杨季主子为县掾，举徙解。解兄子断杨掾头。由此杨氏与郭氏为仇。
  解入关，关中贤豪知与不知，闻其声，争交欢解。……已又杀杨季主。杨季主家上书，人又杀之阙下，上闻，乃下吏捕解。解亡，置其母家夏阳，身至临晋。临晋籍少公素不知解，解冒因求出关，久之，乃得解，遂族郭解翁伯。

郭解入关，动静很大，关中贤豪知与不知，争着与郭解交朋友，司马迁也当是在关中，即茂陵见郭解。当郭解被仇家告发，他成了一个被通缉的在逃犯，是偷偷摸摸安置母亲及其外祖到夏阳的，又是冒名混出了临晋关，怎会被一个九岁小孩所知？一个"解亡"，一个"解冒"，这样显赫的字眼被李长之忽略了，其漠视事实竟如此。

（2）对"仕为郎中"之考证。施丁考证司马迁"仕为郎中"在元狩五年，公元前118年，司马迁二十八岁。根据有二：其一，《封

---

① 程金造：《从〈史记〉三家诠商榷司马迁生年》，收入《司马迁与史记》，中华书局1957年版。

禅书》太史公曰："余从巡祭天地诸神名山川而封禅焉。入寿宫侍祠神语，究观方士祠官之意，于是退而论次自古以来用事于鬼神者，具见其表里。"寿宫，元狩五年置，"入寿宫侍祠神语"，乃元狩五年事。其二，据《田叔列传》褚补和《卫将军骠骑列传》及《三王世家》，司马迁的两位好友任安、田仁，元狩四年尚为卫将军舍人，而任安元狩六年已是太子少傅①，可见任安与田仁是在元狩五年仕为郎中。两人为郎，是少府赵禹奉武帝之命到大将军府选取才俊为郎。郎官无定员，但也不是年年岁岁随时入仕为郎。从赵禹选郎严苛的要求来看，元狩五年是较大规模的选郎，司马迁赶上这个机会，应当在元狩五年入仕为郎。

(3)《报任安书》作年与"侍罪辇毂下二十余年"。由于"二十一"到"二十九"均可称"二十余"，又由于《报任安书》有三种说法："太始元年""太始四年""征和二年"，三说又有六年之差，所以这两个时间点关联有很大争议。不过，王国维的太始四年说与清赵翼的征和二年说只有两年之差，这两个时间点关联只用于验证"仕为郎中"的年代是否可信，仍然是推导司马迁生年的重要参考数据。

3. 司马迁生年前135年说论者的论据

前135年说论者之源是郭沫若、李长之两人，他们的立论无一考据，前文已述及，姑名之为"文学虚构考证法"。前135年说后继论者为流，大都继承了郭、李二氏之法。代表论者，1950年代有王达津、赵光贤，1980年代有吴汝煜、苏诚鉴，千年世纪之交有袁传璋、赵生群等。

王达津、赵光贤两位学者十分强调史料的运用，极为重视考据，但在实际操作中，两位学者却违背了正确的考证原则。司马迁自己在《报任安书》中十分明白地写了"主上幸以先人之故，使得奉薄

---

① 施丁此说引用《索隐》司马贞之误说失检，应从袁传璋之考证，"臣安"，非"任安"，而是皇室成员"刘安国"。笔者亦不赞同施丁的"任安"说，在拙著《史记新注》（华文出版社2000年版）、《史记通解》（商务印书馆2015年版）两版的《三王世家》注"臣安"为"刘安"，系推论，今后再版亦当据袁传璋之考证订正。但袁传璋的考证，对于纠正司马贞之失，以及施丁失检，均有意义，但并未驳倒施丁的考证，只是修正了施丁的一个论据中的其中一个证据。

技，出入周卫之中"，也就是得到恩荫而"仕为郎中"，王达津无中生有引据不相干史料考证说司马迁为博士弟子，元狩六年随博士褚大或徐偃等循行天下，积劳而"仕为郎中"。褚大循风在元狩六年，王先生改为元鼎元年，争辩说，诏书下达在元狩六年，出行在第二年元鼎元年，是年司马迁二十岁，上推生年在公元前 135 年。还说司马迁当年出巡，当年归来就"仕为郎中"，用以填补李长之的空白说。赵光贤也认为司马迁出游与出仕在同一年，直接标明若不这样就有十余年的空白大漏洞。①

苏诚鉴《司马迁行年三事考辨》②，也将司马迁"二十南游"与元狩六年褚大等六人"循行天下"这两件历史事件相搓捏，其方法是："要确定此次行动，可试先选定司马迁生年是武帝建元六年。"既然是"试先"选定的，也就是有待证明的。可是苏文在论证过程中把假定的建元六年当作了已知的因，以因推果，以果证因，陷入了循环的因果互证中。按建元六年计，至元狩六年为十九岁，而不是二十岁。苏先生争辩说，此"取其成数而言"。王达津则说，元狩六年下达诏令，元鼎元年成行。由此可知，前 135 年说论者的推论证据原来是不讲求严格依据事实的。

吴汝煜《论司马迁生年及与此有关的问题》③ 列举十条数字相讹，欲达两个目的：一是论证十年之差是廿、卅、卌这几个数字连体造成的，不是二三相讹；二是用三四相讹推倒王国维的常理说。张大可在《评司马迁生于建元六年说之新证》④ 一文中回应称：

> 总上十例，（指吴文十例），第①例《正义》引书纪异；第②⑤⑩三例显系传写夺误；第⑥⑦两例《正义》不误，吴文自误；第⑧例《正义》误引。以上七例都与数字的讹误无关。只有第③④⑨三例存在数字讹误，均为"卌"与"卅"相讹，以

---

① 王达津：《读郭沫若先生〈太史公行年考有问题〉后》，《历史研究》1956 年第 3 期。赵光贤：《司马迁生年考辨》《北京师范大学学报》1983 年第 3 期。
② 载《秦汉史论丛》第一集，陕西人民出版社 1981 年版。
③ 载《南开大学学报》1982 年第 6 期。
④ 载《求是学刊》1984 年第 2 期。

及"二"与"三"相讹,并无"四"与"三"相讹之例。从这个分析中,可以说吴文的引例,非始料所及地再次证明了王国维的立论基石,司马迁生年的十年之差为传抄流传中数字讹误造成,从而进一步推倒建元六年说论者的数字不讹说。

吴汝煜的新证反而对王说有利。中国古籍浩如烟海,任何一种立说都可以找到若干事例,因此孤证不立,这就是司马迁生年纷争不绝的原因。智者见智,仁者见仁,但最基本的事实是不能改变的。史籍中数字讹误大量存在,而《正义》与《索隐》引据同源,两者不论是谁若发生差错,必是流传中数字讹误所致,所以王国维的立论基石是科学的,牢不可破。史籍中"二、三、四"与"廿、卅、卌"都互相发生讹误,事实俱在,任何举证推翻数字讹误说的尝试都将是徒劳的,可以说王国维"数字讹误说"的立论基石是不可辩驳的。

袁传璋、赵生群两人不仅撰写了十余篇论文,还出版了专著,用力至勤,本文只能说其主干,细枝末节从略。

综观袁、赵两人的文章,虽然篇幅大,引证的资料也不少,可能是一叶障目不见泰山,被"前135年说"这片先入为主之叶遮挡,求证以符合主观,即使是史实泰山横在眼前也看不见。他们两人考论的主干没有跳出李长之设定的十条范围,尤其是二人陷入"空白说"不能自拔,两人都在"于是"两个字上做文章,解"于是"为介词"就在此时",其实是一个误解。"于是",在《太史公自序》司马迁回顾青少年时期成长过程的那段文字中作连词用,就应该解释为"于是",或"在这之后",表示前后事件相连,并不指代时间长短。袁传璋先生用误解来缩短司马迁的十岁生年,并且说:

> 我们对司马迁的移居茂陵、从学问故、壮游入仕、友朋交往等方面的行迹作了一番认真的清理之后,发现确乎是早生十年(景帝中五年丙申,前145)则纰漏丛生,而晚生十年(武帝建元六年丙午,前135)则百事皆通。①

---

① 袁传璋:《太史公著作生平考论》,安徽人民出版社2005年版,第56页。

评司马迁生于建元六年说之新证

袁先生对司马迁行年的考证，在与生年没有多少关系的"年十岁诵古文"上用了不少笔墨，只有夸示考证功力之效，而无助于建元六年说的证明。袁先生为了弥合晚生十年的"纰漏丛生"，把司马迁元狩五年与田仁、任安同年出仕为郎，延后一至三年，说赵禹入卫将军府选郎，奉诏在元鼎元年，此乃无据是编造。按袁先生的安排，司马迁九岁家徙茂陵，十岁在父亲指导下诵古文，十二岁问故于孔安国，十四岁向董仲舒学习，二十岁在元鼎元年出游，都是想当然的安排，没有考证依据。孔安国、董仲舒不是小学教师，乃国家级大师，天子顾问，教授十几岁的少年，岂非天方夜谭？袁先生的考证功力都下在那些细微末节或不关痛痒的地方，如"十岁诵古文"，与推定生年毫不相干。袁先生把《报任安书》的作年定为司马迁的行年基准点就大错特错。其一，《报任安书》有三种纪年争论，王国维定在太始四年，清赵翼定在征和二年，施丁定在太始元年，袁先生选定的征和二年坐标点根本不成立，就算他成立，但设有司马迁的年岁，无法推定生年。又"待罪辇毂下二十余年"，理论上"二十一"到"二十九"都可称"二十余"，所以"仕为郎中"的绝对时间也不确立，何为"基准"？《报任安书》作年与"待罪辇毂下二十余年"两者串联，可以作为大致检验"仕为郎中"年代的参数，却有九个年头的伸缩误差（即21到29），作为行年关节点都排不到第一、第二位，怎么能做"基准点"？错误的基准点只是有利于"想当然"的考证安排。将袁先生的行年考证安排与李长之的"空白说"一对照就真相大白了。

袁先生用力甚勤是值得尊敬的长者。但先入为主的考证，把自己也把受影响的"前135年说"后继者带错了方向，近年来更出现了一些离奇的考证方法。最主要有两种分说于次。

（1）蒙童加减法论证。说什么司马迁二十南游，游历三年，为二十二岁，加一年二十三岁为郎中，加一年二十四岁奉使，加一年二十五岁还报命，是岁元封元年，加三年为元封三年与《索隐》"迁年二十八"相合，上推二十八年，司马迁生于前135年。①

---

① 刘大悲：《司马迁生年探源》，《西昌师专学报》1997年第4期。

(2)《太史公自序》写有生年说。持此说的论文计有：《司马迁生年及其回乡葬父新证》《从文内文外读史记》《司马迁生年新证》《司马迁生年新证之旁证》《司马迁自叙生于建元年间》，立说依据是司马迁《自序》按时间顺序记事，"迁生龙门"写在"太史公仕于建元元封之间"的后面，因此，司马谈先做官后生子。司马谈既然出仕在建元年间，后生的儿子不能在建元年间之前，所以生于建元六年。看起来很有逻辑，其实是一个伪命题。这几位前135年说后继论者是因袭李长之十条中的第五条，李长之为了拼凑十条，想当然说"看口气，也很像"司马谈先做官，后生儿子，这几位后继论者苦心孤诣找出了时间顺序记事为说。依时间先后记事是写史的最基本方法，尤其是编年史，十分讲究时间定位，《资治通鉴》要求所书史料要严格嵌入相应的日、月、时、年、年号、君主、朝代的严密序列中。但由于历史是记载群体活动，一个事件涉及多个人物，多个方面，一支笔不能同时叙写多个方面，只能一件件，一桩桩来写，所以有倒叙、插叙、交叉纪事等手法。《太史公自序》就把"谈为太史公"这句话写在了"太史公仕于建元元封之间"的前面，因为前面叙写司马氏家世至司马谈为止，不得不如此写。再看"太史公仕于建元元封之间"这一句话写了司马谈一生为官三十年，然后倒回来记述司马谈三件大事，皆与作史关联：一是发表《论六家要指》，二是培养司马迁，三是临终遗命司马迁。司马谈发凡起例、撰写《太史公书》即《史记》，《论六家要指》为述史宣言，当发表在元狩元年，公元前122年，这一年按前145年说，司马迁已经二十四岁，南游归来成为司马谈的助手了总之，试图从时间顺序记事找出《太史公自序》中记载有司马迁生年的论者，根本就没有读懂《太史公自序》，遑论从中推断司马迁生年了。

（原载《渭南师范学院学报》2017年第1期。本文第四部分《司马迁行年表》已收入本书中第七讲，在此删略）

评"司马迁生年前135年说"后继论者的新证

本文为《司马迁生年十年之差百年论争述评》（载《渭南师范学院学报》2017年第1期，以下行文省称"《述评》"）一文的续篇，继续从方法论角度阐释如何把握正确的考证方法，着重透视继郭沫若、李长之之后司马迁生年"前135年说"后继论者的"新证"，揭示其误读误解《史记》原文，搞循环论证，在字缝中作考证，论据不成立的事实。众多"前135年说"后继论者，论文数十篇，一一罗列论据上百条，其核心之点没有超出李长之的十条，本文归纳评析，所以在行文中不一一注明出处。"前135年说"后继论者，各时期代表人物为王达津、赵光贤、吴汝煜、苏诚鉴、袁传璋、赵生群等，他们的核心论文已见《述评》。袁传璋先生是前135年说后继论者集大成者，持续研究司马迁生卒年二十余年，写有十多篇论文，并以考证见长，最后将考证成果浓缩在《太史公生平考论》（安徽人民出版社2005年版）一书中，也是本文重点引述的书目，便于读者按核，特别随文括注标示，省称为"《考论》"。

一、《索隐》《正义》两说并存，皆为待证之假说，不能作为推导生年的基准点

"基准点"这一概念为袁传璋先生首先发明使用，引入这一概念推导司马迁生年极为简明，我们接受这一概念，并以此为起点与袁先生共同切磋。

基准点，就是定位点，本指准确无误的地标。基准点引入用在一个人的行年上，其所指就是某人某年某岁，准确无误。《索隐》谓元封三年、公元前108年、司马迁二十八岁；《正义》谓太初元年、公元前104年、司马迁四十二岁，两说均为推导司马迁生年的基准点。时间是矢量，只向未来一个方向流动，因此一个人的行年，一年又一年连续相接只向未来一个方面延伸，所以我们选取任何一年为基准点，所推导出的生年只能是同一的一个生年，因为一个人只能生一次，所以只能有一个生年。《索隐》与《正义》两个基准点，推导出两个生年，且有十年之差。由于《索隐》作者司马贞，《正义》作者张守节，两人均是唐代同时期的人，且又同出一个师门，因此单从《索隐》《正义》本身分不出谁高谁低，于是两说并存。

　　由于两说并存，逻辑上就有三种可能：一是两说皆误，二是两说均不误，三是两说一真一假。按一般形而上的简单思维取《索隐》舍《正义》也可以说得过去。例如赵光贤就说，《正义》按语"来历不明"，怎能凌驾于《索隐》所引"《博物志》所载有最高价值的原始材料之上呢？"王国维毕竟是大家，他思维缜密，必须用考证来在三种情况中做出最正确的选择。王国维的考证分为三步：第一步，运用汉简的书法行文款式的记录，证明《索隐》所引西晋《博物志》保存的《茂陵中书》是可靠的先汉记录。《索隐》《正义》两说并无驳辨关系，《正义》直以按语出之，必然的逻辑，两说引据材料同源，王国维认为是同为《博物志》，十年之差是其中一说在流传中数字发生了讹误。这一考证可称为"数字讹误说"，直接排除了《索隐》《正义》两说皆误或两说均不误的两种可能，只能在第三种一真一假中作决断。第二步，王国维用数字讹误常理说推断："三讹为二，乃事之常；三讹为四，则于理为远。"认为《索隐》有误，则"年二十八"为"年三十八"之误。史籍中有许多实证。推论孤证不立，所以王国维第三步考证司马迁行年来验证，这不仅是正确的方法，而且在没有发现古代版本，以及地下文物证据的现实情况下，是唯一正确的方法。综上所述，王国维的考证有三长：一是立论坚实，指其论点"数字讹误说"不可动摇；二是用司马迁行年验证，

评"司马迁生年前135年说"后继论者的新证

是唯一正确的考证方法；三是逻辑严密，指其提炼论据由已知推未知。

程金造研究三家注，《正义》比《索隐》稍后晚出，多有辨说，认为《正义》按语依《索隐》为说，给王国维的考证提供了一个更为合理的旁证。

郭沫若、李长之两人认为"数字不讹"，《索隐》指司马迁生年，《正义》指司马迁的卒年，取两说皆不讹说，逻辑是成立的。但史籍中，特别是《史记》中找不到一个人的行年记载于中途冒出一生年岁的书法，而且司马迁只活了四十二岁也不符史实。郭、李二氏的论点不成立。

袁传璋先生另辟蹊径，他从书体演变的角度立论，汉唐时期两位数字的书写，正如郭沫若所说还在承袭殷周以来的老例，"二十""三十""四十"仍作连体书，写为"廿""卅""卌"，均为一笔之差，定不出谁容易谁不容易来。袁先生进一步发现，封口的连体书"三十"作"丗"，与"世"字的草书"丗"字两者容易形误，即"丗"讹为"世"，再讹为"四"。按核史籍中的实证，袁先生《考论》谓："今本《史》《汉》中，'二十'与'三十'，罕见相讹；'三十'与'四十'经常相讹。"袁先生的考证可概括为两位数字书写常理说，是"卅讹为卌，乃事之常；卅讹为廿，于理为远"，即《正义》的"年四十二"是"年三十二"之讹。

对比袁传璋与王国维两人的推论考证，恰好发生了颠倒，王国维的常理说使天平向《正义》倾斜，袁传璋的常理说使天平向《索隐》倾斜。汉唐时期两位数字连体书，袁先生常理占优；而唐宋时期数字分书，则王氏常理占优。无论是王氏，还是袁氏，都无法证明十年之差的数字讹误是在什么时间发生的。从推理上说，王氏的"三讹为四，于理为远"，也不能排斥偶然的三与四相讹；同理，袁氏的"'二十'与'三十'，罕见相讹"，也不能杜绝二十与三十不相讹。一句话，只着重在"数字讹误"本身，永远不会有定论。由于王国维与袁传璋两说推论的并立，使《索隐》《正义》两说的并立回到了天平平衡的两端，"数字讹误"的论争，使讨论回到原点，仅此而已。

袁传璋先生试图打破两说平衡,他极力否认"数字讹误说",其目的是指《索隐》不误,但他忘了自己的考证是要证明《正义》的"年四十二"是"年三十二"之误,这难道不是"数字讹误"?袁氏考证在逻辑上自相矛盾。

双方又试图从版本上找到依据来打破两说并立。施丁在《史记会注考证校补》中找到日本藏书南化本《正义》作"年三十八",似乎找到了版本依据。袁传璋先生考证,这条《索隐》是日藏中国南宋黄善夫刻本栏外批注,只代表批注者的观点,若作论据,就是伪证,袁氏考证成立。反过来,袁传璋、赵生群从南宋王应麟所纂类书《玉海》卷四十六中找到《史记正义》引《博物志》云:"迁年二十八,三年乙卯除,六百石。"与《索隐》所引完全一致。袁传璋先生声称,王应麟所引是南宋皇家所藏唐写本(《考论》第6页),赵生群据此撰文《从〈正义〉佚文考定司马迁生年》(《光明日报·历史周刊》2000年3月3日),还写进中华书局2013年版修订本《史记》的"修订前言"中。笔者经过核查《玉海》的这条《正义》佚文,根本不是什么皇家所藏唐写本,乃是王应麟自己撰写的"汉史记"条目转引的资料,而且删去了张守节的按语"迁年四十二岁",与日藏南化本那条栏外的《索隐》差不多,甚至还要等而下之,正确性值得怀疑,同样也是一条伪证。如果说施丁提供的伪证是误信了日本学者泷川资言和水泽利忠;而袁传璋、赵生群两人提供的伪证,还在美化伪证来误导读者。

综上所述,归结起来就是本节标题的一句话:"《索隐》《正义》两说并存,皆为待证之假说,不能作为推导司马迁生年的基准点。"这是一条能否正确考证司马迁生年应当坚守的原则。

二、前 135 年说后继论者误读史文与循环论证

前文《述评》第四节"排比行年是考证司马迁生年唯一正确的方法",这是王国维指引的途径,现已成为论争双方主流学者的共

识。例如前135年说后继论者之一苏诚鉴先生就提出,《索隐》与《正义》两说推导的生年,与司马迁自述的行年对照,谁的说法与情理事实相符就取谁的说法。苏先生的这一意见符合本文第一节目所论述的原则。前135年说另一后继论者袁传璋先生以考证功力见长,他以考证形式落实苏诚鉴先生的提议,其结论说:"司马迁早生十年则纰漏丛生,晚生十年则百事皆通。"(《考论》,第40页)

事实果真如此吗?

排比司马迁行年,最重要的依据是具有自传性质的《太史公自序》和《报任安书》(以下行文省称《自序》和《报书》)中以下两段史文:

《自序》云:

> 迁生龙门,耕牧河山之阳。年十岁则诵古文。二十而南游江淮……过梁楚以归。于是迁仕为郎中,奉使西征巴蜀以南,南略邛、筰、昆明,还报命。是岁始建汉家之封。

《报书》云:

> 仆赖先人绪业,得待罪辇毂下二十余年矣。

上引《自序》和《报书》两段史文,提供了系列的行年时间关节点:有的是时间段如"耕牧河山之阳""二十南游"到"过梁楚以归""奉使西征"到"还报命""得待罪辇毂下二十余年矣";有的是时间点,如"迁生龙门""年十岁则诵古文""于是迁仕为郎中"、《报书》作年。以上这些单个的时间段,或时间点,无法推知司马迁生年,但把每一个时间段和时间点一一考证落实,然后串联起来就构成了司马迁一生行年的链条,用表列出就是《司马迁行年表》,则司马迁的生年自动显现。在考证行年过程中,如果出现了行年基准点,就可直接推知司马迁生年。前文《述评》已经汇综百年论争列出了《司马迁行年表》,改写了袁传璋先生的结论。袁先生的结论已如前述:"司马迁早生十年则纰漏丛生,晚生十年则百事皆通。"改写的结论恰好发生了颠倒,借用袁先生的话说:"司马迁早生十年则百事皆通,晚生十年则纰漏丛生。"本文从解读史文与考证方法两个层面透视前135年说后继论者的失误。

（一）前135年说后继论者误读史文

考证程序，逻辑上是两个步骤。第一步，必须准确解读司马迁原文的字面意义，如果解读错误，也就是方向方法的错误，考证必将步入伪证伪考的歧途。第二步，考证必须通过艰苦细致的搜求，披沙拣金，找到依据，不能是随意猜想，推论要合于逻辑。两个步骤，错一不可，两个步骤皆错，全盘均是伪证伪考。

先看第一步，史文的解读。

《自序》"迁生龙门"一节，是司马迁回顾青少年时代的成长足迹，也是记述司马谈如何培养司马迁为修史接班人的良苦用心。所以每一句话都是"庄肃"①的，都是个人重大事件的记录，每句话都别具意义，都是扣紧修史主题，但并不深奥，朴实无华。司马迁行文口语化，字面意义十分明晰，所以《史记》文章并不难读。对字面意义故作高深的发微，就会丧失原本意义，如果巧用考证包装，那也就是伪证伪考。

还是看实例吧。

例一，"迁生龙门"一节开头四句："迁生龙门，耕牧河山之阳。年十岁则诵古文。二十南游江淮。"中间两句第一句"耕牧河山之阳"，明白无误是一个时间段，指童年、少年时代的司马迁生活在故里，亲近自然山川，体验耕牧生活。直到二十南游，离开故里，结束了"耕牧河山之阳"的生活，也就是司马迁十九岁以前耕牧河山之阳。第二句"年十岁则诵古文"，无论是用句号还是逗号，指的是一个时间点，即"年十岁"这一时间点的事，它是一句插入语，不会间断"耕牧河山之阳"时间段。一个思维健全的中学生都不会误读，恰恰是满腹经纶的一些学者，解读出九岁以前的蒙童司马迁"耕牧河山之阳"；"年十岁则诵古文"的"内涵"是指司马迁从十岁

---

① "庄肃"一词为袁传璋先生用语，但并不是只有"年十岁则诵古文"这一句才庄肃，"迁生龙门"一节句句庄肃。

到二十岁时的从学经历。这样的解读,既离奇又荒诞,所产生的考证文字必然是伪证伪考。

例二,"于是迁仕为郎中",单凭这一句话,"于是"二字有两解。其一,"于是"作介词结构,承接上文"过梁楚以归"与下文"迁仕为郎中","于是"指"就在这个时候",即司马迁壮游于梁楚归来之年即出仕。其二,"于是"为承接连词,指"这之后",即梁楚归来之后值得大书的个人事件就是出仕为郎,与时间无关,可以是一年,可以是若干年。两解孰是孰非,就要用考证来落实,从旁证材料中找到"过梁楚归来之年"与"出仕为郎之年",各在哪一年。李长之及其后继论者未作任何考证,而是事先设定"过梁楚以归"与"仕为郎中"之间,李长之说"为时极短",赵光贤说"在同一年",袁传璋说"南游归来后即因父荫仕为郎中,中间没有间隔"。如果不在同一年,就是历史空白(李长之语),就是大漏洞(赵光贤语)。这些说法似是而非,前文《述评》已有驳辨,详后本文第三节还将有续论。

例三,《报书》云:"仆赖先人绪业,得待罪辇毂下二十余年矣。"司马迁明白无误告知"仕为郎中"靠的是父亲为官恩荫为郎。《报书》中还有"仆少负不羁之才,长无乡曲之誉,主上幸以先人之故,使得奉薄技,出入周卫之中",这样的话头就更加明白无误,"仕为郎中"是恩荫为郎。王达津、苏诚鉴等人,无视司马迁的自述,而是妄加考证司马迁以博士弟子为郎,二十南游乃是在元鼎元年随博士褚大巡风,用以证明司马迁生于前135年。像这样直接违背司马迁自述的考证,当然是伪证伪考,没有讨论的价值。

误读史文,玩的是文字游戏,搞循环论证,也称因果互证,还说成是司马迁自己写的。其方法是假定司马迁生于建元六年,公元前135年,下推二十年为元鼎元年,公元前116年。然后,他们用所谓考证的方法,说司马迁在元鼎元年南游,上推二十年生于前135年。众多的前135年说论者,包括前135年说主流学者,变换不同形式的论证,基本是循环论证。有的学者以司马迁交游立论。司马迁生于前145年,与公孙季功、平原君子、冯遂等人,可以相及,司马迁二十南游,"网罗天下放失旧闻",如同现代青年记者采访七八十岁老人,年差在六十五至七十五之间,当然相及。假如晚生十年,则年差在七十五至八十五之间,有的确实不相及。而前135说论者的推论不是这样,他们用循环论证法,说司马迁生于前135年,与公孙季功、平原君子、冯遂等人不相及;反过来又说,司马迁与诸人不相及,所以生于前135年。循环论证,不符逻辑,十分粗糙。下面将要剖析一个精制的循环论证案例,即袁传璋先生的考证。

(二)袁传璋的循环考证亦不成立

在准确解读史文的前提下,第二步就是考证。考证要作艰苦细致的调查研究,千方百计搜求旁证资料。第一步解读史文,只需了解字面意义,然而要准确无误。所谓字面意义,是指某一句、某一段史文,在没有附加资料的情况下,本身字面明白无误地表达的意义。仍以前文所举例一《自序》中"迁生龙门"一节前四句为例,字面意义的解读已如前述:司马迁十九岁以前"耕牧河山之阳"。但《索隐》所引《博物志》言,司马迁为太史令,属籍茂陵显武里,新增了历史资料,即司马迁"家徙茂陵"。解读新增历史资料,以及与原文相加的关系就是考证。如果考证落实"家徙茂陵"在哪一年,与十九岁前耕牧河山之阳,以及二十南游对接,行年基准点呼之欲出。经过争论双方学者的考证,元朔二年,公元前127年,汉武帝诏令天下豪强家资达到三百万,以及朝中高官都要移居茂陵。董仲舒、郭解、司马迁都是在这一年移居茂陵。这一年司马迁十九岁,则二十南游在元朔三年,公元前126年。"家徙茂陵"与两者对接,产生了两个行年基准点,元朔二年即公元前127年,司马迁十九岁;元朔三年即公元前126年,司马迁二十岁。两个行年基准点上推司马迁生年,均为前145年。

下面看袁传璋先生的考证与推论。

袁先生在其《考论》第41页中说,"《太史公自序》和《报任安书》这两篇具有自传性质的文章","为后人推算他的生辰指示了基本线索",非常精到。他提出的三个标准数据是:

评"司马迁生年前135年说"后继论者的新证

年十岁则诵古文。

二十而南游江淮……于是迁仕为郎中。

待罪辇毂下二十余年矣。

袁氏第一个标准数据,"年十岁则诵古文",关键词"诵"字有两解。一是"诵"字解为顺畅阅读与解析,"年十岁则诵古文",指司马迁天资聪慧,学习条件好,八九岁的蒙童就打好相当的古文基础,能顺畅阅读与解析先秦古文书籍,三家注指《春秋》《国语》等。二是"诵"字解为"诵习",只表示十岁起就开始学习古文了。

王国维解读"年十岁则诵古文",对"诵"字两义兼顾。他说:"公或随父在京师,故得诵古文矣。自是以前,必已就闾里书师受小学书,故十岁而能诵古文。"王国维把司马迁的古文修养分为两个阶段,第一阶段在家乡接受书师的小学文字教育,打下了识读古文的基础,第二阶段深厚的古文献学知识是在京师父亲教导,以及问故于董仲舒、孔安国得到的。司马迁向两位大师学习是他二十南游归来之后的事,应在司马迁二十三四至二十七八之时,王国维说在十七八至二十岁之时不准确,而其他的推论大体不误,特别是王国维指出司马迁识读古文的基础是在夏阳奠定的,符合司马迁所写史文的原意。

袁传璋既认定"年十岁则诵古文"为推算司马迁生年的基本线索,即十分重要的行年关节点,于是大做文章,把王国维的"或"言推论发挥到极致,其实是承袭王国维的错误部分无限放大考证。王国维说司马迁向孔安国、董仲舒两位大师学习在十七八至二十岁时,袁传璋放大到从十岁到二十岁之时。袁先生说的"年十岁则诵古文"这句话具有"庄肃"口吻,"其内涵实指自十岁起到二十壮游前止以诵习古文经籍为主要内容的从学经历。其中包括向孔安国请教《古文尚书》的训解,从董仲舒学习《公羊春秋》的大义"(《考论》,第8、53页)。袁先生还说:"十二岁的翩翩少年司马迁,向孔安国执弟子礼。"(《考论》,第8页)十四岁时向董仲舒学习《公羊春秋》。(《考论》,第55页)按袁先生的考证,"古人八岁入小学,十五岁入太学"(《考论》,第56页),请问十二岁与十四岁的司马迁是入小学,还是太学?我们再重复一遍,"年十岁则诵古文"说的是一个时间点,不是时间段,不过是说司马迁十岁时已有古文基础或起步学习古文,如此而已。袁传璋大篇幅的考证,似是而非。董仲舒、孔安国是国家级学术大师,不是中小学教师,说翩翩少年"十二岁"的司马迁拜在两位大师门下读博士,岂非天方夜谭。"年十岁则诵古文"这句话,只表明司马迁年少时的学养,与推导生年毫不相干,与向两位大师学习也毫不相干。

袁氏第二个标准数据:"二十而南游江淮……于是迁仕为郎中。"袁氏只取的是"于是"两个字,这是在字缝中作考证,作了错误的误读,详后本文第三节目,兹从略。

袁氏第三个标准数据:"得待罪辇毂下二十余年矣。"《述评》已作了评析,指出《报书》的作年有三种说法,太始元年、太始四年、征和二年;至于"二十余年"之余可以有从"二十一"到"二十九"共九个时间节点,也就是说"待罪辇毂下二十余年矣"这句话两头不着边际,用它作"基准点"大错特错。"待罪辇毂下二十余年",只是一个旁证行年关节点,用以检验《报书》的作年与"迁仕为郎中"之间是否关合,当然重要,但根本扯不上是"基准点",连第一等的行年关节点都算不上,充其量是二三等,允许它有从一至九的九个时间关节点的伸缩差。袁传璋先生正是利用这一伸缩差钻空子,搞循环论证,所以才选用为"基准点"。但基准点不是可以随意选择的,《报书》作年根本就不是基准点。袁先生强行以他认定的《报书》作于征和二年,即公元前 91 年为基准点,上推二十一年到二十七年,涵盖了从元狩元年到元鼎元年七个行年关节点,目的是包括元鼎元年,公元前 116 年。然后用建元六年,公元前 135 年这个待证的司马迁生年之因,下推二十岁与元鼎元年这个果相契合,完成了考证,也就是回到了前文论说的因果互证,即循环论证,实质是变换手法重新演绎了王达津、苏诚鉴等人的循环论证,只不过是披上了更精致的考证外衣而已。本文前述第一节阐释了前 135 年是待证之假说,不能作为已知的因,袁氏考证违背了这一原则,于是回到了循环论证。我们可以断言,前 135 年说论者,离开了《索隐》,

评"司马迁生年前135年说"后继论者的新证

找不到直接推导司马迁生于前135年的"基准点"。用假设的"基准点",其实质就是用假设的前135年推导前135年,当然是伪证伪考。

三、在字缝中作考证

在字缝中作考证,主要有两种形式,袁传璋先生在《考论》中赋予了理论。

(一)司马迁"句句"按时间先后叙事

"句句"按时间先后叙事,是误读史文的一个理论支撑,为袁传璋先生首先提出。其言曰:"按《自序》'迁生龙门,耕牧河山之阳,年十岁则诵古文,二十而南游江淮'这段文字,是依照时间先后,分叙自身儿时、少时和青年时代①的经历。"(《考论》,第75页)"句句"两字笔者加了引号,表明这两个字袁先生没有说,而是笔者概括袁氏理论的精义,它隐含在字里行间。袁先生的原话只是说"依照时间先后"叙事,这原本没有错。而错误就在"句句"两个字。袁先生解读史文,恰恰是按"句句"依照时间先后叙事,所以才有"耕牧河山之阳",是指九岁以前的司马迁;而"年十岁则诵古文"的"内涵",是指司马迁"从十岁到二十岁"的从学经历。然后是长篇的考证来证明这样的误解误读。皮之不存,毛将焉附。误读这张皮在前,考证之毛在后,错误之皮,只能长错误之毛,因此其结论"从史公自叙推断他二十岁前不可能在故乡耕读"(《考论》,第75页),这不是司马迁的自叙,而是考证者的伪考,恰恰是篡改《自序》明白无误的年十九岁以前"耕牧河山之阳"的。

无论是历史家还是文学家,按时间先后叙事,这是众所周知的常识。编年史书,按时间先后叙事的要求极为严格。例如《资治通

---

① 史文"迁生龙门"一段,前四句指司马迁南游之前的二十岁,只能称儿时、少时,不能包括"青年时代"。袁氏此语当指"迁生龙门"整段文字,包括过梁楚以归、仕为郎中、奉使西征、还报命等内容,否则,"青年时代"四字为多余。

鉴》，司马光制定了严格按时间叙事的书法，全书一千三百余年的史事，要与对应的时间联系，记叙在相应的日、月、时、年、年号、君主、朝代的时间序列中。由于一个历史事件往往涉及多个人物、多个方面以及广阔空间，一支笔无法同时叙写出来，必然是一件件、一桩桩来写。因此有倒叙、插叙、交叉、纪事本末、详此略彼等手法。司马迁的《自序》前半篇写的是司马谈、司马迁的自传，无论全篇，还是"迁生龙门"一节，都是按时间先后顺序来写，但其中有倒叙，有插叙，还有整体的文章布局与安排，具体的某一句话或某一段行文，并不是依时间顺序，但读者又能读出时间顺序，这就叫文法，叫常理。例如"太史公仕于建元元封之间"，一句话写了三十年，然后倒回来只写了司马谈三件大事：《论六家要指》、培养司马迁、临终遗命。三件事均集中说修撰《史记》一件事，司马谈的本职工作一个字未写，用李长之"空白"说的观点，司马谈一生空白。《论六家要指》是司马谈的述史宣言，当发表在元狩元年，公元前122年，司马迁已二十四岁（依王国维说），或十四岁（依郭沫若、李长之说）。由于《论六家要指》的主体是司马谈，所以按文章布局只能写在司马迁出生之前，是不能把它插入在司马迁行年之中的，即"迁生龙门"一节之中。《自序》前半篇由司马谈自传与司马迁自传两个部分组成。司马谈临终之前是司马谈自传，主指阐述司马谈发凡起例《太史公书》，以及培养司马迁接班，临终遗命是父子交接。作为述史宣言的《论六家要指》当然首先突出写在谈传的第一段。又如"谈为太史公"，这一句是写司马氏家世的终结语，也只能写在"太史公仕于建元封之间"的前面，而不能按"句句"的时间先后顺序写在"太史公仕于建元元封之间"的后面。这就叫按一件件、一桩桩来写，先家世，后司马谈。

"按时间先后叙事"，本来是一个自然法则，初通文墨的人运用起来都会得心应手，小学生作文不就这样训导吗？然而在前135年说论者手中被扭曲为"句句"话都按时间先后叙事，这就失之毫厘，谬以千里了。有这样一位前135年说论者宣称，《自序》每句话都是按时间先后叙事，中间没有"倒叙"，没有"插叙"，由于"迁生龙门"写在"太史公仕于建元元封之间"的后面,所以司马谈是先做官,后生儿子。此人还宣称,司马谈做官和生儿子之间,还横着一座大山《论六家要指》,其意是说,《论六家要指》是发表于司马谈做官之后,又因写在"迁生龙门"之前,所以司马迁是出生在《论六家要指》发表之后。我们引用袁传璋先生对《论六家要指》的解读来驳难这位论者的高论。袁先生说《论六家要指》是论治,而不是论学,是对汉武帝多欲政治的批判(《考论》,第 4 页)。试问,建元年间汉武帝初即位,政权还在窦太后手中,汉武帝的多欲政治尚未显现,司马谈从何而批判?袁先生可以争辩说,《论六家要指》发表于建元六年或更早不是他说的,但袁先生的解读可以戳穿《论六家要指》发表在司马迁出生之前是虚妄的,司马迁"句句"按时间先后叙事是一个伪命题。

此伪命题肇端于李长之。他的十条之五,全文是:

> 《自序》上说:"太史公仕于建元、元封之间……太史公既掌天官,不治民,有子曰迁,迁生龙门。"看口气,也很像他父亲任为太史令之后才生他。那么,这也是他生于建元六年(前 135),较比提前十年更可靠的证据。

"看口气",作为考证用语太业余,袁传璋提升为"依时间先后叙事",不只是用语专业,而且上升为理论,用作考证原则了。"看口气",不仅只是作为考证用语太业余,而且也是李长之对"有子曰迁"这句史文的误读。"有子曰迁"的字面意义十分明晰,说的是司马谈"有一个儿子叫司马迁",这口气是指司马迁为独生子,强调司马谈是怎样培养他的独生子。李长之误读为"生子曰迁",读"有"为"生",其字面意义是"生了一个儿子叫司马迁",这样一来,"看口气,也很像他父亲任为太史令之后才生他",于是乎有点靠谱。"前 135 年说"论者,包括郭沫若在内,误读"早失二亲",以及本文阐释的,误读"耕牧河山之阳",误读"年十岁则诵古文",误读"于是"等,还有在论辨中误读王国维的考证,误读张守节的注文等,不一而足。继袁先生之后争而效尤者,迄今已有五位"前 135

年说"后继论者撰文①，以"司马迁'句句'按时间先后叙事"为理论，证明司马迁生于建元六年，即前135年。

以上论述设难问答如下：难者曰："司马迁按时间先后叙事。"这句话有何错误？答难者曰："司马迁按时间先后叙事。"这句话不但没有错，而且是一句大实话，因为它是常理、常识。难者又曰：既然是大实话，是常理、常识，即便多余，也没有错吧？答难者曰："司马迁按时间先后叙事"，这句话确实没有错，但"句句"按时间先后叙事就大错特错。论辩者没有写上"句句"两个字，这正是他的狡黠所在，他把扭曲常识、扭曲真理的要言埋藏在字里行间，贯彻在论证之中，所以本文驳难时"句句"两个字加了引号。前135年说论者在论辩中、在考证中埋藏许多扭曲大实话的文意在字里行间，表现在行文中似是而非。例如"司马迁入仕为郎与壮游在时间上前后相承""司马迁问故孔安国必在京师"等，皆如此例。

（二）"于是"连接前后事件"中间为时极短"

"于是"作为介词结构，意为"就在这个时候"。

"于是"两字在古今汉语中都是一个常用虚词，第一功能是作为承接连词，连接前后两件事，突出因果关系。第二功能作为介词结构，"于是"作"于此"解，强调前后事件的时间或地点。司马迁二十南游，"过梁楚以归，于是迁仕为郎中"，这两句话中的"于是"是承接连词还是介词结构，事关重大，必须用考证来落实。考证方法，就是要落实"过梁楚以归"与"迁仕为郎中"各在哪一年。如此一来，中间是否有"间隔"，间隔多少年，自然显现。前135年说论者不作任何考证，只在"于是"二字上大做文章，也就是在"于是"两字的字缝中做考证，使得"于是"二字大出风头，不着边际。请看事实：

李长之十条之四"空白"说，就是在"于是"这两个字的字缝

---

① 五篇论题是：《司马迁生年及其回乡葬父新证》《从文内文外读史记》《司马迁生年新证》《司马迁生年新证之旁证》《司马迁自叙生于建元年间》。

中做出的文章。李长之说:"于是迁仕为郎中……似乎中间为时极短。"李长之的意思是指司马迁二十南游到奉使巴蜀还报命,整个过程为时极短。李长之是这样安排司马迁的:生于前135年,二十南游在元鼎元年,即前116年;第二年或第三年,即前115或前114年归来就仕为郎中;又历经三年,在元鼎四年,公元前113年,扈从武帝西至空峒;奉使巴蜀"还报命"在元封元年,前110年。前后总计为七年。如果生于前145年,这个过程就是十七年,就要出现十四年的空白。

赵光贤承袭李长之的论说,认为司马迁南游归来就仕为郎中,"文中'于是'二字表明时间很短,很可能即在同一年中"。赵光贤改"空白说"为"大漏洞"。

袁传璋说:"司马迁亲自告诉人们,他南游归来后即进入仕途,中间没有间隔。"袁氏的依据就是"至关紧要的'于是'二字","是由介词'于'和指代时间或地点的'是'构成的介词结构,以表示时间或地点的状态。意为'就在这个时候……'或'就在这个地方'",这里,袁先生把李长之、赵光贤想当然的语言"时间很短"上升为理论,指出"于是"是一个介词结构,意为"就在这个时候"。(《考论》,第49—50页)。

袁传璋从"于是"二字上读出了司马迁,"他南游归来后即进入仕途,中间没有间隔",还说,这是"司马迁亲自告诉人们"的。"前135年说"后继论者的惯用手法,就是把他们自己的猜测强加给司马迁。

我们还是看事实吧。袁先生为了证明他的司马迁南游归来即仕为郎中,"中间没有间隔",比李长之的"中间为时极短"大大跨前,并从《自序》中引例四条比证其说。袁氏所引为:

  (1)在秦者名(司马)错,与张仪争论,于是惠王使错将伐蜀,遂拔,因而守之。

  (2)太史公曰:"唯唯,否否,不然。……余所谓述故事,整齐其世传,非所谓作也。而君比之于《春秋》,缪矣。"于是论次其文。

(3) 七年而太史公遭李陵之祸，幽于缧绁……退而深惟曰："夫《诗》《书》隐约者，欲遂其志之思也……此人皆意有所郁结，不得通其道也，故述往事，思来者。"于是卒述陶唐以来，至于麟止，自黄帝始。

(4) 周道废，秦拨去古文，焚灭《诗》《书》，故明堂石室金匮玉版图籍散乱。于是汉兴，萧何次律令，韩信申军法……则文学彬彬稍进，《诗》《书》往往间出矣。

袁传璋先生对以上四例是怎么解读的呢？其言曰：

全部表示时间状态，例（1）"于是"揭示就在司马错与张仪争论之后，惠王命司马错领兵伐蜀；例（2）"于是"揭示司马迁就在与壶遂论辩之后，正式着手编撰《太史公书》；例（3）"于是"揭示司马迁就在脱于牢狱之后，即赓续《太史公书》的撰述并将其杀青；例（4）"于是"揭示新兴的汉王朝紧承秦火之后，重新开始文化建设。"于是"以下的行为在时间上紧承"于是"以前的行为发生，无一例外。

上述四例，"于是"承接的是前后行为的因果关系，"于是"都应解为承接连词。例（1），因为司马错主张先伐蜀，所以惠王命司马错为将领兵伐蜀；例（2），因为司马迁与壶遂讨论撰写《史记》主题效《春秋》而作，所以司马迁把这一主题贯入所写的《太史公书》之中；例（3），因为司马迁受牢狱之苦，所以引古人自况而发愤著书；例（4），因为秦火烧了《诗》《书》，所以汉王朝兴起要复兴文化。这才是正解。袁传璋的解读，也全部是按承接连词解读为"这之后"，而不是按介词结构解为"就在这个时候"。例（1）为"争论之后"，例（2）为"论辩之后"，例（3）为"脱于牢狱之后"，例（4）为"汉王朝紧接秦火之后"。解读为"这之后"，则时间可以有伸缩，例（4）最为明显。秦始皇焚书在他执政的第三十四年，即公元前213年，汉王朝定都长安复兴文化事业在高祖七年之后才启动，已到公元前200年，其间有十四年的间隔，而且改了朝换了代，袁传璋用"汉王朝紧接秦火之后"，两个王朝无论怎么"紧接"，也

评"司马迁生年前135年说"后继论者的新证

改变不了这十四年的间隔。袁传璋的理论是："于是"为"就在这个时候"，"中间没有间隔"，难道"紧接"二字就可以抹掉间隔，抹去时间14年？此外，袁氏解例（3），"'于是'揭示司马迁就在与壶遂论辩之后，正式着手编撰《太史公书》"，也完全错误。司马迁与壶遂讨论在太初元年，已是任太史令之后的第七年，这七年干什么了？司马迁与壶遂论辩之后才"正式着手"编撰《太史公书》纯属当然想象。司马迁与壶遂两人讨论的，不是什么时候着手写《太史公书》，而是讨论写《太史公书》的主旨与导向，所以袁传璋的解读完全错误。

袁先生解读的错误更在其结论。袁氏谓："于是"以下的行为在时间上紧承"于是"以前的行为发生，无一例外。

这一结论似是而非，袁先生每一个字都加上了着重号，好像是千真万确的真理，仔细推敲却又不是味，原来出在两个定语"在时间上"与"紧"字这五个字上。删掉这五个字，袁先生的结论完全正确，那样一来，"于是"就成了承接连词；加上"在时间上"与"紧"这五个字，袁先生的解读就成了谬误，已如上述。由此可知，从李长之、赵光贤到袁传璋，他们对"于是"的解读完全错误，根本不成立。

还是用考证来说话。施丁考证司马迁在元狩五年即公元前118年，仕为郎中，与《报任安书》N个作年，太始元年、太始四年、征和二年，均在二十余年伸缩差之中，也就是符合《报书》所说"仆赖先人绪业，待罪辇毂下二十余年矣"的史实。"过梁楚以归"，其年无考，但"二十南游"至"过梁楚以归"时间段可以推知，最短者一年，最长者五年，双方论争的绝大多数学者，普遍认为二三年，即司马迁南游在二十至二十二岁之间。按生于前145年推论，司马迁二十岁在元朔三年，公元前126年南游，二十二岁在元朔五年，公元前124年"过梁楚以归"。元狩五年，公元前118年入仕为郎，二十八岁。司马迁二十三到二十七岁五年在京师，此时正好是向孔安国、董仲舒两位大师从学的时光。元狩六年，孔安国离京为临淮太守，元朔、元狩间董仲舒家居茂陵，时间上完全契合。按生于前135年推论,司马迁见两位大师只能在十三岁至十七岁这五年,此时司马迁尚在故里"耕牧河山之阳",即便司马迁十岁就来到京师,翩翩十二岁的司马迁不可能去向孔安国执弟子礼。用苏诚鉴的话说,两者比较,当然生于前145年合于情理,合于事实;借用袁先生的话说:"早生十年则百事皆通,晚生十年则纰漏丛生。"

四、司马迁生于公元前145年可作阶段性定论

《自序》中"迁生龙门"一节,为司马迁自述青少年成长经历,提供了考证司马迁生年系列的行年关节点,经过百年论争,迄今线索分明,司马迁生于公元前145年可作阶段性定论,证据有五。

其一,《自序》云:"迁生龙门,耕牧河山之阳。年十岁则诵古文。二十而南游江淮。"字面意义明白告知,司马迁年十九岁前耕牧河山之阳。其中"年十岁则诵古文"一句是插入的一个时间点,没有间断"耕牧河山之阳"时间段。《报任安书》云:"仆少负不羁之才,长无乡曲之誉。"更明白无误地表明司马迁少年时代耕牧河山之阳。历经双方主流学者的考证,司马迁元朔二年,公元前127年,十九岁时"家徙茂陵",不仅证实了《自序》,而且成为行年基准点,上推十九年,"迁生龙门",在公元前145年。

其二,司马迁"仕为郎中",王国维认为"其年无考",经施丁考证,元狩五年,公元前118年仕为郎中,年二十八岁。司马迁二十南游,过梁楚以归,双方论争,最短推论者为一年,最长者为五年,即便以最长时间计,司马迁南游归来,仍有三年时间向董仲舒、孔安国两位大师学习。若以双方主流学者的共识,取南游二三年,则司马迁南游归来可有五年时间向两位大师学习。这不是司马迁的人生"空白",而是必需的社会阅历与学习,并与历史事实相符。元狩六年孔安国离京出任临淮太守,早早卒于任上,董仲舒元朔三年遭公孙弘排斥家居茂陵,朝廷每有大议,武帝派廷尉张杨咨询董仲舒。也就是说,司马迁南游归来在二十二三至二十七八岁之间,即元朔末与元狩年间是向两位大师学习的最佳时间,晚生十年,则只

能在十二三岁至十七八岁之间,这是不合情理的。

其三,司马迁奉使西征,南略邛、笮、昆明。一个"征"字,一个"略"字,表明司马迁为钦差大臣,监军开拓西南夷,设郡置吏,其奉使时间时在元鼎六年公元前111年春正月,司马迁三十五岁;"还报命"在元封元年,公元前110年四月,司马迁三十六岁。司马迁"仕为郎中"到"奉使西征",其间有七年的历练,合于情理。若晚生十年,司马迁二十五岁为钦差,且与二十南游相距只有五年,是不可想象的,不合情理的。

其四,《报书》记载验证,司马迁元狩五年仕为郎中,与《报书》任何有争议的作年均符合"待罪辇毂下二十余年矣"。

其五,以交游验证,最要者为公孙季功、董生、平原君子、冯遂等人,司马迁生于公元前145年,二十壮游"网罗天下放失旧闻",与诸位老人交游,年差在65年到75年之间,如同今之青年记者采访七八十岁老人,可以相及,晚生十年,年差则在75年到85年之间,相及的可能性极小。

综上本文所论,按前135年说推验,司马迁九岁前蒙童耕牧,即便是体验生活也无从谈起,十二三岁到十七八岁问学孔安国、董仲舒两个国学大师,二十岁南游,二十五岁就成为钦差大臣,这几个行年坐标不可思议,没有考证支持。按前145年说推验,司马迁十九岁前耕牧,有显明记载,有考证支撑,二十二三岁至二十七八岁在京师向孔安国、董仲舒两位大师学习,合情入理,与史实相符,二十八岁仕为郎中,经过七年历练,三十五岁奉使,不仅合情入理,均有考证支撑。由此可见,司马迁生于公元前145年,可作阶段性定论。

"前135年说"论者之源,郭沫若、李长之立说无一考据。"前135年说"后继论者大搞循环论证,在字缝中作考证,误读史文,均为伪证伪考。司马迁生于"前135年说"不成立。

(本文原载《渭南师范学院学报》2017年第9期)

司马迁生年十年之差论争的意义

司马迁生年并存两说，源于唐代形成的《史记》三家注。《史记索隐》司马贞说，汉武帝元封三年，公元前108年，司马迁二十八岁，上推生年为公元前135年。《史记正义》张守节说，汉武帝太初元年，公元前104年司马迁四十二岁，上推生年为公元前145年，两说年差正好整十年。1916年，王国维开启了对司马迁行年的研究，从此，司马迁生卒成为一个学术论争的课题，尤其是生年的十年之差，更是争论的重点。到了2015年纪念司马迁诞辰2160周年，司马迁生年的十年之差，又一次成为论争的话题，自王国维以来正好一百年，可以说是一个百年论争的老话题。但以往的百年论争，关于司马迁生年的十年之差论争的意义，对这一问题没有直接的研讨，留下一个空白，其原因是条件不成熟。本文是在梳理百年论争的基础上作总结，瓜熟蒂落。换句话说，"司马迁生年十年之差论争的意义"，这一论题就是百年论争的阶段性总结。

司马迁生年十年之差论争的意义大要有五个方面，也就是有五大价值，分述于次。

一、求历史之真，排比司马迁行年
是考证生年唯一正确的方法

王国维考证司马迁生年在公元前145年，由于是筚路蓝缕第一次，考证用力也不够，多为推论，论据粗疏，留下缺憾，给前135年说论者既留下靶的，也留下遁形空间①。王国维失误的论据当然不能成立，承袭者自然亦不成立，甚至放大立论更不成立，这一切均应一一辨正。但王国维的考证，论点坚实，方法正确，逻辑严密，结论正确，所以王国维对司马迁生卒年的考证成果成为学术界的主流认识。

"论点坚实"，指王国维数字讹误说不可动摇。《索隐》与《正义》两说并存，理论上有三种可能：一是两说皆误，二是两说皆不误，三是两说一正一误。王国维的数字讹误说，排除了两说皆误与两说皆不误，只有一正一误这一唯一的选择。李长之、郭沫若取两说皆不误，谓《索隐》指司马迁生年，《正义》指司马迁卒年，由于没有考据支撑，不符史实，不能成立。而王国维的数字讹误说，历经百年论争的历史验证，至今论点成立，考证司马迁的生年，仍不能出其右，只能在《索隐》与《正义》之间抉择。

数字讹误在史籍中大量存在，能否运用校勘学的数据统计打破两说并存的平衡呢？王国维的数字常理说："三讹为二，乃事之常；三讹为四，则于理为远。"有助于《正义》，天平向前145年说倾斜。袁传璋考证，汉唐时期两位数字，"二十""三十""四十"为连体书，写成"廿、卅、卌"或"廿、丗、卌"。由于封口的"丗"与"世"字的草书"丗"形体相近，容易致误，结论谓："二十与三十，罕见相讹；三十与四十，经常相讹。"此一常理与王国维常理正好发生了颠倒，天平向《索隐》倾斜。两说按诸考证，汉唐时期两位数字主要为连体书写，袁先生常理占优；而唐宋时期数字分书，则王

---

① "遁形空间"：此为笔者对"前135年说"论者一种研究方法的概括，指王国维的一些粗疏论证，不仅被"前135年说"论者承袭，而且放大王国维的失误借以为论据。例如，王国维说司马迁"年十岁随父在京师诵古文"，"年二十左右向孔安国问故"，见董仲舒"亦当在十七八以前"，这些推论均不成立，却符合"前135年说"论者的需要，于是不仅完全承袭，而且将其失误放大。郭沫若放大"年十岁随父在京师诵古文"为"向孔安国问故"。袁传璋等放大王说，谓"司马迁十二岁向孔安国执翩翩弟子礼"，"十四岁向董仲舒学习《公羊春秋》"。又，《刺客列传》《樊郦滕灌列传》《郦生陆贾列传》三传"太史公曰"提到的公孙季功、董生、樊他广、平原君子，王国维说：史公似不及见诸人，"此三传所记'史公'，或追记父谈语也"。考司马迁生于前145年与上述诸人岁差45至55岁，二十南游的司马迁向65至75岁的老人问故，可以相及，王国维失察而"或言"史公转父谈语也。于是前135年说论者承袭大搞循环论证：因为司马迁生于前135年，所以不及见公孙季功等人；由于司马迁不及见公孙季功等人，所以司马迁生于前135年。则王

国维常理占优。两说按诸推理，王氏的"三讹为四，于理为远"，也不能排斥偶然的三与四相讹；同理，袁氏的"二十与三十，罕见相讹"，也不能杜绝二十与三十不讹。无论王氏，还是袁氏，都无法证明十年之差的数字讹误是在什么时间发生，也没有找到一条证明《索隐》或《正义》谁家讹误的直接证据。一句话，只盯在"数字讹误"本身，永远不会有定论。"数字讹误说"这一论点有两大功能：其一，司马迁生年两说存在于《索隐》《正义》之中，十年之差是在流传中发生了数字讹误；其二，由于《索隐》《正义》两说并存，因而两说均为待证之假说，不能作为推导司马迁生年的基准点。考证司马迁生年，必须另辟蹊径。

"方法正确"，指王国维示范的排比司马迁行年是考证生年唯一正确的方法。具体说，就是通过考证，尽可能找出有关司马迁生年的资料或行年线索，然后串连起来验证依据《索隐》《正义》两说推导的两个生年假说，哪一个合于司马迁自述的行年轨迹，就确定哪一个为司马迁的生年。是否遵循以上原则是检验"前135年说"与"前145年说"谁是谁非的试金石。

袁传璋说："司马迁早生十年则纰漏丛生，晚生十年则百事皆通。"而排比行年的事实恰好相反："司马迁早生十年则百事皆通，晚生十年则纰漏丛生。"《司马迁生年十年之差百年论争述评》详细排比了司马迁行年，以及王国维考证的逻辑严密，本文第五题将引述行年排比的结论，这里不再赘述。

二、论争厘正了"前135年说"论者对《史记》的误读

前135年说论者为了编织司马迁晚生十年的论据，有意误读《史记》和《报任安书》，择其要一一指陈。

其一，对《报任安书》"早失二亲"的误读。

"早失二亲"，在《报任安书》的语境中，字面意义鲜明地表达"双亲走得早"。元封元年，前110年，司马迁三十六岁，父亲司马

谈辞世。《报任安书》写于太始四年，前93年，离父亲辞世已十八年，当然可以说"早"。李长之、郭沫若故意误读为年纪轻轻失去双亲，然后争辩说，三十六岁死父亲不可言早，只有二十六岁才可言早，如此弯弯绕，用以证明"早失二亲"是"早生十年"的"致命伤"。再说，年纪轻轻失去双亲，理论上是越年轻越好，但并没有明确的界限。若是年少失去双亲则称为"孤"，说"早"是指成人，男子二十岁加冠谓之成人。古代礼制，成人失去双亲，别说三十六岁，四十、五十均可言"早"。成人未能寿终正寝，孔子弟子颜渊"早夭"，无论是三十二岁，还是四十二岁，均已超过了二十六岁。《孔子世家》说孔安国"早卒"，推其年龄在三十七至五十七之间，更是超过了三十六。所以李长之、郭沫若说三十六死双亲不可言"早"，没有考证依据，所以是想当然的编织。

其二，误读《太史公自序》中"有子曰迁"。

"有子曰迁"，字面意义是"有一个儿子叫司马迁"，其口气是"独生子"。而"前135年说"论者，故意误读为"生子曰迁"，擅自改"有"字为"生"字，或说"有"可以作"生"字解，则口气是"生了一个儿子司马迁"。因为这句话写在"太史公仕于建元元封之间"的后面，故意误读用以证明司马谈先做官，后生儿子，于是乎生年在建元六年。李长之隐约其词为"看口气"，而"前135年说"的后继论者却编织出了多种离奇的演绎。有的说，司马谈先做官，后生儿子，是在由太史丞升任太史令的一年，称之为"双喜临门"。一位知名大学的教授在《司马迁生年新证》一文中，直接解读"有子曰迁"为"生子曰迁"。还有一位前135年说论者直接用《司马迁自叙生于建元年间》这样的伪命题立说。

其三，最大的误读是对《太史公自序》"迁生龙门"一节。原文引录如下：

> 迁生龙门，耕牧河山之阳。年十岁则诵古文。二十而南游江淮，上会稽，探禹穴，窥九疑，浮于沅、湘；北涉汶、泗，讲业齐、鲁之都，观孔子之遗风，乡射邹、峄；厄困鄱、薛、彭城，过梁、楚以归。于是迁仕为郎中，奉使西征巴、蜀以南，

南略邛、筰、昆明，还报命。是岁天子始建汉家之封。

这段话，袁传璋先生认为是太史公本人"提供的最具权威的本证"，说得好极了。排比司马迁行年，这段话提供了最明晰、最基本的线索。但是"前135年说"论者对这段话有所误读。此节解析三处误读，即三个错解。

误读之一，错解"于是"。

"迁生龙门"这段话是司马迁自述他青少年时代的成长历程，写在司马谈的传记中，更是回顾父亲培养自己成为修史接班人的良苦用心。这段话的主题集中写一件事，司马迁为了修史而走遍全国东西南北"网罗天下放失旧闻"，用今天的话说就是在全国范围作文史考察。其内容是回顾三种游历，即二十壮游、仕为郎中扈从之游、奉使西征之游。三个阶段，三种方式的游历，司马迁行文当用两个"于是"来连接，即应在"过梁、楚以归"之后，"于是迁仕为郎中"＋"于是奉使西征巴蜀以南"云云。为了行文简洁，司马迁删了第二个"于是"，写成"于是迁仕为郎中，奉使西征巴蜀以南"，浓缩成一句话，但"出仕"与"奉使"两者显然不是一年之事。同理，"过梁、楚以归"与"仕为郎中"，也不是一年之事。李长之、赵光贤、袁传璋以及所有"前135年说"论者均要把作为连词的"于是"，即"这之后"，误读为介词结构解释为"就在这个时候"。于是乎无中生出"空白说"、"大漏洞说"。此一误读有多种用意，本文第三节作专题来说。

误读之二，错解"年十岁则诵古文"。

"年十岁则诵古文"是一句插入语，只表示十岁这一时间点，司马迁的古文基础。一般人的成才修养是读万卷书，司马迁多了一个行万里路，而且特别重视行万里路，突出文史考察对于修史的重要。"耕牧河山之阳"，就是为行万里路打基础，培养少年司马迁热爱山川，健身强体，因此是司马谈的良苦用心，也是《史记》成为良史的重要条件之一，故在《太史公自序》中特别加以记载。"年十岁则诵古文"这句插入语，表明司马迁没有忽视读万卷书，天资聪慧，年十岁就达到了学习古文的基础，一个"则"字透露了司马迁得意的神情。误读者将一个行年时间点错解为十年时间段，说这句话的内涵指年十岁到二十岁,其目的是安排少年司马迁为孔安国、董仲舒两位大师的从学弟子,还把这一误读强加给司马迁,说成是司马迁自己写的。

误读之三,错解"耕牧河山之阳"。

"耕牧河山之阳"是一个时间段,主要指司马迁的少年时代而不是童年时代。"迁生龙门,耕牧河山之阳。年十岁则诵古文。二十而南游江淮。"这一段话的字面意义十分明确表明司马迁十九岁以前耕牧河山之阳,误读者腰斩这一时间段为九岁之前,这一错解与"年十岁则诵古文"的错解是紧密相关的。元封三年,司马迁为太史令,《索隐》引《博物志》有"太史令茂陵显武里大夫司马迁"的话头。司马迁属籍茂陵显武里,这一新增资料补充了"迁生龙门"一节文字。司马迁何时移居茂陵,学术界已有共识。元朔二年,公元前127年,汉武帝移天下豪富资产三百万以上,以及京师的中高级官员家属移居茂陵,司马迁、郭解均在这一年移居茂陵。此时司马迁十九岁,上推生年,恰在公元前145年,与《正义》说吻合。这不是巧合,而是历史事实本来如此,是通过考证获得的行年基准点。

三、论争透视了"空白说""大漏洞说"之无据,不能成立

"空白说"是李长之十条论据之四,赵光贤改称为"大漏洞说"。李长之以待证的《索隐》生年公元前135年为起点,安排司马迁的行年:

元鼎元年,前116年,二十岁,南游;

元鼎二年或三年,前115或前114年,仕为郎中;然后,"跟着没有三年",就有:

元鼎五年,前112年,扈从西至空桐之事;

元鼎六年,前111年,奉使巴蜀之事。

上述四个行年点,扈从西至空桐与奉使巴蜀两个行年点,有史

文可考，而元鼎元年的南游与元鼎二年或三年的"仕为郎中"，李长之没有一个字考证，而是凭他个人的"更合情理"的感觉来安排的。"更合情理"的依据是什么？"跟着没有三年"这句话极为重要。其意是，司马迁南游的时间，游归京师仕为郎中，然后，"没有三年"就有扈从、奉使之事，因为从元鼎元年到元封元年，即前116到前110年，一共只有七个年头，要分配给南游、仕为郎中、扈从、奉使，所以都要为时"极短"。其实是司马迁晚生十年，少了十年的青年时代，李长之没有时间分配，左支右绌，于是反向为说，如果司马迁早生十年，就要留下十几年的"空白"光阴。由此可见，"空白"说，就是为了掩饰晚生十年的谬误，同时还可便于在字缝中做考证。前文论述前135年说论者对"于是"的误读，乃是袁传璋为"空白说"提供的一个理论支撑。

赵光贤秉承"空白说"，改称为"大漏洞说"。他在《司马迁生年考辨》① 一文中排列了一个"司马迁行年新旧对照表"，以王说排列的行年为旧表，以郭说排列的行年为新表。赵文是怎样排列的呢？请看：

纪年	王说旧表	郭说新表
元朔三年前126年	20岁，南游	10岁，诵古文
元朔五年前124年	22岁，仕为郎中	
元狩五年前118年		18岁，从孔安国问故
元鼎元年前116年		20岁，南游
元鼎三年前114年		22岁，仕为郎中
元鼎六年前111年	35岁，奉使西征	25岁，奉使西征

这个新旧行年对照表，是赵光贤解读李长之"空白说"，或者说是承袭"空白说"而煞费苦心编制的伪证伪考表。伪在何处？请看下面的解析。

其一，两表时间跨度元朔三年至元鼎六年，其间十六年。旧表

---

① 赵光贤：《司马迁生命考辨》，《北京师范大学学报》1983年第3期。

内容只有三条，新表内容反有六条。两表各除去头尾，旧表只剩下一条，元朔五年仕为郎中。赵文原表为十六格，还有十格空白，于是乎给读者制造了一个强烈的视觉冲击，一片空白，一个大漏洞。赵光贤为了追求这样一个视觉冲击、视觉假象，故意不把元鼎五年，前112年司马迁扈从武帝西至空桐这一条列出。

其二，新、旧两表只有头尾两条，共三项内容是真实的，即：司马迁年十岁诵古文；元朔三年年二十南游；元鼎六年奉使西征，这三项为真实史事，有考据支撑。两表除去头尾之外的全部内容，皆为编造，没有考据支撑。新表中的四项内容是表列李长之的"更合情理"的感觉内容，而旧表中的一条内容，司马迁元朔五年仕为郎中是借用郑鹤声已经声明放弃的"想当然"。

其三，李长之的"空白说"逻辑不成立，他用了一句反诘语模糊了是非，赵光贤全盘继承，列表彰显了是非。李长之说，"司马迁元朔五年仕为郎中，一直到元封元年，前后一共十五年（按：应为十六年），难道除了在元鼎六年奉使巴蜀以外，一点事情也没有吗？"于是，司马迁"过了十四年的空白光阴（原括注：算至奉使以前）"。既然司马迁已出仕为郎，这就有了公务，即使一个字没有写，也不是"空白"。如同《太史公自序》写司马谈"仕于建元元封之间"，一句话写了三十年，所以，李长之的"空白说"逻辑不成立。赵光贤列表，又是一把双刃剑，既彰显了一片视觉空白，也同时彰显了逻辑不成立，这是赵光贤列表时始料未及之事。此外，既然司马迁只早生了"十年"，为什么出现了"十四年"的空白，这也是作伪的又一痕迹——逻辑紊乱。

请施丁来告诉"前135年说"论者，"空白说"不成立。施丁在《司马迁生年考——兼及司马迁入仕考》，用考证的史实告诉人们，说：

> 自元朔三年南游至元鼎六年奉使西征之间，有如下内容：
> 元朔三年（前126），开始游历。
> 元狩元年（前122），此年左右，"过梁、楚以归"。
> 元狩五年（前118），"仕为郎中"，"入寿宫侍祠神语"。

元鼎五年（前112），"西至空桐"。

元鼎六年（前111），此年春，"奉使西征"。

仅以此而言，十六年间的"空白"并不多；当然也就说不上景帝中五年说有什么"大漏洞"。

对于施丁的考证，我们还可以作一些补充。施丁考证元狩五年（前118），司马迁二十八岁仕为郎中。二十南游，三年或五年归来，二十三四至二十七八，其间五年或三年，正是司马迁向孔安国、董仲舒问学的时间，也是认知李广的时间。李广在元狩四年，前119年人生谢幕；董仲舒家居茂陵，约卒于元狩六年或元鼎二年左右；孔安国为谏大夫，元狩六年出京师为临淮太守。时间和地点都与壮游归来的司马迁相契合。这五年或三年是司马迁必须有的人生历练。从仕为郎中到奉使西征，即公元前118至公元前111年，其间有七年的官场历练和扈从武帝，这才能担当奉使西征的钦差之任。用李长之的话说，这才"更合情理"。此可反证"空白说"云云不成立。

四、晚生十年，砍掉了司马迁十年的青年时代

元封元年，公元前110年，司马迁奉使西征还报命，又恰值司马谈辞世。依《索隐》《正义》两个生年定位点计算，据《索隐》司马迁生于公元前135年，二十六岁；据《正义》司马迁生于公元前145年，三十六岁，司马迁二十壮游，结束了少年时代，进入社会，步入了青年时代。按《正义》司马迁有十六年的青年时代被《索隐》说砍掉了十年，只有六年，而且是虚岁计年。以实年计，司马迁还报命在元封元年夏四月，青年时代只有五年又四个月。所以"前135年说"论者要把壮游、入仕、扈从、奉使都要挤压在这五年又四个月的时间中，于是乎才有李长之、赵光贤的"为时极短说""空白说""大漏洞说"；才有袁传璋的壮游归来就仕为郎中，"没有时间间隔"的无缝衔接说；才有九岁蒙童耕牧河山之阳，十余岁少年问学国家级大师等一系列天方夜谭的故事。这还是次要的。如果司马迁

少了十年的青年时代，对于司马迁个人的人生修养、《史记》成书、思想积淀均有着巨大的影响，可以从三个方面来说明。

其一，影响司马迁的人生修养，缺失了十年的伟大时代的熏陶。

司马迁晚生十年，被砍掉的十年青年时代，即是从二十壮游的元朔三年至元狩六年，公元前126至前117年。这十年恰好是汉武帝大规模征伐匈奴的十年，西汉国力迅速崛起的十年，全国民众艰苦奋斗的十年。这是一个举国上下积极奋发的伟大时代，国家有为，激发青年奋发壮志，不言而喻。这十年，司马迁壮游、从学、交友、为司马谈修史助手，受到见习修史的历练，为继承父志独力写作并铸就《史记》丰碑打下坚实基础。没有这十年的人生修养和修史见习，二十六岁的司马迁就遭遇父亲辞世，不懂修史路数，不知南北东西，能接班独力修史是不可想象的。司马谈临终遗言："余为太史而弗论载，废天下之史文，余甚惧焉，汝其念哉！"司马迁受命，恳切地回答说："小子不敏，请悉论先人所次旧闻，弗敢缺。"双方都不像是在交接一个陌生的话题，而是有相当长时间的修史磨合，双方均有自信。司马谈交付的修史重担，与其说是交给一个二十余岁的青年，勿宁说是交给一个三十余岁的成熟的中年人才合于事实。

其二，李长之缩短司马迁十岁生年的动机不成立。

李长之非常重视司马迁生年十年之差对于《史记》成书的意义。李长之认为《史记》是一部青壮年"血气方刚"所写的史诗，应该是"三十二岁到四十几岁的作品"，不应该是"四十二岁到五十几岁，精力弥漫的壮年人的东西"。所以李长之要缩短司马迁十岁的生年，还要司马迁早死，一生只活了四十二岁。作为文学家的李长之，有此浪漫情怀是可以理解的，也是可以允许他提出这样的假说的，把《史记》比喻为史诗，也不过是"无韵之《离骚》"的换一种说法而已。但是，把浪漫情怀与假说当作历史事实，把《史记》当作纯文学作品，那就大错特错。环视古今中外，可以有天才的神童作家和艺术家，但没有神童的历史学家。因为一个良史，要有才、学、识、德四大要素的修养，单有才气是不够的。学，是博闻强记，积累知识；识，是人生磨炼，要在社会上摔打，积累阅历，两者都需要长时间来积淀。司马迁入仕,扈从武帝,正值汉武帝在位五十四年的下半程。此时匈奴已远遁漠北,从元鼎四年(前113)起,汉武帝首次远离京师巡幸四方,到汉武帝辞世的后元二年(前87),其间二十七年,汉武帝巡幸四方达二十二次,短者三个月,最长七个月,平均三至四个月计,二十二次要耗时六十六个月至八十八个月,总计六七年。司马迁还有职事公务,用于修史的时间充其量是一半。司马迁卒年,大致与汉武帝相终始,王国维系于昭帝始元元年,公元前86年。从元封元年(前110)到始元元年,其间二十四年,一半时间也就是十二年。如果司马迁的十年青年时代,在元封元年前被砍去,必然要用元封元年之后的十年弥补,还要用于修史见习,留给司马迁的写史时间就更少了。简单的一个时间账,十年青年时代对于司马迁完成《史记》是何等的重要,难道还有疑问吗?

其三,从《史记》的写作过程,可证司马迁晚生十年不成立。

《史记》是司马谈、司马迁父子两代人的心血结晶①,历时半个多世纪。司马谈在建元元年(前140)举贤良入仕,就发愿继承孔子圣人的事业,完成一代大典,提出了创作《史记》的宏愿。司马谈正式写作是在元狩元年(前122),直至元封元年(前110)去世。司马谈修史准备从建元元年至元狩元年,已达十八年,正式写作从元狩元年至元封元年,又十二年,前后三十年耗尽了他的一生。元封元年(前110),司马迁三十六岁,受父遗命,接力修史。这之前,司马迁二十壮游,"网罗天下放失旧闻",已是司马谈的修史助手,到元封元年,已历经了十六年的修史见习期,洞悉父亲的一切规划,并参与其中。从元封元年至武帝之末的后元二年(前87),司马迁全身心投入修史,又独立进行了二十四年的创作,《史记》完成,也是耗尽了一生的精力,前后四十年。父子两代合计经营《史记》七十年,减去重叠的十六年,首尾五十四年,接力写作共三十六年,耗尽了两代人的心血。一代大典的完成是如此艰难,也正因为是两代人的巨大付出,才铸就

---

① 与《史记》齐名的《汉书》,也是历经班彪、班固父子两代人半个多世纪完成,其中班固还得到妹妹班昭的协助。

了《史记》丰碑。李长之想象《史记》只能完成于一个"血气方刚"的青壮年之手,凭着一股激情,只须十来年一气呵成,显然这不过是想当然编织的文学虚构。《史记》厚重的思想内涵,岂能是一个"血气方刚"的青壮年所能积淀!

司马迁在元封元年之前,已历经了十六年的修史见习期,《史记》的成书过程可以提供生动的证明。司马谈临终遗言,交代其发凡起例的宗旨有三端:一曰效周公"歌文武之德";二曰继孔子效《春秋》"修旧起废",为后王立法,为人伦立则;三曰颂汉兴一统,论载"明主贤君忠臣死义之士"。合此三端,即以人物为中心,帝王将相为主干,颂一统之威德,这正是秦汉中央集权政治在学术思想上的反映。《论六家要指》为司马谈所作述史宣言,倡导融会百家思想为一体,自成一家之言。这些也就是《史记》的本始主题,"颂扬"是其主旨,着重记载"明主贤君忠臣死义之士",断限上起陶唐,凸显让德;下讫元狩获麟,象征文成致麟。从元狩元年(前122)至太初四年(前104),又历二十四年。这之间西汉崛起达于极盛,汉武帝北逐匈奴,开通西域,拓土西南夷,并灭两越,封禅制历,象征天命攸归,完成大一统。司马迁参与了封禅制历,激动非凡,在太初元年完成制历后与好友壶遂讨论《史记》写作宗旨,司马迁弘扬司马谈记述历史以颂扬为本始的主题,形成"究天人之际,通古今之变,成一家之言"的思想体系,提升了《史记》主题。延展断限,上起黄帝,下讫太初,突显大一统历史观,提出了"非兵不强,非德不昌"的治国理念。这是司马迁把现实历史事势的发展写入《史记》的证据。太初元年距离元封元年只有七年,如果司马迁晚生十年,在元封元年之前,没有十六年修史的见习期,没有十年青年时代对大时代历史事势变化的感知,就不可能在太初元年与壶遂讨论《史记》主题,甚至没有资格参与制定太初历。

此外,司马迁还与壶遂讨论了历史学的批判功能。司马迁以"见盛观衰"的高瞻远识,朦胧地意识到历史学应有干预社会生活的本能,具有批判功能。司马迁借《春秋》提出了"贬天子,退诸侯,讨大夫"的思想理念。孔子的《春秋》没有"贬天子",而是为尊者讳，显然只有司马迁的实录记述才能赋予历史学这一功能。司马迁与壶遂的讨论是追述，其内涵是总结其一生的思想积淀，"贬天子"当是受祸以后第二次提升《史记》主题之后才有的思想境界。这涉及《史记》是什么时候完成的，与司马迁卒年有紧密联系。王国维认为《史记》中的最晚记事出于司马迁之手的是《匈奴列传》所载征和三年李广利投降匈奴事件。据此，王国维推定司马迁的卒年，虽然绝对年代不可考，"然视为与武帝相终始，当无大误"。《太史公行年考》系司马迁卒于昭帝始元元年，公元前 86 年。司马迁生于公元前 145 年，卒于公元前 86 年，享年六十岁。这就是王国维对司马迁生卒年的全部考察。

王国维对于司马迁卒年的推断，不是想当然，而是从《史记》记事下限这一已知推未知，合于逻辑。我们还可以举出三个旁证。第一个旁证，五臣注《文选》本《报任安书》有这样一段话："上计轩辕，下至于兹，为十表，本纪十二，书八章，世家三十，列传七十。"这几句话极为重要，说明司马迁写《报任安书》时，《史记》还没有最后杀青完稿。因这里所列五体顺序与定稿本《史记》的五体顺序不一致。写作过程，一定是十表最先完成为全书之纲，《史记》定稿才调整到本纪之后。这是正常的写作规律，今人来写《史记》，写通史，当然也是首先理清年代为全书之纲，不能是想到哪写到哪。这一旁证为王国维推断《匈奴列传》中征和三年纪事为司马迁所写是一个直接的证据。旁证之二，《建元以来侯者年表》褚少孙补明确说："太史公记事尽于孝武之事。"此指太初以后的司马迁附记，与大事断限太初并不矛盾。褚少孙离司马迁未远，其说可信。第三个旁证，昭帝始元六年，公元前 81 年，盐铁会议，桑弘羊在论战中多次引用《货殖列传》为自己辩护，称"司马子言"。桑弘羊以御史大夫之尊称六百石秩的太史令司马迁为"司马子"，就是对已故学问家的敬称，引用其言来增加自己观点的权威，合于先贤遗教。这一确定事实，说明司马迁死于昭帝始元六年之前。综上可证，王国维对于司马迁卒年的推断是可信的。

总上所论，司马迁的生卒年与《史记》成书息息相关，尤其是生年的十年之差，至为重要，这就是百年论争的意义。

五、司马迁生年两说，只并存于三家注，王郭两说王真郭伪不并存

唐人的《索隐》《正义》并存司马迁的生年，历经百年研讨，在现存史籍中找不到《索隐》《正义》数字讹误的直接证据，因此两说并存。一个人的生年只能是一个，所以两说并存皆为待证之假说。证明方法，排比司马迁行年，谁与之吻合，谁就是真实的生年，谁与之不吻合，谁就被证明是伪，生年不成立。

总括百年论争的结果，用以检验王国维、郭沫若两家之说，从行年排比与论证方法两个层面来看，都鲜明地呈现出一真一伪的对比，王真郭伪，两说不并存。

其一，行年排比。郭沫若支持的前135年说，则司马迁九岁蒙童耕牧河山之阳，十二岁至十四岁的少年问学孔安国、董仲舒，二十岁壮游在元鼎元年，二十三岁仕为郎中，二十五岁奉使西征，这些行年坐标点既无考证，又不合情理，全都是想当然的安排，不能成立。按王国维支持的前145年说，则司马迁十九岁以前少年时代耕牧河山之阳，二十壮游在元朔三年，二十三四岁至二十七八岁之间问学孔安国、董仲舒，二十八岁仕为郎中，三十五岁奉使西征。壮游与仕为郎中之间，仕为郎中与奉使之间，都各自经历了数年的人生历练，不仅合情入理，均有考证文献支撑，即王国维支持的《正义》之说的生年为司马迁行年所证实，当然是真。

其二，考证方法。前135年说论者，不作艰苦的考证，不是在文献中披沙拣金，而是想当然，在字缝中取巧，关节点的论证无一考据。前135年说之源，郭沫若驳王国维的三条考据，有辩无考，李长之的十条立论，无一考据。前135年说后继论者的考证，没有超出李长之的十条，只是变换手法演绎李十条而已。前135年说后继论者所谓"考证"的基本路数，是不科学的循环论证。他们用待证的《索隐》说，司马迁生于公元前135年，下推二十壮游在元鼎

元年，公元前116年；然后编织材料说司马迁元鼎元年壮游，用公元前116年反推二十年为生于公元前135年。循环论证，又称因果互证，即以因推果，以果证因。以司马迁二十壮游为例，说明所以。《报任安书》明白无误告知"仕为郎中"靠的是父亲为官恩荫为郎，其言曰："仆少负不羁之才，长无乡曲之誉，主上幸以先人之故，使得奉薄技，出入周卫之中。"而王达津、苏诚鉴等人，以及前135年说后继论者，无视司马迁的自述，而编织司马迁以博士弟子为郎，二十壮游与元狩六年的博士褚大巡风相搓捏，用以证明司马迁生于前135年。像这样无根无据的历史搓捏，没有讨论价值。

更有甚者，直接编织伪证。南宋王应麟在《玉海》中自写词条"汉史记"，引文有《史记正义》引《博物志》与《索隐》司马贞一致，发现者宣称这是一条司马迁生于公元前135年的铁证。王应麟引文删去了张守节按语："案：迁年四十二岁。"像这样掐头去尾的引文，根本不具有版本价值，它即使刊布在中华书局点校修订本《史记》的"修订前言"这一平台上，也变不了真。袁传璋说王应麟所引是南宋皇家所藏唐写本。既然有南宋皇家所藏唐写本，为何不直接引用而去转引王应麟的二手，甚至是三手四手的材料呢？可见皇家藏本之说乃欺世之言。

总上五个方面对百年论争的总括，显示了前135年说论者从源到流，对《索隐》说生年的考证，方法错误，论据不立，可以说郭说已被证明为伪；而前145年说论者对《正义》说生年的考证，依王国维指引的方向，方法正确，论据充分，结论正确，即王说为真，可以为定论。

最后，我们必须指出，百年论争，成果来之不易。尽管前135年说论者考证不立，但没有两方切磋，考证不会深入。辩证地看问题，司马迁生年的解决，是双方共同努力的结果。前135年说论者磨砺的功劳也应予以肯定。

（本文原载《管子学刊》2017年第4期）

李长之关于司马迁生于前135年说举证十条无一考据

关于司马迁的生年,主要有公元前145年与前135年两种说法。公元前135年说(亦称建元六年说)者,学术界一般以郭沫若为代表,其实祖述者为李长之。李氏举证十条以立其说。文章题称《司马迁生年为建元六年辨》(以下行文简称"李文"),最早发表于1944年5月出刊的《中国文学》一卷二期,后收入1948年开明书店出版的李氏专著《司马迁之人格与风格》一书。李文发表未引起学术界的重视。到了1955年,郭沫若在《历史研究》第6期发表《"太史公行年考"有问题》一文,并在同期推出李文(署名刘际铨),以为自己论文之佐证,随即引发学术界关于司马迁生年的大讨论,李文因而声名鹊起。非常遗憾,李文是引进、借鉴了日本学者桑原骘藏、山下寅次两人的推论、猜测①,无一考据,李文拼凑成十条,亦无一考据,因此无一条成立。这样说有不客气之嫌,但事实就是如此。1956年,李长之告语李仲均,他已改弃其说②,不失为明智之举。但半个多世纪以来,持建元六年说的后继者的论据,基本上是李文的延伸和演绎,因此辩驳了李文,也就基本辩驳了建元六年说论者。

---

① 参阅〔日〕桑原骘藏《司马迁生年一新说》,1929年《史学研究》(日本)第一卷第一号。〔日〕山下寅次《史记编述年代考》论及司马迁生年问题,其主要观点见程金造《从史记三家注商榷司马迁的生年》,《文史哲》1957年第2期。

② 李仲均在《读程金造先生"从史记三家注商榷司马迁的生年"》一文(《文史哲》1957年第8期)中说:"李长之先生曾主张司马迁生年为建元六年,举证十条以立其说,去年(一九五六)三月间相晤谈及此问题,自云论据不巩固,已放弃前说,但并非即承认生于汉景帝中五年。"

追本溯源，不得不辨。以下是对李氏十条的逐一辩驳。

第一条，"早失二亲说"。李文云："司马迁《报任安书》（以下行文简称《报书》）明明说：'早失二亲'，如果生于前 145 年，则司马谈死时，迁已三十六岁，说不上早。假若生于前 135 年，迁那时便是二十六，却才说得过去。"

这一条如果成立，充其量只是一个论点，为什么"二十六岁"可以说"早"，"三十六岁"就不能说"早"，要做考证来说明，才能变论点为论据。李长之未做考证，放了一个烟幕说，"他（司马迁）决不能把父亲是否早死也弄不清楚"，偷换概念，转移视线，避开了回答"早失二亲"为什么成为前 135 年说的证据。郭沫若与李长之一样未做任何考证①，便称其为驳难王国维的"致命伤"②，真是莫名其妙。

孤立地看，也就是断章取义，"早失二亲"至少有三种解释。其一，是指双亲早死，有些年头了，当儿子的因没有尽孝感到失落；其二，指双亲走得早，儿子很孤独；其三，指自己年纪轻轻早早失去了双亲。前两种解释，与"二十六"或"三十六岁"毫无关系。只有第三种解释，年龄越小失去双亲越是孤苦可怜，但在父母眼里，子女总是年幼的。郑鹤声据古人丧礼习俗指出：父丧称为孤子，母丧称为哀子，父母皆丧成为孤哀子。一岁丧父母如是称呼，六十岁丧父母亦如是称呼，因此"司马迁所谓'早失'自然也没有年龄的

---

① "早失二亲说"为李、郭之后的建元六年说的后继者所经常采用，如李伯勋在《司马迁生卒年考辨》一文（载《兰州大学学报》1980 年第 1 期）中说："司马迁的母亲死于何时，史无明文，我们无从考察。而他的父亲司马谈死于元封元年（前一一〇年），《史记·自序》却有明白记载。依据王国维司马迁生于汉景帝中元五年之说，元封元年司马迁当为三十六岁。三十六岁死父亲，怎么能说'早失'呢？依据司马贞之说，司马迁生于汉武帝建元六年，元封元年他正好三十六岁。二十六岁死父亲，要说'早失'，是说得过去的。"这一番论述完全照搬李长之，且同李长之一样未做任何考证。

② 郭沫若在 1956 年 4 月撰写的《〈太史公行年考〉有问题》一文中说："司马迁的母亲死于何时虽然不知道，但他的父亲司马谈是死于汉武帝元封元年（公元前一一〇年）。在这一年，依王国维的推定，司马迁当为三十六岁。三十六岁死父亲，怎么能够说'早失'呢？这正给予王说一个致命伤。"见《郭沫若全集》历史编第三卷，人民出版社 1984 年版，第 449 页。

李长之关于司马迁生于前135年说举证十条无一考据

限制"①。郑鹤声进一步指出：班固祖先班伯卒时年三十八称"早卒"；颜渊死，据《孔子家语》，年三十二称"早夭"，据清人考证，颜渊死年四十二。"反过来说，司马迁年三十六死父母，何尝不可以说'早失呢'"？② 程金造亦有类似例证。③ 近年又有建元六年说者指出④：古人称三十而立。司马迁"二十六"未到而立之年，失去双亲可以说"早失"，"三十六"已过而立之年，不可以说"早失"。这样还算是有论辩，只可惜是建元六年说者附会上去的，不是司马迁要表达的意思。

司马迁《报任安书》（以下简称《报书》）云："今仆不幸，早失二亲，无兄弟之亲，孤身独立，少卿视仆于妻子何哉？"司马迁说得十分明白，自己是一个不幸的人，早早失去了父母，又没有兄弟相伴，十分孤独。司马迁遭遇不白之冤，交游莫救，左右不为一言，身边无亲人可倾述衷肠，孤苦无依，特别是"无兄弟之亲"更加坐实"早失二亲"，指父母早早离去之意。王国维认为《报书》作于太始四年，上距司马谈去世的元封元年是十八年；一说作于征和二年，则上距元封元年是二十年。双亲已离去快二十年了，当然可以说"早失"，这与"三十六岁"或"二十六岁"有何干系？李长之、郭沫若对这么显白的话不是看不懂，而是为了拼凑论据，所以才高声放烟幕，一个说"他，司马迁决不能把父母是否早死也弄不清楚"；一个说这可是王国维的"致命伤"。

第二条，《报书》云："仆赖先人绪业，得待罪辇毂下二十余年矣。"李文假设司马迁做郎中是紧接二十南游的事，并采用了王国维的《报书》作于太始四年说，按司马迁生于前145年，到太始四年（前93）是五十三年，减去二十年就是三十三年，这是初入小学蒙童就会的加减法⑤，

---

① 郑鹤声：《司马迁年谱·司马迁生年问题的商榷》，商务印书馆1956年版，第9页。
② 郑鹤声：《司马迁年谱·司马迁生年问题的商榷》，商务印书馆1956年版，第10页。
③ 参见程金造：《史记管窥》，陕西人民出版社1985年版，第92—93页。
④ 参见刘大悲：《司马迁生年探源》，《西昌师专学报》1997年第4期。
⑤ 蒙童加减法是另一位建元六年说者刘大悲在《司马迁生年探源》一文（《西昌师专学报》1997年第4期）的发明。该说云：司马迁二十南游，加三年游历，为22岁，加一年23岁仕为郎中，加一年24岁奉使，加一年24岁还报命，是岁元封三岁，迁年28岁，上推生年为公元前135年。

李文据此得出结论:"应该说待罪辇毂下三十余年了。"司马迁二十南游了几年,何时为郎,何自为郎,这些问题的关节点李长之没作任何考证,凭着一个蒙童加法,再加一个假设就提出了一个证据,太轻率了。我们试用蒙童减法,假设司马迁南游了四年,三十三减四等于二十九,不就是"二十余年"了吗?考证不是蒙童的加减法,而是要作严肃的文献挖掘。司马迁南游时间无确论,有五年说,有四年说,多数认为至少二三年。于是建元六年说的后继者主张《报书》作于征和二年(前91),再用蒙童加减法,司马迁从二十南游到写《报书》就是三十五年了。再加上一个"……过梁楚以归。于是迁仕为郎中",说什么"于是"者,"就在此时"① 也。这样一来,司马迁即使南游了五年,三十五减五,还有三十年,而不是"二十余年",看起来像是作了一番考证,其实仍然是以假设作证据。由介词"于"和代词"是"组成的介宾词组"于是",有"在此时""在此地"等意;此外,"于是"在先秦时期业已虚化为"连词",连接两个句子,表示前后句子所说的两件事情,具有时间上先后相承或事理上相承的关系。② "……过梁楚以归。于是迁仕为郎中",在《太史公自序》具体的语言环境中,"于是"正确的解释是作连词,连接"过梁楚以归""仕为郎中"一前一后两件事情;若翻译成现代汉语,可直接译为"于是",或译为"在这之后"。司马迁说,他南游归来之后,重大的事件就是"出仕郎中",并"奉使西征巴蜀以南",而不能把"南游""出仕郎中""奉使西征巴蜀"当作连续紧接

---

① 袁传璋在《司马迁生于武帝建元六年新证》一文(载《陕西师范大学学报》1988年增刊)中说:"须知在上古书面语言里,'于是'是由介词'于'和指代时间或地点的'是'构成的介词结构,以表示时间或地点的状态。意为'就在这个时候……'或'就在这个地方……'《史记》中的'于是'大抵是这两种用法。"然而查诸中国社会科学院语言研究所古代汉语研究室编纂的《古代汉语虚词词典》,可知"于是"除了"在这时""在这里"等词义外,还有一个词义,即"虚化为连词。先秦已有用例,后沿用至今。……连接句子与句子,表示前后两件事情的承接关系。两件事情之间,既有时间上相后相承的关系,也有事理上的相承关系。可译为'于是'"。见该词典第 778—779 页,商务印书馆 2000 年版。袁先生完全忽略了《史记》中所存在的大量连词"于是",其所谓"《史记》中的'于是'大抵是这两种用法"实属臆断。

② 参见中国社会科学院语言研究所古代汉语研究室编纂:《古代汉语虚词词典》,商务印书馆 2000 年版,第 778—779 页。

发生的事，而是他人生经历的重大事件，三者有一个相当长的时间过程。出仕郎中有一定的条件，当了郎中到奉使为钦差大臣，还要经过若干年的历练，因此不是紧接连续的事。据施丁考证："司马迁始仕郎中，肯定在元狩年间，至迟在元狩五年。"① 元狩五年为公元前118年，再用蒙童的减法，元狩五年下据太始四年公元前93年是二十五年，下据征和二年公元前91年是二十七年，当然合于《报书》的"二十余年"。更何况有史料证明，《报任安书》的写作与征和二年任安死于巫蛊之祸一事并无关联，该文并非作于征和二年②，因而李长之的后继者试图以征和二年作为时间坐标点做蒙童加减法，数字一定是不可靠的。

第三条，李文借王国维说——"孔安国为博士在元光、元朔间"。如果司马迁生于公元前135年，到元朔三年前125（应作前126），则"十岁诵古文"正符合。李文的这一条借用埋藏了两个假设。一是假设"十岁诵古文"是向孔安国问故；二是假设元朔三年向孔安国问故，正好与"十岁诵古文"相合。秦篆汉隶，简化了先秦古文。"十岁诵古文"只是说司马迁年少聪慧，十岁就能识读古文书，并不等于向孔安国问故。又元光、元朔共十二年，李文单取一个元朔三年，已属押宝，没有任何考证，显然是在拼凑十条论据。又据张大可等考证，"孔安国仕宦京师为博士及谏大夫时，应在元朔、元狩间，不是在元光、元朔间，这是王国维的疏失"③，李文借势取巧不成立。实际上，从"问故"出发，是解决不了司马迁生年问题的，正如施丁所论："（司马迁）从安国问故，可以在十岁之时，也可以在十几岁或者二三十岁之时；既可能问一次，也可能问多次；既可能在安国为谏大夫之时问，也可能在安国为谏大夫之前问。……可见无论是王国维，还是其他学者，以'从安国问故'来推测或说明司马迁的生年，都是徒劳。"④

---

① 施丁：《司马迁行年新考》，陕西人民教育出版社1995年版，第20页。
② 参见陈曦：《史记与周汉文化探索》，中华书局2007年版，第259—271页。
③ 张大可：《关于司马迁生年的考辨》，《上海师范大学学报》1984年第2期。
④ 施丁：《司马迁生年考——兼及司马迁入仕考》，《杭州大学学报》1984年第3期。

第四条，空白说。李文说："司马迁是一个不甘于寂寞的人，如果照郑鹤声的《年谱》（他也是主张生于前一四五的），司马迁在元朔五年（前一二四）仕为郎中，一直到元封元年（前一一〇），前后一共是十五年，难道除了在元鼎六年（前一一一）奉使巴蜀滇中以外，一点事情没有么？……假若真是过了十四年的空白光阴（算至奉使以前），司马迁不会不在自序里提及。看他说：'于是迁仕为郎中，奉使西征巴蜀以南，南略邛、筰、昆明，还报命'，似乎中间为时极短。倘若生于前一三五，则仕于前一一五或一一四之际，跟着没有三年，就有扈从西至空峒之事（前一一二），奉使巴蜀之事（前一一一），不是更合情理么？"这一条也极受建元说后继者的追捧①，并解"于是"二字为"就在此时"，用以代替李文"似乎中间为时极短"这种极其不规范的考证语言。用蒙童的减法计算，十五年减去十年还有五年时间，不是很具体吗？前文第二条驳文中已指出，把南游全国与出仕为郎中，到奉使巴蜀这样三件事，缩短在具体的五年时间中是一种不合理的假设，所以李文含糊其辞曰"似乎中间为时极短"，而后继者用"就在此时"来解读"于是"二字，掩盖李文的含糊其辞，表面看生动形象，细细推敲，"就在此时"是在何时？从逻辑上看比含糊其辞的五年时间更短，也更荒唐。由此可见，无论多么精巧的推论，都不能代替考证。为此，施丁作了考证。施文云：

---

① 如赵光贤在《司马迁生年考辨》一文（载《北京师范大学学报》1983年第3期）中说："王国维的《太史公行年考》说元朔三年，迁年二十，开始南游。照此说法，至元鼎元年，三十岁，中间无事可记，南游无论如何不会有十年之久，显然这是个大漏洞，一般讲司马迁年世的大都从王说，未注意这个漏洞，反将出仕郎中之年下移至元封元年，这样相距十五年，把这个漏洞反而扩大了。假定南游时间用二三年，还有十四五年的空白时间，司马迁干什么去了呢？"又如赵生群在《论司马迁生于建元六年》一文（载《司马迁与史记论集》第五辑，陕西人民出版社2002年版）中说："如果说司马迁生于景帝中元五年，《自序》（笔者注：指《太史公自序》）在时间上就存在着一段很大的空白。根据《自序》，司马迁二十南游，至元封元年出使还报命，见父于河洛之间，按照王国维的推算，此年司马迁已三十六岁。自二十至三十六岁，中经仕为郎中、出使两件大事，前后时间长达十五六年，按《自序》行文之例，理应交代各事间隔之年岁。"他们虽均未在阐述时提及李长之，但实际上却都是李氏"空白说"的追捧者与因袭者。

自元朔三年南游至元鼎六年奉使西征之间,有如下内容:

元朔三年(前126),开始游历。

元狩元年(前122),此年左右,"过梁、楚以归"。

元狩五年(前118),"入寿宫侍祠神语"。

元鼎五年(前112),"西至空桐"。

元鼎六年(前111),此年春,"奉使西征"。

仅以此而言,十六年间的"空白"并不多;当然也就说不上景帝中五年说有什么"大漏洞"。①

又据张大可考证:董仲舒致仕后家居茂陵,排挤陷害他的公孙弘卒于元狩二年,而对他敬重有加的张汤第二年迁为御史大夫,但仍不见起用董仲舒,很可能元狩末董仲舒已经去世;孔安国为博士、谏大夫,元狩六年出为临淮太守。司马迁向孔安国问故,师从董仲舒,正在出仕之前的元狩年间,即司马迁南游归来,在二十八岁出仕之前的二十三四岁到二十七岁之间这几年向大师学习。② 还有元封二年司马迁扈从武帝封禅,并负薪塞河。如此说,更不存在"空白说"。司马迁写人物列传,不是开履历表,不是记流水账,而只写每个历史人物的特点和重点。《太史公自序》着重写司马迁父子怎样写《史记》,对司马谈出仕三十年只写了《论六家要指》、培养司马迁、临终遗言三件事。"空白说"的提出,说明李氏及后继者未仔细读历史传记书,更未仔细读《太史公自序》。

第五条,《自序》中有生年说。李文引《太史公自序》云:"太史公仕于建元、元封之间,……太史公既掌天官,不治民。有子曰迁。迁生龙门。"对此,李文说"看口气,也很像",司马迁父亲"任为太史令之后才生他"。这又是大胆提出的一个猜想和假设,未作任何考证,用了"那么"两个字,笔锋一转,变成了"这也是他于建元六年,即公元前135"的"更可靠的证据"。众所周知,胡适

---

① 施丁:《司马迁生年考——兼及司马迁入仕考》,《杭州大学学报》1984年第3期。

② 司马迁师从董仲舒、孔安国,参见张大可:《关于司马迁生年的考辨》,《上海师范大学学报》1984年第2期。

提出"大胆假设,小心求证",而李文只有假设,没有求证,所以说是开了一个无证无考的恶例。李文发表六十余年之后,自 2010 年以来,有四五位建元六年说的后继者,发挥李文的猜想,炒作《史记》中写有生年。其推论理由是"有子曰迁",写在司马谈建元年间出仕之后,由于司马迁写《史记》是按时间先后叙事,所以司马迁只能出生在建元年间,也就是建元六年,公元前 135 年。有一位建元六年说论者直接标题为"司马迁自叙生于建元年间"①,另有声称握有"新证"者②,尽管没有在其论文中提及李长之的举证,但究其实也是对李氏"《自序》中有生年说"的因袭。由于《太史公自序》中没有记载生年,所以这个炒作论题就是一个不成立的伪命题。依时间先后叙述这是最基本的写史书法,特别是编年体史,如《资治通鉴》,记载的所有史实,无一不一一与其确定的时间相联系,并被嵌入相应的日、月、时、年、年号、君主、朝代的严密序列当中。由于一个历史事件涉及多个人物,多个方面,或时间延续很长,一支笔无法同时叙写出来,必然是一件件、一桩桩来写,所以有倒叙、插叙、纪事本末等手法,《资治通鉴》也不例外,这是大家所熟知的。也就是说,严密的编年体叙事,也不是机械的时间流向只朝一个方向。说到《太史公自序》,大势毫无疑问是按时间先后叙事,为了脉络清楚,依然是一桩桩、一件件来写。就拿开头两大段来说,第一大段写司马迁家世,叙写至"谈为太史公",这句话就写在"太史公仕于建元元封之间"的前面。第二大段写司马谈的作史,"太史公仕于建元元封之间",一句话写了三十年,然后倒过来写三十年间的三件大事:一是发表《论六家要指》,应当在元狩元年,为司马谈的述史宣言,写在"迁生龙门"之前,因是司马谈的主体活动,必然先写;二是培养司马迁,写司马迁的青少年时代,自然在《论六家要指》之后;三是临终遗命司马迁。在培养司马迁的段落中有"迁生龙门,耕牧山河之阳,年十岁则诵古文"的话头,这是司马迁

---

① 吴名岗:《司马迁自叙生于建元年间》,《史记研究》第 1 辑,商务印书馆 2016 年版。
② 曾维华:《司马迁生年新证》,《中华文史论丛》2013 年第 1 期。

李长之关于司马迁生于前135年说举证十条无一考据

自认为他少年时代自豪的三件大事:出生于龙门圣地;天资聪慧,十岁诵古文,少年时代耕牧于家乡,接受大自然的熏陶,为二十壮游打基础。司马迁把"耕牧河山之阳"看的比"十岁诵古文"还重要,并表示少年时期在故乡生活,所以叙说在前面,只能这样理解文章才合情理,否则就成了十岁以前耕牧,难道不是很荒诞吗?所以,按时间顺序推论"司马迁自叙生于建元年间"是一个伪命题。①

第六条,李文说,司马谈临终遗言,司马迁"听了后,便俯首流涕,这也宛然是告诫一个青年的光景"。一个"宛然",就把"俯首流涕"转化成了出生于公元前135年说的论据,李长之的考证就是这样立足于文学想象而"妙笔生花"出来的。

第七条,劝进友人是"少年躁进"说。李文说司马迁元封三年始为太史令,致信友人挚峻劝进,先定格为"少年躁进",接着推论说:"与其说出自一个将近不惑之年(三十八岁)的人,决不如说出自还不到而立之年(二十八)的人,更适合些。""劝进",也就是热衷于仕进,有种种动机和背景,只热心于往上爬的人,或许是"少年躁进";如果是有浓厚忠君报国或济世救民的人,例如孔子周游列国,能说是"躁进"吗?任安致信司马迁"推贤进士",无论是在太始四年,还是在征和二年,年岁已不小,难道是"老年狂躁"吗?李长之对"少年躁进"四个字未加考证落实,这种考证,只能称作文学虚构考证法,在传统考证学词典里没有立足之地。

第八条,司马迁夏阳见郭解说。郭解被杀于元朔三年(前126),

---

① 曾维华在《司马迁生年新证》一文中将《太史公自序》中"太史公既掌天官,不治民。有子曰迁。迁生龙门,……",重新标点为:"太史公既掌天官,不治民,有子曰迁。迁生龙门,……"认为"迁生龙门"前用逗号,可以拉近司马谈先做官后生子两者的联系,其实是徒劳的。两者是不相干的独立事件,不因改变标点而改变。而且此举并非曾氏的独家发明,其实是因袭李长之对该段的标点。又,曾氏说:"这里的'既'字不仅表示'已''已经',而且也可以表示司马谈出仕后不久,或司马谈出仕与生儿子司马迁是前后紧相衔接的两件事,即理解为太史公(司马谈)当官不久,就生了儿子司马迁。据此,这段话应解释为:'太史公(司马谈)已任掌管'天官'之职,不理民政,时有儿子名迁。迁生于龙门,……"这就是曾氏的"新证"!与李长之"看口气,也很像是他父亲任为太史公之后才生他"的表述相比,曾氏"新证"其实并无多少"新"意。他只是比李氏多分析了一个表示时间的副词"既"而已。在一定的语境下,"既",意为"已""已经",怎能又多出"时""当时"("时有司马迁")的意思?

他在死前曾到夏阳安置外祖老小。李文说:"倘此年为司马迁之九岁,则司马迁在十岁学古文之前还在家乡,因而见郭解是最可能的。否则这一年十九岁,未必有见郭解的机会了。"李文的这一条似乎有一些考证,但把事实搞颠倒了。据张大可考证①,司马迁见郭解恰恰是生于公元前145年之一证。按诸史实,元朔二年,汉武帝大规模强制豪强移民茂陵,中级、高级的京官家属亦移至茂陵。司马迁,以及家居广川的董仲舒都移置茂陵,因此十九岁的司马迁在茂陵见郭解。关中贤豪,知与不知,争相见郭解,动静很大。已移置于茂陵的郭解因受其徒众杀人的牵连遭官府通缉才逃逸,秘密地到夏阳去安置外祖家老小,已是元朔三年,司马迁不在夏阳,而在南游;即便司马迁在夏阳,他怎能见到秘密行动的郭解呢?"司马迁在夏阳见郭解",似乎是在刻意混淆史实,不只是假设,甚至有臆造的嫌疑。

第九条,司马迁年幼见李广说。李文说:"李广自杀于元狩四年(前119),迁及见广,但迁与李广之孙李陵为友,则迁见广时应很年幼,说李广死时司马迁二十七岁是不如说他十七岁更合理的。况且李广只活了六十几岁!"此条全文引录李文,读者可以清晰地领略李氏是怎样颠倒失实,颠倒逻辑话语的。正因为李广死得早,二十七岁的司马迁比十七岁的司马迁见李广才更合理些,李文颠倒为说。十九岁的司马迁家徙茂陵,十七岁的司马迁还在夏阳,是见不到李广的。二十七岁的司马迁在二十南游归来,二十三四至二十六岁,李广正好在京师。元狩五年司马迁二十八岁入仕为郎,十六七岁的李陵在元狩年间"已为侍中"②,司马迁比李陵年长十岁左右,"俱为侍中"的两人,后来交往了"约有十余年"③。因此,与李陵为友的司马迁"见广时应很年幼"的说法,亦属缺乏考证的文学想象!

第十条,李文为《正义》按语"迁年四十二"找出路,认为是司马迁一生的年岁。郭沫若也十分欣赏这一说法,《正义》有了出路,《索隐》不就坐实了吗?按古人虚岁纪年法,从建元六年(前

---

① 参见张大可:《关于司马迁生年的考辨》,《上海师范大学学报》1984年第2期。
② 施丁:《司马迁行年新考》,陕西人民教育出版社1995年版,第40页。
③ 施丁:《司马迁行年新考》,陕西人民教育出版社1995年版,第41页。

135），到太始四年（前93）是四十三年，而不是四十二岁。如果《报书》作于征和二年，公元前91年，则司马迁四十五岁了，由于史实不落实，李文的用语是："但我想，《正义》四十二岁之说的确可能并非指太初元年四十二岁，却只是指司马迁一生有四十二岁。"既然不能坐实的"但我想"与"的确可能"，不是考据，只是一种推测，当然不能成立。

综上所述，李长之的十条证据，没有一条考据，也违背了推理的基本原则——由已知推未知，而是什么"假若""看口气，也很像""宛然是""但我想""的确可能"云云，运用文学想象的手法代考证，显然是不及格的。故而李文发表，学术界没有什么反响。由于郭沫若的追捧，引之为佐证；更由于李文的虚构法考证给建元六年说者开启了一条步入学术殿堂的捷径，特别是近年来建元六年说者有高涨之势，其基本手法是师承了李文的所谓考据，研讨思路多不出李氏十条，因此在司马迁诞辰2160周年之际总结司马迁生年百年争论的时候，李文不能不首当其冲地被予以研讨，这就是本文写作的原因。

（本文作者陈曦，国防大学军事文化学院教授。本文略有删节，原载《史记研究》第一辑，商务印书馆2016年版，又载《史学月刊》2017年第10期，改题《李长之"司马迁生于公元前135年说"驳论》）

评司马迁生年"前 135 年说"论者的两大"曲说"

司马迁生年的研究,自国学大师王国维 1917 年发表《太史公系年考略》(1923 年改题为《太史公行年考》,收入自选《观堂集林》),认为司马迁生于汉景帝中元五年,即公元前 145 年(简称"前 145 年说");而后,1955 年,郭沫若发表《〈太史公行年考〉有问题》,提出司马迁生于汉武帝建元六年,即公元前 135 年(简称"前 135 年说")。至此,"两说"之争便此起彼伏,莫衷一是。2015 年,中国史记研究会会长张大可先生在"纪念司马迁诞辰 2160 周年研讨会"上,提出重启司马迁生年十年之差百年论争的梳理和研究,以做出阶段性结论。本人恭逢其时,将百年论争中近百篇论文收集起来,系统研读,对于一些焦点问题,反复思考,比较"两说"的长短、优劣、是非、曲直,逐渐形成了一些比较明晰的观点,总的感到,王国维的论说方法是科学的,立论是正确的,司马迁生年"前 145 年说"是站得住脚的;而"前 135 年说"无论是在论述的方法上,还是在事实的阐述上,都存在着一些欠缺,所得出的结论不符合司马迁的行年实际,不能令人信服。

本文梳理百年论争,归纳"前 135 年说"论者形成的关键性观点,大致上也就是三个方面,即三大"曲说":"书体演变推倒王国维说""《玉海》之《正义》佚文确证郭沫若说""司马迁自叙生于建元年间说"。本文集中梳理"前 135 年说"论者后两大"曲说",略述个人感思,以供研讨。

一、"前135年说"论者发现《玉海》"汉史记"条《正义》佚文,宣称找到"直接证据",是"确证",以此定案司马迁生于前135年,乃是伪证伪考

"前135年说"论者赵生群在2000年声称"发现了有关司马迁生平的新资料,为考定其生平提供了直接的证据"。所谓"新资料",是王应麟《玉海》第46卷"汉史记"条中的《正义》佚文:

> 《史记正义》:"《博物志》云:'迁年二十八,三年六月乙卯除,六百石。'"

对此,赵先生认为:

> (《玉海》"汉史记")所载司马迁年岁,与今本《史记》中司马贞引《博物志》之文完全一致,这说明《索隐》引文准确无误,同时也证实,张守节推算司马迁生年的根据,也是《博物志》。《博物志》确实是考订司马迁生年唯一的,也是最为可靠的原始资料。张守节云太初元年"迁年四十二岁",比司马迁实际年龄多出十岁,肯定有误。①

赵先生以此定案司马迁生年在前135年。后来,他主持点校本《史记》修订,于2013年7月以"修订组"的名义将"司马迁生于汉武帝建元六年(公元前135年)"写入"修订前言",并作了说明,直接用《玉海》"汉史记"条的《正义》佚文作为论据,未加注明据郭沫若说,更未介绍王国维的"前145年说",断言《正义》按语"四十二"当为"三十二"之误。

袁传璋在2005年出版《太史公生平著作考论》,写作《司马迁与中华文明》导论,引用《玉海》"汉史记"条作为证据,认为"司马迁的生年应该是建元六年";在2011年为《司马迁与〈史

---

① 赵生群:《从〈正义〉佚文考定司马迁生年》,《光明日报》2000年3月3日。

记〉研究年鉴》撰写卷首语,认为是"提供了可信的文献根据",同时也否定了王国维疑今本《索隐》"年二十八"乃"三十八"之讹的论断,说成是"臆测"。①

赵生群、袁传璋视《玉海》"汉史记"条《正义》佚文为"直接证据"与"确证",并以此定案司马迁生于前135年,赢得一些"前135年说"论者的信从,乃至盲从。于是《太史公自序》写有生年之说甚嚣尘上,甚至在2015年召开纪念司马迁诞辰2160周年纪念活动上,"前135年说"论者要求改纪念司马迁诞辰为2150周年。

为了弄清这一问题,张大可先生仔细研读《玉海》,用来对照"前135年说"论者的研究,再作深入细致的思考,发现其中疑点多多,问题多多,其真实性、可靠性值得怀疑。

(一)《玉海》是王应麟的"私撰"笔记,根据自己的心意来选择内容,"汉史记"条的正文,摘自《汉书·司马迁传》,而非《史记·太史公自序》,根本不具有《史记》版本价值

我们看到复印件《玉海》的"汉史记"条,首先跳入眼帘的,是带长条框的"司马迁传",王应麟非常明白地注明所根据的是《汉书》,而不是《史记》,再结合"汉史记"的条目,是王应麟用《汉书》来说明"汉史记"。而"前135年说"论者闭口不提此事,让读者觉得王应麟就是将《正义》注说在《太史公自序》上,还堂而皇之地称为是"直接的证据",是"确证",不知道"证"在哪里?还有,正因为是将其引用在《汉书·司马迁传》上,故标明是《史记正义》,说明不是《汉书》原文的注释。

我们再看《玉海》正文的引录,是属于摘抄之类,而不是非常严谨的引用原文。将"汉史记"条与《汉书·司马迁传》对照,就

---

① 袁传璋:《〈玉海〉所录〈正义〉佚文为考定司马迁生年提供确证》,载丁德科、梁建邦、党大恩主编:《司马迁〈史记〉研究年鉴》(2011年卷),商务印书馆2013年版。

能很明显地看出这一点:

> 司马氏世典周史。[……] 谈为太史公。[……] 有子曰迁"云云"。[……] 迁俯首流涕曰:"小子不敏,请悉论先人所次旧闻,不敢(缺)[阙]。"卒三岁,而迁为太史令,紬史记(金镱石室)[石室金镱]之书。五年而当太初元年,十一月甲子朔旦冬至,天历始改,建于明堂,诸神受纪。太史公曰:"先人有言:'[自]周公卒五百岁而有孔子,孔子(卒)至[于]今五百岁,有能绍而明之,正《易传》,继《春秋》,本(《诗》《书》)[《书》《诗》]《礼》《乐》之际。'意在斯乎!(意在斯乎!)小子何敢(让)[攘]焉!"[……]于是论次其文。(七)[十]年而遭李陵之祸,[……]"卒述陶唐以来,至于麟止,自黄帝始。①

不再往下对核了。文中加"( )"的,是《玉海》的增字或讹字;加"[ ]"的,是《玉海》没有引用的或错用的字、词;"……",表示《玉海》所作的删节。由此可见,此处王应麟的正文,是根据己意而对所引的原文有所取舍,很显然,其中有删减,有更改,也有讹误。王应麟如此做,当然无可厚非,但这只能代表是王应麟个人的作品,或者说是王应麟笔下的《汉书·司马迁传》,而不能说《汉书·司马迁传》就是如此。我们假设,如果《汉书》失传,后人依据《玉海》,认为《汉书》就是如此,这种说法妥当吗?这不是大笑话吗?如果再用《玉海》的《汉书》来证明某种事项,这样做有道理吗?能够成立吗?更有甚者,为了证成某种项,故意隐去《汉书》,而让读者误以为《玉海》所根据的就是《史记·太史公自序》,这就有失学术规范了。

王应麟将《正义》佚文注录在"紬史记石室金(镱)[匮]之书"句后,而不是如今本《史记》注在"五年而当太初元年"句后,所注的《正文》佚文内容不一致,根本不是《正义》的原文。

---

① 班固:《汉书·司马迁传》,中华书局1964年版。

（二）《玉海》《正义》佚文，究竟出自何处？仍然是一个谜，并非就是出自《正义》单行原本、唐人写本、南宋皇家藏书，"前135年说"论者如此论说，具有作伪行为

这里，我们再来研究《玉海》"汉史记"条《正义》佚文的出处。赵生群在 2000 年发表《从〈正义〉佚文考定司马迁生年》一文中说：

> 从《玉海》引用《史记正义》的具体情况看，王氏编书时所依据的当是单行本《正义》。……正因为王应麟所用的是《史记正义》单行本，所以能征引更多的《正义》注文。

袁传璋在 2005 年出版的《太史公生平著作考论》一书中说：

> 王应麟撰《玉海》，其资料来源于南宋皇家藏书，他曾亲见未被删节的《史记正义》的唐人写本。

到了 2011 年，袁先生改口气，又在《〈玉海〉所录〈正义〉佚文为考定司马迁生年提供确证》中说：

> 王应麟纂辑《玉海》，他所征引的《史记正义》，为南宋馆阁所藏的单行唐写本。

袁先生将"南宋皇家藏书"改为"南宋馆阁所藏"，说是"单行唐写本"。袁先生在 2018 年撰写的《王国维之〈太史公行年考〉立论基石发覆》中再次作如下表述说：

> 王应麟所征引的《正义》，为南宋馆阁所藏单行唐写本或其抄本。

经赵先生和袁先生这么一说，又是"唐人写本"，又是"皇家藏书"，说明王应麟征引的这条《正义》佚文来源可靠，无话可说。我们不禁要问，说这话的根据是什么？当然，袁先生可能会说《玉海》中存有非常可观的《正义》佚文，这就是从单行唐写本中引用过来的。这能说得清吗？单行唐写本是什么时候存世，什么时候失佚？

有这方面的根据吗？我们倒是找到清人王鸣盛在《十七史商榷》中提供的一条旁证。该书开篇卷一《史记》篇第二条"《索隐》《正义》皆单行"中曰：

> 《索隐》三十卷，张守节《正义》三十卷，见《唐志》，皆别自单行，不与正文相附，今本皆散入。惟常熟毛晋既专刻《集解》外，又别得北宋刻《索隐》单行本而重翻刻之，是小司马本来面目。自识云："倘有问张守节《正义》者，有王震泽行本在。"震泽本亦非唐本三十卷之旧，亦是将司马迁、张氏注散入裴本中者，但必出自宋人，故毛氏云然，张氏三十卷本，今不可得而见矣。

王鸣盛指出，《正义》单行原本早已失传，明人刊刻时，已经找不到了，《正义》单行本连"宋本"也找不到了。王应麟是南宋末人，是否那时还有存世的《正义》单行宋本？则不得而知，可以推断唐写本，乃至抄本是绝对没有的，赵先生、袁先生二人的说法，显然是没有依据的信口编造。

我们先看看王应麟的身世。据《宋史·王应麟传》及有关资料，王应麟出生于1223年，1241中进士，担任地方一般官员。1254年考中博学宏词科，历官太常寺主簿、通判台州，召为秘书监，权中书舍人，知徽州、礼部尚书兼给事中等职。因屡次冒犯权臣丁大全、贾似道而屡遭罢斥，后来辞官回乡，专意著述20多年。王应麟生活于国家危亡之际。宋朝灭亡是1279年，权臣贾似道被杀是1275年，而王应麟去世于1296年，之前辞官回乡20多年，当是在1275年左右离开朝廷。王应麟的一生可分为三个阶段：考中"博学宏词科"前为第一个阶段，从中进士到中博学宏词科，为14年；而后在地方和朝廷做官，到被排挤去职，为第二个阶段，大约是20年；第三阶段是退归乡里专心著述，一直到去世，也大约也是20多年。

王应麟一生著作丰富，有23部著作，695卷，那么，《玉海》究竟是他哪一个时期的作品？据王应麟的子孙王厚、王伯所撰写的《词学指南·后序》说:"《玉海》者,公习博学宏词科编类之书也。"《四库全书总目》称:"其作此书,即为词科应用而设。"我们有理由认为,王应麟作《玉海》这种百科全书式的著作,是为其准备博学宏词科考试时所整理的资料,相当于我们现在所说的"考试复习笔记",而后经过整理和印刷,形成了名为《玉海》的大型类书。

我们再看看袁先生的说法:王应麟"尽读馆阁秘府所藏天下未见之书","所撰《玉海》二百卷,专精力积三十余年而后成"。① 这话果真如此吗?有根据吗?

王应麟先考中进士,后考中博学宏词科,两者之间为十四年,就说是从中进士后就着手准备,撰著《玉海》也只是有十多年啊!而袁先生说"专精力积三十余年而后成",也恐怕是夸张之辞。虽然前人也有说王应麟读馆阁书,一生致力于撰著,但并不是撰著《玉海》就钻研了三十多年啊!如果此话成立,那王应麟一生七十多年,官场沉浮耗费了他大量的心血,专心撰著,充其量也就三十四年,如果撰著《玉海》就用了三十多年,那就无法撰著其他书籍。而王先生一生撰著 700 卷,怎么可能耗费三十多年来撰著《玉海》呢?可知,袁先生考虑不周,以为王应麟后来在朝廷工作,就是在撰著《玉海》,这其实是想当然,因为撰著《玉海》,王应麟并没有在朝廷。

确实有资料显示,王应麟撰写《玉海》,是借助了政府馆阁的图书。据《宋史·王应麟传》,他考中进士后,有感于时弊风气,闭门发愤学习,发誓要以博学宏词科来表现自己,家里的图书不够,就借政府馆阁的图书来阅读。

那么,馆阁图书是否就是皇家藏书?当然不是。皇家藏书是什么?就是专供皇帝及皇族使用的特制的图书。皇家藏书的版本极不寻常,是只供皇室使用的珍稀本、孤本、秘本。即使是普通的书籍,

---

① 袁传璋:《王国维之〈太史公行年考〉立论基石发覆》,《渭南师范学院学报》2018 年第 1 期。

评司马迁生年"前135年说"论者的两大"曲说"

也要进行特制，非民间一般书籍可比。其特点，具有秘惜性，有珍秘和爱惜两层含义：一是为了私遗子孙，恩泽后代；二是为了独享独用，防止别人得到。历代帝王无不重视藏书建设，广购秘集，博采遗书。无论奇书、怪书、异书、秘书、趣书，伪书，还是野史传奇、术数奇谋、房内养生、神魔志怪等，都统统秘藏独用，对一些威胁其统治地位或十分珍奇的书，往往外禁内用。虽然王应麟所生活的南宋时代皇家藏书极多，南宋建都临安后，颁布献书赏格，在南方各地广求图书，在秘书省特设"补写所"从事抄书，到了宋孝宗淳熙四年（1177），秘书省图书完成编目计44486卷；到宁宗嘉定十三年（1220），又新增14943卷。但是，请问，王应麟有什么资格能够看到这些皇家藏书？

我们退一万步来说，王应麟撰写《玉海》就是参阅了南宋皇家藏书，但是不是所写的全部内容都是依据皇家藏书？皇家藏书中有没有《正义》单行的唐写本或抄本呢？而皇家藏书就不可能出错？即使是如此，难道王应麟所写，其中就没有讹误吗？由于《正义》单行原本早已失传，无法用《正义》单行原本做比对，怎么能证明王应麟所写的没有讹误呢？

袁先生可能也意识到自己原来所说王应麟阅读的是"南宋皇家藏书"不够准确，后来改为"馆阁藏书"，但却升格为单行唐写本或其抄本，依据在哪里呢？没有片言只语说明。如果没有，我们有理由认为，在《正义》佚文的底本问题上，袁先生也是效法李长之，采用了"文学虚构法"来从事考证。对此，张大可曰：

> 经过核查，《玉海》的这条《正义》佚文，根本不是什么皇家所藏唐写本，乃是王应麟自己撰写的"汉史记"条目转引的资料，而且删去了张守节的按语，与日藏南化本那条栏外的《索隐》差不多，甚至还要等而下之，正确性值得怀疑，同样也是一条伪证。①

---

① 张大可：《司马迁生年十年之差论争的意义》，《管子学刊》2017年第4期。

二、"前135年说"论者误读《太史公自序》，认为司马迁自叙生于建元年间

"前135年说"论者认为《自序》中用隐语记载司马迁的生年，其发端于李长之，理论建构成于袁传璋，泛滥于2011年以后。

李长之列出《自序》"太史公仕于建元、元封之间，……太史公既掌天官，不治民。有子曰迁，迁生龙门"后，曰：

> 看口气，也很像他父亲任为太史公之后才生他。那么，则也是他生于建元六年，即公元前135年，较比提前十年更可靠的证据。①

李长之用"看口气"三字，意即好像是、似乎是，"司马迁先做官，后生儿子"，便成为司马迁生于建元年间的十条证据中的第四条。

袁传璋为之制作理论，提出《太史公自序》依时间顺序叙事，说："《自序》'迁生龙门，耕牧河山之阳，年十岁则诵古文，二十而南游江淮'这段文字，是依照时间的先后，分叙自身儿时、少时和青年时代的经历。"② 乍一看，说的堂堂正正，没有错。而袁先生在实际操作中，解读"耕牧河山之阳"，在九岁之前；"年十岁则诵古文"，指从十岁到二十岁的从学经历；"二十而南游……以归，于是迁仕为郎中"，表示"南游回归"即"仕为郎中"，中间用"于是"连接，两者没有时间间隔。这暗含着"句句"按时间顺序记事，"迁生龙门"写在"太史公仕于建元元封之间"后面，所以司马谈，先做官后生儿子。"于是"二字的无缝连接，又把李长之在字缝中作考证的方法发挥到极致。袁传璋说：

> 《自序》提供了测算司马迁生年的标准数据，并据自叙考定

---

① 李长之：《司马迁生年为建元六年辨》，《中国文学》1944年第1卷第2期。
② 袁传璋：《太史公"二十岁前在故乡耕读说"商榷》，（台湾）《大陆杂志》第90卷第6期，1995年12月。

其生年为建元六年。①

而后,"前135年说"论者便把论说司马迁生年的重心转移到这上面来。2011年以来,"前135年说"论者前后有五位作者六篇文章在字缝中作考证,论说《太史公自序》用隐语写有司马迁生于建元年间,具体是:《司马迁生年及其回乡葬父新证》《从文内文外读〈史记〉》《司马迁生年新证》《司马迁生年新证之旁证》《司马迁自叙生于建元年间》《司马迁生年及二十南游考》。其说法不断升级,甚至达到了剑走偏锋的地步。如吴名岗,文章的标题就是"司马迁自叙生于建元年间",可谓直截了当使用伪命题,毫无遮掩。他认为:

> 司马迁在《自序》中是说自己生于建元年间的。……司马迁生于建元年间是确实无疑的,任何人都可以根据司马迁自己的记述作出这一判断。任何到建元元年之前寻找司马迁生年的做法,都是违背司马迁《自序》的记述的。②

按照这样的研究趋势,司马迁自叙生于建元六年,还居然振振有辞,说这是司马迁自己说的,被歪曲得不成样子。

"前135年说"论者断定司马迁出生于司马谈入仕之后,其根据,就是认为李长之"看口气"解读的那一段《太史公自序》文字完全是按照时间顺序排列,既然前面说司马谈"仕于建元、元封之间",那么,后面所说的,就都是在这以后的事情了。其实,这是根本说不通的。事情的叙述总是有个前后,这顺序的排列,固然有时间顺序的因素,但还有其他的考虑,如事情的性质、重要性的程度等。本来按时间先后叙事没有错,但拘泥于句句都按时间顺序来解释,则是走极端,是不能自圆其说的。

"前135年说"论者玩弄文字游戏,在字缝里做文章,作考证,这是最荒诞的。在李长之"看口气"解读的《太史公自序》这段话中,在"太史公既掌天官,不治民。有子曰迁。迁生龙门"四句话中,有"既""有""迁"三个字。前"135年说"论者在这几个字大作文章。

---

① 袁传璋:《司马迁生于武帝建元六年新证》,《陕西师范大学学报》1988年增刊。
② 吴名岗:《司马迁自叙生于建元年间》,《渭南师范学院学报》2016年第21期。

（一）关于"既"字，可以有多种解释，但所说明的是紧接着的"不治民"句，而不是跨句到"有子曰迁"句

"前135年说"论者曾维华认为：

> 这里有一个细节是应该重视的，即司马迁在这段话中用了一个"既"字，太史公"既掌天官"。"既"字在古文献中作为副词的通常释义是"已经""不久""完毕"，以及表示事情发生后不久，或前后两件事紧相衔接等。因此，这里的"既"字释作"已""已经"，应当是没有什么问题的。……"既"字不仅表示"已""已经"，而且也可以表示司马谈出仕后不久，或司马谈出仕后生儿子司马迁是前后紧相衔接的两件事，即理解为太史公当官不久，就生了儿子司马迁。①

"前135年说"论者张韩荣亦认为：

> "既"，在此是"已然""已经"的意思。……"已经"是前提，是基础，再联系后一时间、后一事件。对"既"字的认识，进一步肯定司马迁生于父亲升任太史令以后，不再质疑。②

果真如此吗？否也！我们并不否认"既"字可以作"已经"解，"既掌天官"，可以理解为已经掌管天官，即担任了太史令。但是，我们并不认为这是唯一的解释。自古以来，"诗无达诂，文无达诠"，孔子《春秋》，有"左氏""公羊""穀梁"三家之解，其中同样的一句话，有着不同的解释。而对于一个同样的文言词来说，也是如此。此处的"既"字，至少有三种解释，其他的解释也同样非常合适，甚至比释作"已经"更为妥帖。

首先，就是"既"字作"已经"解，也丝毫没有"前135年说"论者的那种理解法。这里要弄清楚"既"字的关联句是什么？可以

---

① 曾维华：《司马迁生年新证》，《中华文史论丛》2013年第1期。
② 张韩荣：《从〈太史公自序〉考证司马迁生年》，《渭南师范学院学报》2017年第13期。

肯定地说，其关联句是下句"不治民"，而不是再下句的"有子曰迁"。不治民，是对"掌天官"的说明和解释。故此，"既掌天官，不治民"，是对上一句司马谈"入仕"的进一步说明，说明司马谈入仕，担任的是"掌天官"的官职，不直接治理民众。而"前135年说"论者理解为司马谈已经当官了，而后生了儿子，则是将"既"字的关联句跳过"不治民"而关联到了"有子曰迁"句。请问，有这样的理解吗？前面已说，"掌天官"与"有子"，是两件事情，是并列关系，分述两层意思，其间没有必然的前后时间顺序，并不是已经"掌天官"而后"有子"。"既"作"已"解，其内涵也是如此！我们进一步推敲，如果将"既"字作"已经"解，则是司马谈已经任职天官。上文讲"仕于建元、元封之间"，这里又讲已经任职，岂不是与上文有重复之嫌？因此，此句是"仕于建元、元封之间"的阐述和说明，而不是单纯重复，"既"字只是与"不治民"三字有关联，如是而已。

其次，"既"字可作"即"字理解，意为"即是""就是""只是"，其句意，就是"司马谈入仕，只是职掌天文，而不治理百姓"，表示"掌天官"与"不治民"之间含有说明关系。

再次，"既"字也可作连词解，与"而"字配合，表示两方面同时存在，含有转折的意思，而这里将关联词"而"字省略，其句意，就是"司马谈既职掌天文，而不管民事"。

既然"既"字在此可以有多种解释，都能解释得通，那么，就不能根据其中的一种解释，来作为判定司马迁生于建元年间的依据。而这样的做法是比较片面的，也是不能够令人信服的。从句意的角度来看，这种解释，是完全错误的。

这里面还有对这几句话的句读的理解问题。中华本《史记》将"有"字前用句号，"前135年说"论者却认为，"有子曰迁"不能独立成句，"有"前的句号应改为逗号。此说也是不妥。前文已说，司马迁在这里所表达的是两层含义，即既做官，又有儿子。"有子曰迁"是独立句，是承前省略了主语"太史公"三字。毫无疑问，"有"字前宜用句号，而不宜用逗号。如果改成逗号，仍然不能把"既"字用来作跨句解释。做官与有子，毕竟是两码事，不可混为一说。故此,中华本《史记》在此处的句读不误,而是"前135年说"论者的理解有误。

(二) 关于"有"字,只能解为"有了"的意思,而根本就不是"生了"的意思

"前135年说"论者吴名岗认为:

> "有子曰迁"之"有",生也。《词源》"有"的第二个义项是"发生"的意思,并以《左传》为例。有子曰迁,即"生子曰迁"。从上下文看"有子曰迁",也是"生子曰迁"之意。接下来说"迁生龙门",正是"有"为"生"意之连贯。①

吴名岗认为是立论的主要依据。在被"前145年说"论者驳议后,在后来撰写的《"二十南游江淮"证明司马迁生于建元年间》中,又重复引用了这段话,坚持己见,似乎成为论说司马迁生于建元年间的重要证据。其实,这样的理解,大错特错!这其中的解释,有非常不妥的地方。"有"字,本来是非常简单的一个字,非常直观和明白,不需要借助于任何工具,就能说得非常明白。而看了"前135年说"论者的解释,倒有些茫然了,总觉得有点儿不对劲,似乎有些曲解和歪说,而非正解。当然,感觉是一回事儿,而证据又是一回事儿。于是,笔者就翻了《辞源》《辞海》《古代汉语词典》等,查找其中关于"有"字的解释,发现"前135年说"论者对《史记》文本进行曲解以获得立论证据。

笔者打开商务印书馆《辞源》(修订本),翻到1613页的"有"字,共有8个义项,分别是:取得,占有,与"无"相对;表示存在,发生;丰收,多;为;州域;亲爱,友爱,通"友";助词,无义;姓。作者所依据的是第二个义项,再细看,则是"表示存在,发生",并引用《诗·大雅》"东有启明,西有长庚"、《左传·襄公》"有大雨,自其窦入"为例。由此可见,这一条义项恰恰首先要表示

---

① 吴名岗:《司马迁自叙生于建元年间》,《渭南师范学院学报》2016年第21期。

的意思是"存在",所举之例是"东有启明,西有长庚",如果代入"有子曰迁",则是儿子司马迁已经存在了,即已经有了司马迁了,这就如同"启明""长庚"早就存在一样,这还要说什么呢?这不就是司马迁在"入仕"前就有了儿子司马迁吗?难道这还不明白吗?这恰恰是"前145年说"论者用来证明司马迁生于司马谈入仕前的有力证据啊!退一步讲,即使是这第二个义项中有"发生"的意思,那也是在"存在"之后啊!应当首先是"存在",然后才是"发生"!如果用"存在"能够解释得非常妥帖,那么,为什么还要用"发生"来解释呢?如果两者之间有矛盾,则是后文服从前文,这是普通的常识,作者不会连这个也不懂、也不知道吧!为什么还要引用被"存在"之义取代的"发生"之义来援为己证呢?

再说,《辞源》中"有"字解释的8个义项,第一个义项就是表示"有"的意思,与"无"相对,这应当是"有"字的主流解释,是"有"字的本义,恐怕没有人否认这一点吧?对"有子曰迁"的"有"字便是绝佳的解释。再看《古代汉语词典》1903页,"有"字共有14个义项,第一个义项,即是"有,与'无'相对"。再看《辞海》2773页,"有"字共有12个义项,第一个义项,是"具有",第二个义项,是"存在"。这些典籍,无有例外,其"有"字的首要之义,都是"有""存在"的意思。对司马迁"有子曰迁"这句话,这里的"有"字,其含义就是与"无"相对的"有",已经有,有了,绝对不能解释为"生"之意。

我们再回到《自序》上来,"有子曰迁",很明显,就是指有了儿子叫司马迁。至于什么时候有,并没有明确交代,从文字的角度来推敲,则是已经存在,即在司马谈入仕前已经有儿子司马迁了。至于与上文"太史公仕于建元、元封之间",则是并列关系,即是太史公在建元、元封之间做官;太史公有了儿子司马迁。这绝对不能解释为司马谈在做官之后才生了儿子司马迁。

"有子曰迁"这句话还牵涉到与下段起始句"迁生龙门"的关联的问题。李长之就是误读了这两句话,作为立论的十条证据的第五条证据,他引用《自序》,作"有子曰迁,迁生龙门"。后继者张韩

荣为了证明"有"即是"生",对修订本《史记》将"迁生龙门"另起为段提出疑义,认为是沿袭了"点校本"的错误,曰:

> 司马迁刚写到自己便被割裂开来,语气被中断,一句话变成了两残句,语意不完整,是不符合司马迁本义的,是不合理的。①

张韩荣认为此段宜与上段合为一起,是说"迁生龙门"直接承接上文"既掌天官",说明司马迁就是生在父亲执掌太史令以后。其实,这种说法只是一厢情愿、片面之词。这实际上是"李长之说"的翻版,是一种为我所需的断章取义!

仔细阅读这非常关键的几句话,就会发现,中华修订本《史记》在这里的分段处理,是非常正确的。毫无疑问,这里应当分段。"有子曰迁",所叙述的对象是司马谈,是司马谈"有子",主语是司马谈。同时,也是一句承上启下的过渡句,按照分段惯例,应放在上段。这在《史记》中比比皆是。而下段起句"迁生龙门",则是具体叙述司马迁的行事,是叙述司马迁的起始之句,主语是司马迁。故此,其"生"字,单纯指司马迁的出生,而与上文断开,与司马谈的"入仕"不具有直接的关联。也就是说,这句只是讲司马迁是出生在龙门。至于司马迁是在司马谈入仕之前出生,还是在入仕之后出生,在这句中并没有反映出来。这句的"生",也不等于上句的"有"。"生"与"有",两字不相及,也不是什么"互文"的关系,是两码事,两个概念,不能混为一谈。而认为此处应合为一段的想法,只是为了证明自己的所谓观点,并不符合司马迁原文之义,是属于别有用心之说。故此,此处的分段,中华修订本《史记》不误,而是"前135年说"论者理解有误。

(三)关于"迁"字,并不代表就是司马谈既升官,又迁居茂陵,才将儿子取名为"迁",望文生义,不足为训

"前135年说"论者刘大悲认为:

---

① 张韩荣:《从〈太史公自序〉考证司马迁生年》,《渭南师范学院学报》2017年第13期。

评司马迁生年"前 135 年说"论者的两大"曲说"

> 司马谈正值"迁"为太史令之际,又喜得贵子。……这件双喜临门的大事,怎能不有所名,以示不忘呢?……以名其子,岂不顺理成章?……"迁"字子长,大约是由《平准书》中"为吏者长子孙"的话演变而来,司马谈要求"子孙长大",非但希望甚殷,更冀其频迁升职,二者得兼。这大约就是司马谈"望子成龙"的思想通过给儿子命名表现出来的吧!①

"前 135 年说"论者张韩荣认为:

> 司马迁生于父亲当上太史令以后,父亲由太史丞升任太史令,当是升官又有了居住茂陵的资格,所以给儿子取名"迁。"②

总之,"前 135 年说"论者又抓住"迁"字来做文章了。

司马谈为何为儿子取名叫司马迁?司马迁没有在《史记》中的任何地方透露取名为"迁"的含义。以上所说,实属于望文生义,只是揣测而已,是否与司马谈的想法一致,则是无法弄得清楚,故也只能是说说而已,当不得真的。如果硬要拿来说事,则是很不妥当,更不能用来作为证明司马迁生于司马谈入仕后的凭据。

说《太史公自序》"句句"按时间顺序叙事,并在字缝中作考证,望文生义,标志着"前 135 年说"论者从以辨代考、循环论证,到剑走偏锋、玩弄文字游戏,一步步走入了伪证伪考的死胡同。

(本文作者朱枝富,江苏省海外发展协会常务副秘书长。本文原题《新一轮司马迁生年疑案研讨综论》,载《史记论丛》第十五集,中国文史出版社 2018 年版,收入本书,作者摘要改写为本文)

---

① 刘大悲:《司马迁生年探源》,《西昌师专学报》1997 年第 4 期。
② 张韩荣:《从〈太史公自序〉考证司马迁生年》,《渭南师范学院学报》2017 年第 13 期。

附录二

司马迁生年研究百年论争论文索引
（1916—2018年，论文91篇）

【说明】 附录二，专题收录"司马迁生年研究百年论争论文索引"，笔者目见的论文91篇，参与论争的双方学者48人。论文分为"前145年说"与"前135年说"两组，起止时间1916—2018年，共103年。收录的论文按发表时间先后为序。"前145年说"，论者20人，论文37篇；"前135年说"，论者28人，论文54篇。

一、司马迁生年"前145年说"论文（37篇）

1. 王国维：《太史公系年考略》，《广仓学窘丛书》甲类本，1917年；改题《太史公行年考》，收入《观堂集林》第11卷，1923年。

2. 钱穆：《司马迁生年考》，《学术季刊》（台湾）1953年第1卷第4期。

3. 包树棠：《司马迁及事伏生学古文尚书辩》，《福建师范大学学报》1956年第1期。

4. 郑鹤声：《司马迁生年问题的商榷——对郭、刘两先生讨论司马迁生年问题提出一些意见》，《司马迁年谱》，商务印书馆，1956年。

5. 程金造：《从〈史记〉三家注商榷司马迁的生年》，《文史哲》

1957年第2期；《史记管窥》，陕西人民出版社，1985年。

6. 程金造：《从"年十岁诵古文"商榷司马迁生年》，《司马迁与史记》，中华书局，1957年。

7. 李仲均：《读程金造先生〈从史记三家注商榷司马迁的生年〉》，《文史哲》1957年第8期。

8. 黄瑞云：《司马迁生年考》，《安徽大学学报》1980年第3期。

9. 张大可：《司马迁生卒年考辨辨》，原载1982年《甘肃省历史学会论文集》。摘要内容以"关于司马迁生年的考辨"为题，刊于《上海师范学院学报》1984年第2期；全文收入《史记研究》，甘肃人民出版社，1985年。

10. 何直刚：《司马迁生于景帝中元五年之一证》，《河北学刊》1982年第4期。

11. 徐朔方：《司马迁生于汉景帝中元五年考》，《杭州大学学报》1983年第3期。

12. 张大可：《评司马迁生于建元六年说之新证》，《求是学刊》1984年第2期；《史记研究》，甘肃人民出版社，1985年。

13. 施丁：《司马迁生年考——兼及司马迁入仕考》，《杭州大学学报》（哲社版）1984年第3期。

14. 施丁：《司马迁受刑之年略考》，《辽宁大学学报》1984年第3期。

15. 程金造：《与方国瑜论太史公为郎中奉使西南与其生年书》，《史记管窥》，陕西人民出版社，1985年。

16. 程金造：《迁十岁所诵古文考》，《史记管窥》，陕西人民出版社，1985年。

17. 王重九：《从王国维、郭沫若共认的"先汉纪录"考定司马迁父子的生年》，《陕西师范大学学报》1985年第3期。

18. 施丁：《司马迁写〈报任安书〉年代考》，《西南师范大学学报》（哲社版）1985年第4期。

19. 赵克：《司马迁不可能生于建元六年》，《北方论丛》1986年第2期。

20. 张艳国：《司马迁行年之商榷》，《湖北大学学报》1987 年第 1 期。

21. 施丁：《司马迁游历考》，《司马迁和史记》，北京出版社，1987 年。

22. 施丁：《司马迁行年新考》，陕西人民教育出版社，1995 年。

23. 施丁：《〈史记索隐〉注"太史令"有问题》，《中国社会科学院研究生院学报》1996 年第 2 期。

24. 张家英：《王国维〈太史公行年考〉补证三则》，《哈尔滨师专学报》1999 年第 1 期。

25. 易平：《司马迁生年考证中的史料鉴别问题》，《光明日报》2000 年 4 月 28 日。

26. 施丁：《司马迁生于汉景帝中五年》，《光明日报》2005 年 10 月；《史学史研究》2005 年第 3 期。

27. 陈曦：《李长之关于司马迁生于前 135 年说举证十条无一考据——兼论郭沫若"太史公行年考"有问题》，《史记研究》第一辑，商务印书馆，2016 年；改题为《李长之"司马迁生于公元前 135 年说"驳论》，《史学月刊》2017 年第 10 期。

28. 张奇虹：《〈太史公自序〉中没有记载司马迁生年——兼与吴名岗等先生商榷》，《史记研究》第一辑，商务印书馆，2016 年；《渭南师范学院学报》2018 年第 1 期。

29. 张大可：《司马迁生年十年之差百年论争述评》，《渭南师范学院学报》2017 年第 1 期；《史记论丛》第十四集，中国文史出版社，2017 年。

30. 张大可：《司马迁生年十年之差论争的意义》，《史记论丛》第十四集，中国文史出版社，2017 年；《管子学刊》2017 年第 4 期。

31. 陈曦：《评赵生群"司马迁生于前 135 年说"之新证》，《渭南师范学院学报》2017 年第 5 期；《史记论丛》第十四集，中国文史出版社，2017 年。

32. 张大可：《评"司马迁生年前 135 年说"后继论者的"新证"》，《渭南师范学院学报》2017 年第 9 期；《史记论丛》第十四集，中国文史出版社，2017 年。

33. 陈曦：《评袁传璋"司马迁生于前 135 年说"之新证》，《渭南师范学院学报》2017 年第 9 期；《史记论丛》第十四集，中国文史出版社，2017 年。

34. 张大可：《解读"虚妄论"提出的一些问题》，《史记论丛》第十四集，中国文史出版社，2017 年；《渭南师范学院学报》2018 年第 13 期。

35. 李小成、冯晓宇：《由〈博物志〉中引文看司马迁生年的纷争》，《唐都学刊》2017 年第 6 期。

36. 陈曦：《〈报任安书〉作年为基准点不能成立——就〈报任安书〉作年与袁传璋先生商榷》，《渭南师范学院学报》2018 年第 13 期。

37. 朱枝富：《新一轮司马迁生年疑案研讨综论》，《史记论丛》第十五集，中国文史出版社，2018 年。

二、司马迁生年"前 135 年说"论文（54 篇）

1. 〔日〕桑原骘藏：《关于司马迁生年之一新说》，《东洋文明史论丛》（日本）1922 年；重发《史学研究》（日本）第一卷第一号，1929 年；再刊中国《大公报·文学副刊》第 107 期，1930 年。

2. 李长之：《司马迁生年为建元六年辨》，《中国文学》1944 年第 1 卷第 2 期，收入《司马迁之人格与风格》一书；刘际铨冒名发表于《历史研究》1955 年第 6 期。

3. 施之勉：《〈太史公行年考〉辨疑》，《东方杂志》1944 年第 40 卷第 16 期；（台湾）《大陆杂志》1953 年第 7 卷重发，改题为《〈太史公行年考〉辨误》。

4. 郭沫若：《〈太史公行年考〉有问题》，《历史研究》1955 年第 6 期。

5. 王达津：《读郭沫若〈太史公行年考有问题〉后》，《历史研究》1956 年第 3 期。

6. 陈监先：《太史公生年问题》，《山西师院学报》1957 年第 3 期。

7. 黄烈：《关于〈史记〉三家注的关系问题——读程金造先生〈从"史记"三家注商榷司马迁的生平〉一文以后》，《文史哲》1958 年第 4 期。

8. 施之勉：《司马迁生于武帝建元六年——读〈史记会注考证〉札记》，（台湾）《大陆杂志》1967 年第 34 卷第 11 期。

9. 李伯勋：《司马迁生卒年考辨——驳王国维〈太史公系年考略〉》，《兰州大学学报》1980 年第 1 期。

10. 李伯勋：《关于司马迁的生年问题——答黄瑞云先生》，《安徽大学学报》1981 年第 1 期。

11. 苏诚鉴：《司马迁行年三事考辨》，《秦汉史论丛》第 1 辑，陕西人民出版社，1981 年。

12. 罗芳松：《"何时为郎"及"何自为郎"——司马迁生年问题考索》，《成都大学学报》1982 年第 1 期。

13. 吴汝煜：《论司马迁的生年及与此有关的几个问题》，《南开学报》1982 年第 6 期。

14. 陈尽忠：《对司马迁生卒年的一些看法》，《厦门大学学报》1982 年增刊。

15. 赵光贤：《司马迁生年考辨》，《北京师范大学学报》1983 年第 3 期。

16. 陆永品：《太史公行年考辨》，《司马迁研究》，江苏人民出版社，1983 年。

17. 李伯勋：《再谈〈报任安书〉的写作年代与司马迁的卒年问题》，《青海社会科学》1985 年第 5 期。

18. 吴汝煜：《关于"父子相继纂其职"》，《史记论稿》，江苏教育出版社，1986 年。

19. 罗芳松：《司马迁生年问题辨析（上、下）》，《成都大学学报》（社科版）1986 年第 4 期、1987 年第 3 期。

20. 袁传璋：《〈报任安书〉"会东从上来"辨证》，《安徽师大学报》1987 年第 1 期。

21. 袁传璋：《从任安的行迹考定〈报任安书〉的作年》，《淮北煤炭师范学院学报》1987 年第 2 期。

22. 袁传璋：《司马迁生于武帝建元六年新证》，《陕西师范大学学报》1988 年增刊。

23. 苏诚鉴：《从"诵古文""南游""北涉"到"仕为郎中"——司马迁生年及其与当时儒林关系的再探索》，《贵州文史丛刊》1989 年第 3 期。

24. 崔铮：《司马迁生年补证》，《南都学坛》1990 年第 10 卷第 4 期。

25. 崔抗生：《司马迁生平管见》，《中州今古》1994 年第 2 期。

26. 袁传璋：《〈史记·三王世家〉"太子少傅臣安行宗正事"为刘安国考》，（台湾）《大陆杂志》第 89 卷第 1 期，1994 年 7 月；收入《太史公生平著作考论》，安徽人民出版社，2005 年。

27. 袁传璋：《从书体演变角度论〈索隐〉〈正义〉的十年之差——兼为司马迁生于武帝建元六年说补证》，（台湾）《大陆杂志》第 90 卷第 4 期，1995 年 4 月；收入《太史公生平著作考论》，安徽人民出版社，2005 年。

28. 袁传璋：《太史公"二十岁前在故乡耕读说"商酌》，（台湾）《大陆杂志》第 90 卷第 6 期，1995 年 12 月；收入《太史公生平著作考论》，安徽人民出版社，2005 年。

29. 刘大悲：《司马迁生年探源》，《西昌师范高等专科学校学报》1997 年第 4 期。

30. 赵生群：《司马迁生年新考》，《文教资料》1999 年第 6 期。

31. 赵生群：《从〈正义〉佚文考定司马迁生年》，《光明日报》2000 年 3 月 3 日。

32. 赵生群：《司马迁生于建元六年考》，《苏东学刊》2000 年 9 月。

33. 赵生群、尤德艳：《也谈司马迁生年考证中的史料鉴别问题》，《文教资料》2001 年第 1 期。

34. 赵生群：《司马迁生年以及相关问题考辨》，《南京师大学报》2001 年第 4 期。

35. 〔日〕藤田胜久：《司马迁的生年与二十南游》，《司马迁与史记论集》第五辑，陕西人民出版社，2002 年。

36. 赵生群：《论司马迁生于建元六年》，《司马迁与史记论集》第五辑，陕西人民出版社，2002 年。

37. 赵生群：《〈玉海〉中一条〈博物志〉佚文的文献价值》，《海峡两岸古典文献学学术研究论文集》，上海古籍出版社，2002 年。

38. 赵生群：《〈太史公行年考〉商榷》，《文哲研究通讯》（台湾）2002 年 9 月。

39. 赵生群：《〈报任安书〉的文献价值》，《南京师大学报》2002 年第 6 期。

40. 赵生群：《司马迁行年新考》，《安大史学》第一辑，安徽大学出版社，2004 年。

41. 袁传璋：《司马迁的生年》，《司马迁与中华文明》之二（4），收入《太史公生平著作考论》，安徽人民出版社，2005 年。

42. 陈红：《司马迁生年辩证》，《贵州社会科学》2008 年第 11 期。

43. 张韩荣：《司马迁生年及其回乡葬父新证》，《司马迁与史记论集》第九辑，陕西人民出版社，2011 年。

44. 杨永康：《司马迁生于汉武帝建元六年——对〈史记索隐〉所引〈博物志〉佚文的再认识》，《渭南师范学院学报》2012 年第 9 期。

45. 曾维华：《司马迁生年新证》，《中华文史论丛》2013 年第 1 期。

46. 王根林：《〈司马迁生年新证〉之旁证》，《中华文史论丛》2013 年第 2 期。

47. 袁传璋：《〈玉海〉所录〈正义〉佚文为考定司马迁生年提供确证》，《司马迁与〈史记〉研究年鉴》（2011 年卷），商务印书馆，2013 年。

48. 曾志雄：《从文内文外读〈史记〉》，《信阳师范学院学报》2014 年第 2 期。

49. 王芳：《司马迁生平及二十南游考》，《文学教育》2015 年第 2 期、《硕博论坛》2015 年 5 月。

50. 吴名岗：《司马迁自叙生于建元年间——兼论张守节〈史记正义〉不可尽信》，《渭南师范学院学报》2016 年第 21 期；《史记研究》第一辑，商务印书馆，2016 年。

51. 袁传璋：《王国维之〈太史公行年考〉立论基石发覆》，《史记论丛》第十四集，中国文史出版社，2017 年；《渭南师范学院学报》2018 年第 1 期。

52. 袁传璋：《"司马迁生年前 145 年论者的考据"虚妄无征论》，《史记论丛》第 14 集，中国文史出版社，2017 年；《渭南师范学院学报》2018 年第 5 期。

53. 张韩荣：《从〈太史公自序〉考证司马迁生年》，《渭南师范学院学报》2017 年第 13 期。

54. 吴名岗：《"二十南游江淮"证明司马迁生于建元年间——兼答张大可先生〈司马迁生年述评〉》，《渭南师范学院学报》2018 年第 5 期。